U0071416

# 大師教你學手相

陳哲毅◎著

亞洲最大命理網站「占卜大觀園」命理總顧問

# 關於作者

## 陳哲毅

◎亞洲最大個人命理資料庫網站「占卜大觀園」命理總顧問。

◎淡江大學、華梵大學、萬能技術學院等校易學研究社指導老師。

◎中華民國九十二年十大傑出命理金像獎。

◎曾任中國河洛理數易經協會理事長、日本高島易斷總本部學術顧問。

◎現任中華聯合五術團體總會會長、中國擇日師協會理事長、中華五術社團聯盟總會會長、大成報專欄作家。

◎著有《大師教你學面相》、《我的第一本求籤解惑書》、《學梅花易數，這本最好用》、《姓名學開館的第一本書》、《陳哲毅姓名學講堂》、《學習姓名學的第一本書》、《陳哲毅教您取好名開福運》等80餘種。


真人線上影音命理：http://www.eproname.com
天空部落風水專欄：http://blog.yam.com/user/epronamel.html
電子信箱：chen1291@yahoo.com.tw
諮詢電話：(02)2345-1291・0910-101252

# 序言

手相學跟面相學一樣，都是經由無數案例的統計，並加以歸納分析，所得出來的結論，能充分反映人的個性脾氣，以及相關的心理狀態。而且跟面相五官一樣，各有其對應的手線，代表不同的作用。像是感情線代表感情，若是線型深長的話，就表示其人重視感情，而且態度專注。反之，若是線型淺短的話，就表示其人對感情較不重視，而且心思較不安定。比較兩者的差異，就可大概知道感情的世界如何，交往是否會順遂等等。而理智線的長短，表現出聰明才智、反應敏捷或遲鈍，若是線型較長，行事就比較冷靜，線型若是較短，行事就比較急躁。從這也可以知道，將來適合的生活步調，以及對事情處理的方式。

觀看手相跟面相不同的是，面相比較具有立體感，五官輪廓比較清晰，而且範圍會比較廣大，需要記憶較多的部位，而手相較為平面延伸，起伏沒面相哪麼大，重視掌形與手指、紋路及丘位，位置沒哪麼複雜，三大主線與八大丘位，判斷上比較容易許多，但平常在使用上較難觀看，所以沒有面相來的實用，但也不失為識人的依據，準確度不會比面相要差，反而能更直接了當，說出個人的心思反應。

**生命線：**

代表個人先天體質、抵抗力的強弱、意志力的展現、對環境的適應力、家庭的背景好壞、人際交往的手腕、旅遊外出的趨勢、遇到災禍危險的可能性。

**理智線：**

代表個人聰明才智、行為舉止、創造發明、判斷處理的能力，對事物的邏輯分析、與人合作的模式、自我約束的能力、遇到困難的時候，所採取的態度。

**感情線：**

代表情緒的反應、脾氣的發洩、藝術欣賞、生活品味、交往對象的選擇、跟異性的相處模式、戀愛的進展情況、對挫折失敗的感受、對精神生活的追求。

**事業線：**

代表個人的企圖心、慾望追求、物質掌握能力、財富運用程度、領導管理能力，溝通協調的模式、競爭壓力的來源、對危機的應變處理。

常言道：「相由心生、由隨心轉，心轉則相變、相變則運變」。說明了相的轉變，絕對可以透過修養，來加以改變轉好的，並不是先天就註定，而保持一定的樣貌。這其實就跟人的運勢差不多，當在走旺運的時候，經常眉開眼笑、心情爽朗，所給人的感覺，自然就有人緣，能夠吸引桃花，做什麼事情都無往不利，沒有什麼阻礙煩惱，反之，若是走衰運的時候，經常愁眉苦臉、鬱鬱寡歡，讓人見了就討厭，而不想加以親近，人際關係就會疏遠，自然就沒有貴人來幫助，只能夠靠自己奔波勞碌，因此能夠讓心情保持愉快，觀念想法快樂，相貌就不會差到哪裡去。

這本書是筆者銷售成績很好的《學會手相學的第一本書——基礎入門篇》、《學會手相學的第一本書2——事業、感情篇》經過整編後的合輯，希望能提供讀者在手相學研究上有一氣呵成的學習效果。有了這本書的幫助，相信您在手相研究上必能功力大增。

# 目錄

序言 2

手相基本常識

一、觀看手相的時機……32
二、手相觀察的步驟……33
三、手相看那隻手比較重要……33
四、手相和命運的關係……34
五、手指與疾病的對應關係……35
六、手指代表的意義……36
七、指節代表的意義……37
八、各種丘位的代表意義……40
九、丘谷的判斷方法……41

指相分析論斷

五指的意義……46
手指痣的意義……49
指甲的意義……54
掌中八卦的意義……58
掌中丘位的意義……61
掌紋痣的意義……65
生命線……65
智慧線……66
感情線……67
事業線……68
太陽線……69
紋路的判斷解釋……70
姊妹紋、雙行紋……70
分岔紋……70
流蘇紋、掃把紋……71
支線、輔助紋……71

斑點紋……71
水波紋……71
鎖鏈紋……72
島紋……72
破裂紋、斷續紋……72
方格紋……72
毛狀紋、叢毛紋……73
不測紋……73
十字紋……73

**（一分鐘教您手連心）76**

掌心三線，露玄機
兩手一攤，現禍福

**壹、蜿蜒有力、常保萬年青的生命線 77**

一、深長紅潤的生命線……78
二、弧形相接的生命線……78

島形紋……74
三角紋……74
方塊紋、四角紋……74
花星紋、星形紋……74
網狀紋、格子紋……75
三叉紋……75
斑點……75
圓環……75

十六、出現方格的生命線……85
十七、數條橫紋的生命線……86

三、接近食指的生命線……79
四、起點相連的生命線……79
五、向上分岔的生命線……80
六、往上延伸的生命線……80
七、下端分岔的生命線……81
八、拇指根部的生命線……81
九、朝向月丘的生命線……82
十、環繞拇指的生命線……82
十一、相互平行的生命線……83
十二、中途間斷的生命線……83
十三、間斷延續的生命線……84
十四、出現紋路的生命線……84
十五、向下雜亂的生命線……85
十八、斷斷續續的生命線……86
十九、出現島紋的生命線……87
二十、彎曲蛇行的生命線……87
二十一、鎖鏈形狀的生命線……88
二十二、尾端斜紋的生命線……88
二十三、尾端分支的生命線……89
二十四、有十字紋的生命線……89
二十五、長度較短的生命線……90
二十六、主線相連的生命線……90
二十七、中間分支的生命線……91
二十八、主線分離的生命線……91
二十九、前端直紋的生命線……92
三十、前端鎖鏈的生命線……92
貳、足智多謀、分辨賢和愚的理智線 93
一、深長明顯的理智線……95
二、清晰筆直的理智線……95
三、朝向月丘的理智線……96
四、垂下延伸的理智線……96

五、長度甚長的理智線……97
六、彎曲過度的理智線……97
七、長度甚短的理智線……98
八、尾端分岔的理智線……98
九、前端分岔的理智線……99
十、支線朝上的理智線……99
十一、尾端上彎的理智線……100
十二、尾端下彎的理智線……100
十三、交叉連結的理智線……101
十四、起點分開的理智線……101
十五、支線平行的理智線……102
十六、前端分支的理智線……102
十七、尾端分支的理智線……103
十八、前後彎曲的理智線……103
十九、下方平行的理智線……104
二十、中途間斷的理智線……104
二十一、斷斷續續的理智線……105
二十二、掃把形狀的理智線……105
二十三、鎖鏈形狀的理智線……106
二十四、蛇行曲折的理智線……106
二十五、末端分岔的理智線……107
參、動人心弦、歡喜又悲傷的感情線 108
一、延伸食指的感情線……110
二、長度適中的感情線……110
三、延伸中指的感情線……111
四、筆直清晰的感情線……111
十四、支線平行的感情線……116
十五、前端分岔的感情線……117
十六、中指下分岔的感情線……117
十七、鎖鏈形狀的感情線……118

五、長度過短的感情線……112
六、無頭無尾的感情線……112
七、斷掌橫越的感情線……113
八、波浪形狀的感情線……113
九、尾端分岔的感情線……114
十、尾端下彎的感情線……114
十一、出現中斷的感情線……115
十二、小指缺口的感情線……115
十三、下垂相連的感情線……116
十八、點狀斷續的感情線……118
十九、細密多重的感情線……119
二十、紋路雜亂的感情線……119
二十一、出現島紋的感情線……120
二十二、出現星紋的感情線……120
二十三、起點分支的感情線……121
二十四、細紋朝上的感情線……121
二十五、上下分支的感情線……122

**肆、羅曼蒂克、充滿想像的副感情線（金星帶）123**

一、金星帶、才藝紋……124
二、半圓弧狀的副感情線……124
三、斷斷續續的副感情線……125
四、出現島紋的副感情線……125
五、多重紋路的副感情線……126
六、有三角紋的副感情線……126
七、彎彎曲曲的副感情線……127
八、接婚姻線的副感情線……127

**伍、逆流而上、鯉魚躍龍門的事業線 128**

一、深長而明顯的事業線……130
二、從月丘朝上的事業線……130
三、生命線尾端的事業線……131
四、穿越生命線的事業線……131
五、智慧線延伸的事業線……132
六、止於智慧線的事業線……132
七、止於感情線的事業線……133
八、感情線延伸的事業線……133
九、生命線向上的事業線……134
十、有出現間斷的事業線……134
十一、間斷有輔線的事業線……135
十二、彎曲似蛇行的事業線……135
十三、呈點狀間斷的事業線……136
十四、呈線狀間斷的事業線……136
十五、雙重又平行的事業線……137
十六、數條橫紋的事業線……137
十七、中指下方分岔的事業線……138
十八、左右都有分岔的事業線……138
十九、掌心分岔向下的事業線……139
二十、橫紋劃過的事業線……139
二十一、出現島紋的事業線……140
二十二、有方格紋的事業線……140
二十三、有十字紋的事業線……141
陸、心想事成、富貴靠人和的太陽線 142
一、筆直清晰的太陽線……143
二、出現中斷的太陽線……143
三、感情線上的太陽線……144
十一、橫紋劃過的太陽線……148
十二、延伸食指的太陽線……148
十三、兩旁輔助的太陽線……149

四、雙重平行的太陽線……144
五、數條微弱的太陽線……145
六、出現島紋的太陽線……145
七、止於感情線的太陽線……146
八、尾端分支的太陽線……146
九、彎曲蛇行的太陽線……147
十、雜紋朝下的太陽線……147
十四、婚姻線切過的太陽線……149
十五、生命線上的太陽線……150
十六、掌邊延伸的太陽線……150
十七、雜亂斷續的太陽線……151
十八、中斷平行的太陽線……151
十九、虛線細微的太陽線……152
二十、月丘上升的太陽線……152

**柒、五福臨門、經營靠用心的財運線 153**

一、筆直清晰的財運線……154
二、微弱點狀的財運線……154
三、與太陽線平行的財運線……155
四、雜亂紋路的財運線……155
五、接太陽線的財運線……156
六、橫紋劃過的財運線……156
七、拇指根部的財運線……157
八、金星丘上的財運線……157

**捌、前世修來、緣分天註定的婚姻線 158**

一、清晰深長的婚姻線……159
二、尾端上揚的婚姻線……159
三、長度過長的婚姻線……160
四、朝下穿越的婚姻線……160

五、接近感情線的婚姻線……161
六、位置適中的婚姻線……161
七、接近小指的婚姻線……162
八、下垂如勾的婚姻線……162
九、長短不一的婚姻線……163
十、數目眾多的婚姻線……163
十一、輔線平行的婚姻線……164
十二、直紋阻隔的婚姻線……164
十三、呈現中斷的婚姻線……165
十四、中斷並行的婚姻線……165
十五、細紋朝下的婚姻線……166
十六、交錯複雜的婚姻線……166
十七、星紋出現的婚姻線……167
十八、島紋出現的婚姻線……167
十九、細紋切過的婚姻線……168
二十、彎曲波折的婚姻線……168
二十一、鎖鏈形狀的婚姻線……169
二十二、尾端分岔的婚姻線……169
二十三、前端分岔的婚姻線……170
二十四、下垂直切的婚姻線……170
二十五、掃把形狀的婚姻線……171

**玖、趨吉避凶、疾厄無所遁的健康線 172**

一、深長清晰的健康線……173
二、月丘十字的健康線……173
三、連結成三角形的健康線……174
四、連接感情理智的健康線……174
五、鎖鏈形狀的健康線……175
六、斷斷續續的健康線……175
七、細紋遍佈的健康線……176
八、中斷分岔的健康線……176

拾、夜夜笙歌的放縱線、奔波勞碌的異動紋 177
一、掌中明顯的放縱線 178
二、短淺細小的放縱線 178
三、月丘旁邊的放縱線 179
四、彎曲波折的放縱線 179
五、明顯平直的異動紋 180
六、掌心出現的異動紋 180
七、生命線上的異動紋 181
八、金星丘旁的異動紋 181
拾壹、渴望追求、勇於嘗試的手腕線 182
一、清晰平直的手腕線 183
二、斷斷續續的手腕線 183
三、呈鎖鏈狀的手腕線 184
四、有十字紋的手腕線 184
五、有三角形的手腕線 185
六、拱成弧狀的手腕線 185
七、健康線劃過的手腕線 186
八、雜亂細小的手腕線 186
拾貳、千變萬化、隨機出現的掌中記號 187
一、無名指下的環行紋 188
二、掌心明堂的十字紋 188
三、掌中出現的井字紋 189
四、掌中主線的三角紋 189
五、掌線出現的島紋 190
六、指頭下方的星形紋 190

七、掌中主線的方格紋……191
八、掌中主線的流蘇紋……191
九、掌中出現的波形紋……192
十、掌中出現的網形紋……192
十一、掌中出現的虛線紋……193
十二、掌中出現的鎖鏈紋……193

拾參、色彩繽紛、不斷轉變的手掌氣色 194

一、明顯紅潤的手掌氣色……196
二、枯黃黯淡的手掌氣色……196
三、赤紅遍佈的手掌氣色……197
四、青色遍佈的手掌氣色……197
五、黃白明潤的手掌氣色……197
六、灰黑黯淡的手掌氣色……198
七、蒼白枯槁的手掌氣色……198
八、潮濕流汗的手掌……198
九、乾燥脫皮的手掌……199
十、冰冷蒼白的手掌……199

**(手掌雖小看一生) 200**

掌心三線，露玄機

兩手一攤，現禍福

壹、無緣永續婚姻的手相

一、有缺口卻延續的感情線……201
四、尾端分岔交錯的智慧線……202

二、明顯下垂交叉的婚姻線……201
三、複雜而且混亂的婚姻線……202
五、出現島紋形狀的感情線……203
貳、夫妻美滿幸福的手相
一、隆起厚實的金星丘……204
四、月白明顯的指甲……205
二、挺直有力的拇指……204
五、三條深明的手腕線……206
三、清晰明顯的生命線……205
參、無法閃躲暗箭的手相
一、歪七扭八的成功線……207
四、長度過短的小拇指……208
二、食指根部紋路雜亂……207
五、橫紋劃過的貴人線……209
三、橫紋破壞的事業線……208
肆、太座強勢凶悍的手相
一、筆直沖天的事業線……210
三、中途間斷的感情線……211
二、十指的指紋呈現羅紋……210
四、斷斷續續的智慧線……211

五、橫越手掌的斷掌紋……212

伍、貧窮卻有轉機的手相

一、止於指間的事業線……213
四、財庫紋路出現缺口……214
二、止於指間的感情線……213
五、小指的長度太過短……215
三、無名指下的漏失紋……214

陸、易有重婚外遇的手相

一、兩條平行的婚姻線……216
四、漏失紋呈現島形狀……217
二、尾端分岔的智慧線……216
五、手掌兌宮有交叉紋路……218
三、斷續但平行的感情線……217

柒、濫桃花朵朵開的手相

一、鎖鏈形狀的感情線……219
四、多重平行的人緣線……220
二、數條雜亂的婚姻線……219
五、深長明顯的太陽線……221
三、太陰丘延伸的事業線……220

捌、易淪為第三者的手相
一、出現島紋的感情線……222
二、結婚線跟感情線交叉……222
三、結婚線尾端出現分岔……223
四、金星丘延伸的事業線……223
五、橫紋中斷的事業線……224
玖、感情一再被騙的手相
一、呈現階梯的感情線……225
二、拇指柔軟向後翻轉……225
三、智慧線的長度太短……226
四、分開的雙重感情線……226
五、軟弱無力的小指頭……227
拾、天生奔波勞碌的手相
一、手腕線有如鎖鏈……228
二、金星丘網狀紋路深刻……228
三、間斷不整齊的事業線……229
四、手指頭直紋眾多……229
五、太陽線眾多且有分岔……230
拾壹、情場獵豔得意的手相

一、深刻的生命線與發達的金星丘……231
二、手指頭能順利伸展張開……231
三、有支線向上的感情線……232
四、漂亮優美的小指頭……232
五、生命線的支線朝上……233

## 拾貳、孤家不易成雙的手相

一、微弱不明顯的結婚線……234
二、複雜錯亂的結婚線……234
三、不牢靠穩固的感情線……235
四、雜紋劃過的事業線……235
五、雜亂且突起的手腕線……236

## 拾參、從事玄學領域的手相

一、太陰丘延伸的事業線……237
二、橫長但下垂的理智線……237
三、手指頭出現陰陽指紋……238
四、手掌邊出現的直覺紋……238
五、手掌心有十字紋出現……239

## 拾肆、夫妻聚少離多的手相

一、平行但相隔的結婚線……240
四、中指跟無名指間距過大……241

二、尾端翹起的生命線……240
三、手掌出現多條的旅行線……241
五、感情線的位置過低……242

## 拾伍、情深反轉恨意的手相

一、延伸到掌邊的感情線……243
二、尾端部分下垂的感情線……243
三、手指頭當中食指較長……244
四、生命線的位置較高……244
五、完整且清晰的金星帶……245

## 拾陸、容易想不開而輕生的傾向的手相

一、生命線跟理智線連結交錯……246
二、彎曲且過長的智慧線……246
三、生命線上有橫紋劃過……247
四、掌中主線呈現川字紋……247
五、感情線與理智線分岔雜亂……248

## 拾柒、聲色犬馬燈紅酒綠的手相

一、手掌中出現縱慾紋……249
二、紋路雜亂的金星帶……249
三、雜亂無章的結婚線……250
四、呈現交叉的手腕線……250

五、斷續不整的桃花紋……251

拾捌、溫柔殷勤的新好男人的手相

一、完整且彎曲的感情線……252
二、深長而明顯的手腕線……252
三、拇指上頭的鳳眼紋……253
四、太陰丘延伸的太陽線……253
五、手掌的丘位飽厚實……254

拾玖、縱橫職場的天王天后的手相

一、一柱擎天的事業線……255
二、指頭紋路皆為羅紋……255
三、明顯清晰的太陽線……256
四、尾端上翹的理智線……256
五、生命線的支線朝上……257

貳拾、愛之船總是觸礁沉沒的手相

一、感情線的支線朝下……258
二、雜紋劃過的婚姻線……258
三、事業線有雜紋劃過……259
四、理智線的支線朝下……259

（手掌心中斷事業）260
掌心三線，露玄機
兩手一攤，現禍福
壹、優秀良好、筆挺直聳的手相
一、理智線平穩有力、感情線完整清晰 261
案例一
二、理智線彎曲下垂、感情線開岔雜亂 262
案例二
貳、軟弱無力、搖擺不定的手相
一、事業線有頭無尾、感情線有島紋 …264
案例一
二、事業線彎曲波折、手掌有川字紋 …265
案例二
參、頭是基礎、尾看結果的手相
一、事業線結尾偏斜、婚姻線微弱不現 267
案例一
二、事業線偏斜向上、婚姻線尾端開岔 268
案例二

## 肆、投機主義、悔不當初的手相

一、事業線遭遇阻礙、理智線下垂中斷 269
案例一
二、事業線筆直有力、感情線雜紋分岔 270
案例二

## 伍、愁眉深鎖、灰心喪志的手相

一、事業線彎曲波折、運勢看粗細有別 272
案例一
二、事業線頭粗尾細、掌中主線頭相連 273
案例二

## 陸、固執己見、判斷錯誤的手相

一、事業線止於理智、三心二意失良機 275
案例一
二、事業線微曲斷裂、心煩意亂茫茫然 276
案例二

## 柒、線短運短、浮沉隨浪的手相

一、事業短線耐力差、環境變遷不由人 278
案例一
二、事業線短志不短、突破困境另創天 279
案例二

## 捌、破裂微弱、懶散怠惰的手相

一、事業線開端破裂、基礎動搖心懶散 281
案例一
二、事業線短中途斷、身不由己隨風飄 282
案例二

## 玖、紋路轉淺、諸事難成的手相

一、事業線粗闊變淺、龍困淺灘難翻身 284
案例一
二、事業線挺直清秀、可惜無力衝上天 285
案例二

## 拾、開端不同、結局相異的手相

一、生命線上事業線、固執己見導失敗 287
案例一
二、月丘延伸事業線、貴人相助性被動 288
案例二

## 拾壹、出現缺口、真假有別的手相

一、理智線上下缺口、工作吃緊運勢衰 290
案例一
二、事業線缺口分岔、轉變方向得生機 291
案例二

拾貳、多變詭譎、等級有分的手相

一、事業線斷口過多、紋路深淺探虛實 293

案例一

二、事業線微弱無力、斷口呈現坎坷路 294

案例二

拾參、缺口有損、天差地別的手相

一、事業線上方格紋、脫胎換骨大不同 296

案例一

二、事業線多處斷裂、不務正業到晚年 297

案例二

拾肆、福祿深厚、萌芽在發的手相

一、雙重事業線缺口、創業之路坎坷行 299

案例一

二、事業線開端粗闊、斷口阻礙前途展 300

案例二

拾伍、片斷線紋、慘澹經營的手相

一、事業線缺口分岔、反覆無常遭挫折 302

案例一

二、事業線細紋群聚、缺乏主見惹麻煩 303

案例二

拾陸、紋路彎曲、前景堪慮的手相

一、事業線彎曲不定、開頭結尾說分明 305

案例一

二、事業線尾端分岔、失去奮鬥上進心 306

案例二

拾柒、掌中明堂、難掩心態的手相

一、事業線明堂曲折、所幸突破有化解 308

案例一

二、事業線一波三折、無奈感情捉弄人 309

案例二

拾捌、理智受制、短視近利的手相

一、事業線月丘延伸、紋路過短受牽制 311

案例一

二、事業線粗闊曲折、主線開岔大不妙 312

案例二

拾玖、方格紋路、糾纏不清的手相

一、事業線雙重方格、矛盾疑惑自欺人 314

案例一

二、事業線出現方格、方格大小有差異 315

案例二

## 貳拾、太陰丘位、艷遇不斷的手相

一、事業線源自太陰、頭腦精明能搭配 317
案例一
二、事業線開端分岔、遠方得財有艷遇 318
案例二

## 貳拾壹、島紋所困、情感累贅的手相

一、事業線止於感情、感情破碎受拖累 320
案例一
二、事業線出現島紋、起點不同運不同 321
案例二

## 貳拾貳、相不獨論、情況有別的手相

一、事業線島紋破壞、木星丘痕紋阻礙 323
案例一
二、事業線從生命出、金星島紋惹麻煩 324
案例二

## 貳拾參、參看雜紋、判斷無誤的手相

一、事業線島紋出現、川字紋顯露玄機 326
案例一
二、事業線島紋出現、島紋位置有影響 327
案例二

貳拾肆、相同紋路、趨勢相同的手相
一、事業線呈叢毛狀、感情微弱傷心深 329
案例一
二、事業線呈叢毛狀、紋路分岔責任重 330
案例二
貳拾伍、無事業線、運勢極端的手相
一、掌中全無事業線、主線清秀貴人格 332
案例一
二、掌中缺乏事業線、主線粗短礙前程 333
案例二
貳拾陸、真假斷掌、命運有別的手相
一、假斷掌無事業線、固執己見難翻身 335
案例一
二、真斷掌無事業線、實事求是開創天 336
案例二
（手掌心中覓愛情） 338
掌心三線，露玄機
兩手一攤，現禍福

一、感情冷熱、弧度便知的手相……339
案例
二、紋路短淺、無情無義的手相……340
案例
三、十字紋路、桃花滿天的手相……341
案例
四、尾端下垂、判斷失靈的手相……342
案例
五、紋路斷裂、愛情破碎的手相……344
案例
六、短直破碎、感情現實的手相……345
案例
七、雜紋叢生、愛恨極端的手相……346
案例
八、支線眾多、桃花朵朵的手相……348
九、紋路淺薄、情色氾濫的手相……349
案例
十、吝嗇小氣、愛好幻想的手相……350
案例
十一、鬱卒難解、輕生念頭的手相……352
案例
十二、支線交錯、潛藏放縱的手相……353
案例
十三、自私自利、貪圖慾望的手相……354
案例
十四、尾端雲片、呼來喚去的手相……356
案例
十五、爆裂紋路、物質擇偶的手相……357
案例
十六、多變迷樣、留戀風塵的手相……358

案例
十七、紋路過長、醋勁橫生的手相……360
案例
十八、隨興戀愛、喜新厭舊的手相……361
案例
十九、掌紋通貫、異常執著的手相……362
案例
二十、夜郎自大、孤獨寂寞的手相……364
案例
二十一、破裂歪斜、孽緣難斷的手相…365
案例
二十二、理想主義、過分節制的手相…366
案例
二十三、膽小怕事、虎頭蛇尾的手相…368
案例
案例
二十四、失敗創傷、後悔不已的手相…369
案例
二十五、性喜獵豔、不受拘束的手相…370
案例
二十六、緣分像雲、若有似無的手相…372
案例
二十七、主觀強烈、情慾導向的手相…373
案例
二十八、好奇天真、半推半就的手相…374
案例
二十九、說謊獵豔、偷心高手的手相…376
案例
三十、感情薄弱、個性使然的手相……377
案例

三十一、身心煎熬、痛苦不堪的手相…378
案例
三十二、感情分岔、在外偷腥的手相…380
案例
三十三、爭執不斷、裝模作樣的手相…381
案例
三十四、紋路掃把、風流好玩的手相…382
案例
三十五、主線交錯、愛情惆悵的手相…383
案例
三十六、心機深沉、愛情戲子的手相…385
案例
三十七、衝動早熟、梅開多度的手相…386
案例
三十八、任性驕縱、白頭無望的手相…387
案例
三十九、情慾過重、難保婚姻的手相…388
案例
四十、末端分岔、我行我素的手相……390
案例
四十一、分岔交錯、愛得瘋狂的手相…391
案例
四十二、波浪彎曲、曖昧不明的手相…392
案例
四十三、波浪分岔、忽冷忽熱的手相…394
案例
四十四、破裂多重、婚姻不妙的手相…395
案例

四十五、雜亂無章、蹉跎等待的手相……396
案例
四十六、出現波浪、三心二意的手相……398
案例
四十七、捕風捉影、不切實際的手相……399
案例
四十八、浪子多情、情感無奈的手相……400
案例
四十九、小氣財神、偏好女色的手相……402
案例
五十、島紋出現、心防脆弱的手相……403
案例
五十一、尾端島紋、臨陣脫逃的手相……405
案例
五十二、雙重島紋、難尋對象的手相……406
案例
五十三、島紋阻礙、分岔風流的手相……407
案例
五十四、島紋重疊、性慾旺盛的手相……408
案例
五十五、感情波折、無風起浪的手相……410
案例
五十六、紋路粗闊、情緒激動的手相……411
案例
五十七、品嘗自由、不願拘束的手相……412
案例

# 手相基本常識

## 一、觀看手相的時機

一般觀看手相的時機，通常是在清晨的時候，人體各項機能正逐漸復甦，身心情緒也比較平靜，受到干擾的因素比較少，這樣子來看手相的話，將會得到較客觀的結果。如同古書所說：「日出為良時。」

觀看手相很容易，但是基本條件是要光線明亮，最好是採用自然光，若是其他燈光的話，恐怕會影響到色澤判斷，而失去準確性，而且被觀看者，不能在過冷、過熱，或劇烈運動完，或喝酒之後，或情緒不穩時，進行觀看手相的動作，那所得到的結果，可信度會大大降低。

觀察時雙手要自然伸出，手掌要放鬆，才能觀看紋路跟色澤，可以先由粗略的地方看起，再轉向細微的地方，使用放大鏡的工具，會是不錯的選擇，有些時候若覺得不清楚，可以用手指按著然後放開，藉由血流的聚散來觀察。

## 二、手相觀察的步驟

**第一步：**要觀看雙手的全貌特徵，考慮是否完整或有缺陷，色澤的光亮程度，手掌的厚薄豐隆如何，跟對方握手的情況，以及對方手的姿態與伸展的情形。

**第二步：**先觀看手型屬性，並加以判斷分析。

**第三步：**觀察手指的長度、彎曲度，跟指節及指關節的情況。

**第四步：**手中主要掌紋線條的分佈，以及走向趨勢、長短形狀，來作為判斷依據。

**第五步：**其他次要掌紋線條的分佈，以及各種特殊的符號。

**第六步：**手中掌丘的樣態，是否豐盈有彈性，有無特殊記號，以及呈現的色澤。

**第七步：**觀看指甲的情況，特別是月白的部分。

## 三、手相看那隻手比較重要

觀看手相應該以那隻手為主，至今還沒有確定的說法，只能夠歸納出幾種觀點，來作為大家參考依據。

1、男生應該以左手為主，右手為輔；女生應該以右手為主，左手為輔。

2、無論男女，皆以左手觀看先天基礎，而右手觀看後天運勢，但如果是左撇子的話，則情況剛好相反，以左手當作先天基礎，右手當作後天運勢。

3、不管男、女或者先、後天關係，兩手在互相比較之後，把命運線（事業線）附近變化多哪隻手，當作主要的判斷依據。

## 四、手相和命運的關係

從手相可了解人的個性、體質、各方面運勢等等，這並不是不可能的，而是一般人沒有去驗證而已，但經由觀察統計之後，所歸納得出的結論，手相確實能夠有準確性，以及一定程度的影響。

例如掌中丘位及紋路的分佈，象徵人的心理狀態，不同的紋路走勢，反應不同的個性，而長短、深淺、雜亂、形狀等等，其運勢都有跡可尋，可以作為參考的依據，在面臨各方面決策，但徬徨無助的時候，能當作指引的方向，讓感情更順利、事業更發展、財運更豐隆。而丘位的隆起凹陷，可以看出人的資質，才華能力所在，進而發揮優點的地方，減少不必要的冤枉路。

不過手相並非萬能的，但趨勢卻可提供參考，能知道自己的優缺點，在優點方面，可以繼續保持加強，缺點部分就要改善及避免，成功的機率就會增加，人生路途會比較順暢，並能了解他人的個性，而做出適當的回應，在相處溝通方面，就不太會有問題發生，就算有的話，也可以掌握關鍵，進而重修舊好。特別是某些疾病的產生，其潛在的遺傳因子，可以從手相上來看出徵兆，使我們能夠提早預防，避免個人健康的損傷。

## 五、手指與疾病的對應關係

| 掌中手指 | 運勢時期 | 功能與疾病 |
| --- | --- | --- |
| 拇指 | 幼年階段 | 遺傳體質與腦髓功能 |
| 食指 | 青年階段 | 肝膽系統方面 |
| 中指 | 壯年階段 | 心血管系統方面 |
| 無名指 | 中年階段 | 胸肺及呼吸系統方面 |
| 小指 | 老年階段 | 生殖與泌尿系統方面 |

## 六、手指代表的意義

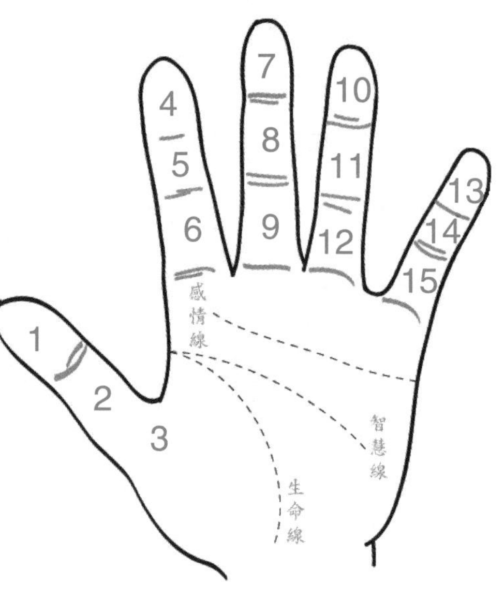


**拇指**：代表個人生命力強弱、體力的優劣、意志力強弱、人格的養成。

**食指**：代表自我理想、進取心、自尊心、權威展現、慾望所在、領導能力。

**中指**：代表思考能力、分析判斷、倫理意識、警覺心、智慧眼光。

**無名指**：代表情緒、審美觀、社會地位、名聲信譽、異性緣好壞、性慾掌控。

**小指**：代表說話技巧、行為舉止、本能反應、財富多寡、子女關係、性功能。

## 七、指節代表的意義

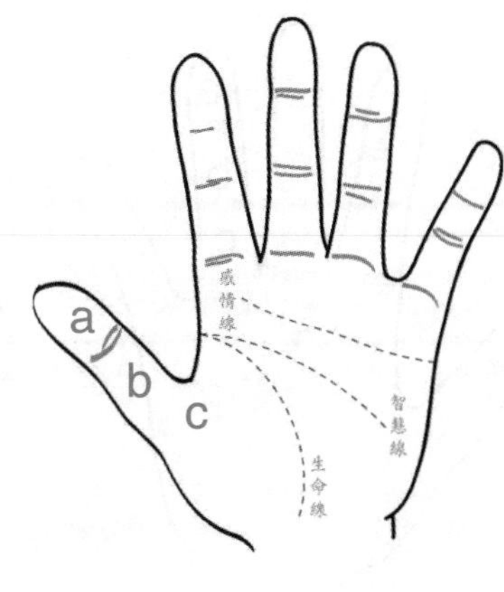

**拇指**

拇指第一指節：意志力的展現、自我意識的強弱。

拇指第二指節：理性邏輯、思考分析。

拇指第三指節：愛情的包容力。

**食指**

食指第一指節：直覺能力、自信心、行為約束力、守法性。

食指第二指節：進取心、好勝心。

食指第三指節：精神力量、慾望大小。

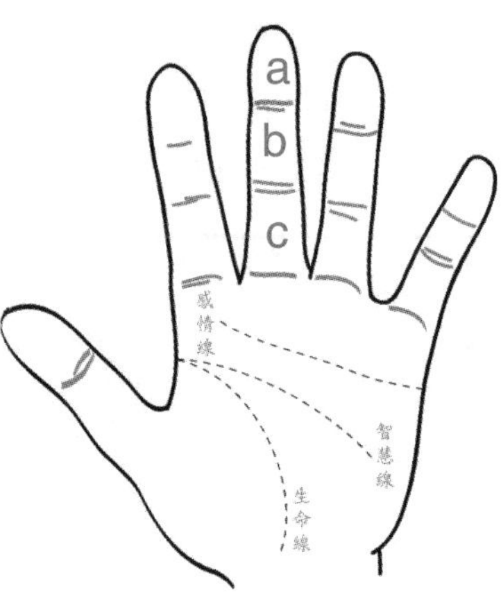


### 中指

中指第一指節：道德感、憂鬱性。

中指第二指節：責任感、研究心。

中指第三指節：慾望滿足、現實追求。

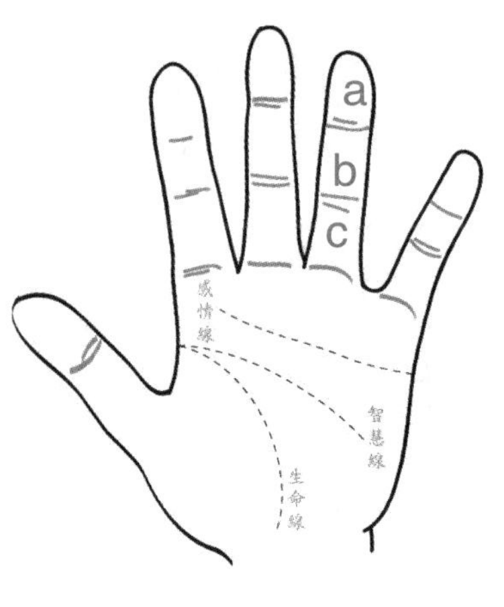


### 無名指

無名指第一指節：藝術美感、脾氣修養、個性取向。

無名指第二指節：名譽信用、生活情趣。

無名指第三指節：靈感直覺、才華發揮、性慾金錢。

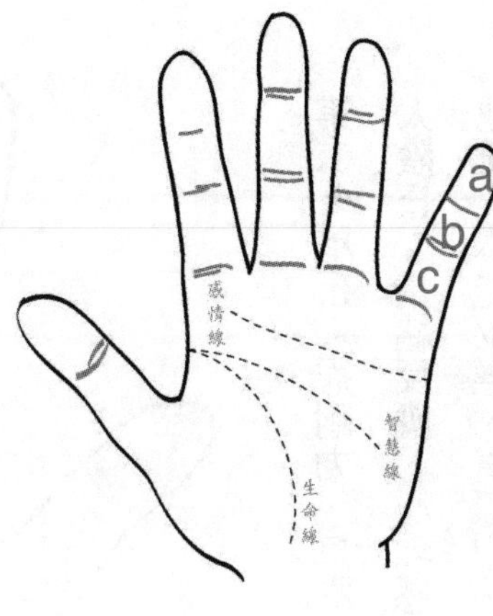


**小指**

小指第一指節：表現慾望、辯論能力。

小指第二指節：忍耐性、抗壓性、實踐能力。

小指第三指節：思考分析、勤勞恆心、性能力優劣。

# 八、各種丘位的代表意義

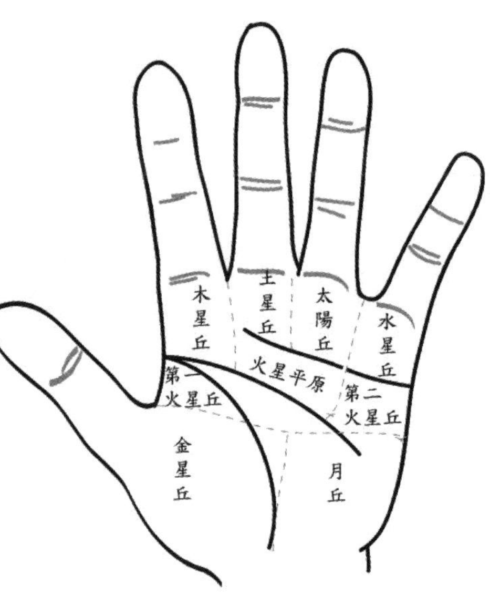


**木星丘**：意志力、權力慾望、奮鬥精神。

**土星丘**：思考分析、自我約束、理智主見。

**太陽丘**：才華技藝、創造能力、名聲地位。

**水星丘**：交際應酬、人際關係、演說技巧。

**金星丘**：愛情追求、審美觀念、精神意志、體力多寡。

**第一火星丘**：決策能力、勇氣展現。

**第二火星丘**：忍耐力、抗壓性、約束力。

**太陰丘**：情緒反應、心理感受、隱私神秘、想像能力。

**地丘**：本能反應、實際想法、體能精力。

## 九、丘谷的判斷方法

### ㈠ 剛強之丘

**意義：**

位於第一星丘與金星丘結合處，拇指若有伸展動作或張或合的時候，就會有明顯的變化，代表人的剛烈脾氣、大膽進取、主動出擊。

**判斷：**

若此丘位稍微凹陷，表示為人懂得應對進退，處理事情剛柔並濟，是比較中庸之道的人，但若太過隆起，表示做事急躁衝動，而不考慮後果，常常因此惹禍。

### ㈡ 情意之丘

**意義：**

位於食指跟中指的結合處，就在指縫的下方，代表意志展現、努力奮鬥、慾望滿足。

**判斷：**

若此丘位隆起的話，表示意志堅定，有理想抱負，不容易受人影響，會主動積極、

奮鬥向上，但若是太過低陷，表示體力不佳、精神恍惚，容易受人慫恿，缺乏努力的鬥志。

㈢ **智慧之丘**

**意義：**

位於中指和無名指之間，就在指縫的下方，表示為人的聰明才智以及判斷事物的能力。

**判斷：**

若此丘位隆起的話，表示腦筋優秀、研究心強，有豐富的知識與過人的見解，做事情能認真負責，而獲得不錯的成果，若是太過低陷，表示反應遲鈍，判斷力較差，容易上當受騙，自我約束力弱，會做出衝動的事情而遭遇挫折失敗。

㈣ **愛美之丘**

**意義：**

位於小指和無名指之間，就在指縫的下方，表示為人的學習能力、才華技藝，情緒變化、對事物的審美觀、生活品味的情趣。

**判斷：**

若此丘位隆起的話，表示為人品味高、附庸風雅，很重視個人隱私，對外活潑愛現，而且容易親近，不太會隨便發脾氣，人際關係十分良好，反之，若太過低陷的話，表示體力較差，性生活有問題，情緒容易鬱卒煩悶，不懂得表現自己，愛情方面容易遭受挫折。

**㈠ 剛強之谷**

**意義：**

位於拇指與食指間的虎口，表示為人的正義感、直爽豪邁、剛強激烈的程度。

**判斷：**

要把拇指跟四指張開來觀察，一般是五十度到九十度左右，若張開的角度適中，表示個性獨立，富有主見，凡事會積極爭取，不怕競爭的局面，有不錯的領導能力，但若張開角度過大的話，表示自大驕傲，不聽勸諫，凡事膽大妄為，容易惹事生非，特別是金錢方面，容易揮霍無度。若張開的角度過小，表示個性軟弱，膽小沒主見，容易受人

影響，有點神經質，做人處世非常小氣、吝嗇。

### (二) 情意之谷

**意義：**

位於食指與中指間的隙縫，表示為人的意志力、貫徹力、自我慾望的範圍。

**判斷：**

觀察張開角度的大小，一般是二十五度到六十度之間，若張開的角度大，表示有理想抱負，眼光遠大，會積極奮鬥到底，不怕任何的險阻，會力求突破，若張開的角度小，表示為人現實主意，不顧情誼，沒有什麼作為，會比較貪圖享受，忽略長遠未來，

### (三) 智慧之谷

**意義：**

位於中指與無名指間的隙縫，表示人的思考邏輯、行為舉止、服從合作的程度。

**判斷：**

觀察張開角度的大小，一般是十度到五十度之間，若張開的角度大，表示腦筋聰明，懂得謀略，但有點過度自信，不喜歡受拘束，若張開的角度小，表示思想容易偏

激，不懂得中庸之道，做事情喜歡速成，不擇手段去完成。

## ㈣ 愛美之谷

**意義：**

位於無名指與小指間的隙縫，表示為人的情緒反應、表現能力、感情豐富的程度。

**判斷：**

觀察張開角度的大小，一般是二十五度到六十度之間，若張開的角度大，表示個性活潑外向，與人容易親近相處，很重視生活品味，談戀愛懂得情趣，不過脾氣有點任性，若是張開的角度小，表示個性拘謹、傳統保守，不太能交際應酬，防衛的心態較強，感情會溝通不良，反應容易情緒化。

# 指相分析論斷

## 五指的意義

一、**拇指**：（五歲到十四歲運勢）

拇指代表祖先跟長上，也代表自己的父母，自己的幼年運，如果長得雄偉壯大、細長清秀，就是象徵父母財產富有，有地位聲望，能健康長壽，自己將來也容易成就非凡，能獲得週遭眾人的幫助，反之，短小醜陋，表示祖上無資產，無法獲得庇蔭，父母多災多難，健康情況不佳，必須奔波勞碌，自己也缺乏膽量，沒有決心毅力・無法成就事業、終日操心。

二、**食指**：（十五歲到二十九歲運勢）

食指代表兄弟跟姊妹，也表示自己的少年運，若長得強健清秀，表示一生衣食無缺，能順心如意，兄弟姊妹多幫助，自己也少災少病，但若有所損傷，或短小歪斜，表示家境貧苦、兄弟無情，凡事需要靠自己努力，沒有任何貴人提拔，婚姻方面，太太非常凶悍，會有懼內的傾向。



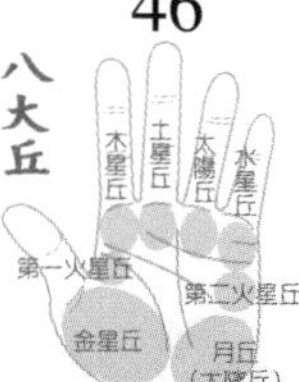

**三、中指：**（三十歲到四十四歲運勢）

中指代表自己的個性，也表示自己的中年運，若長得直聳秀長，表示為人正直、富正義感，不怕艱辛困苦，事業能有所成，人緣也會比較好，若有損傷或短小歪斜的話，表示心術不正、喜歡投機取巧，無法求取功名，經濟顯得拮据，到處惹事生非，人緣方面不是很理想。

**四、無名指：**（四十五歲到五十九歲運勢）

無名指代表異性緣跟配偶，也表示自己的晚年運，若長得強健清秀，表示自己的異性緣不錯，能吸引眾多人青睞，能娶得條件優秀的配偶來幫助自己的事業，晚年運勢也能榮發，不用擔心老年生活，但若有損傷或短小歪斜，表示異性緣不佳，較晚才能找到對象，婚後配偶的個性凶悍，不懂得體貼跟照顧，彼此會常有爭吵，恐怕會離異，晚年生活淒涼無助，必須提前做好準備。

**五、小指：**（六十歲到七十四歲）

小指代表子女跟媳婦，也代表晚輩跟部屬運，若長得筆直清秀，表示自己的子女有出息，懂得孝順感恩，會適當回報父母，晚輩會比較有情有意，在急難時能伸出援手，在事業方面，對部屬能有威嚴，展現十足領導能力，晚年運也比較穩定安好，若有損傷或短小歪斜的話，表示子女不爭氣，會敗光祖上家產，替自己帶來麻煩，形成不小的負擔，晚年還需要奔波勞碌，不得清閒安享天年，在事業方面，領導管理成效不佳，沒有什麼成就可言，晚年運也不佳。

## 六、無名指與食指的比較

若食指長於無名指，表示自己比較袒護家人，對兄弟姊妹比較照顧，不會有見色忘友的現象，處事能夠公正無私，不會有小人的騷擾，但異性緣方面，有不解風情、缺乏浪漫的可能，讓異性跟配偶有生氣吃醋的現象，若是無名指長於食指，表示對異性跟配偶比較照顧，會比較言聽計從，滿足其需求，但對家人就比較輕忽，不太能噓寒問暖、僅，做表面功夫而已，但由於耳根子軟，不聽家人勸言，容易遭人欺騙，會有事業或財富上的危機，必須要特別注意。

## 七、手指與手掌的比較

手指代表精神方面，手掌代表物質方面，兩者需要適當搭配才能夠有良好表現。若是手指長於手掌，性格比較內向，為人比較重於精神，會追求心靈生活，對知識的吸收有興趣，會有深入的研究，通常能成為專業人士，受到眾人的尊敬，人際關係熱絡，若是手掌長於手指，性格比較外向，為人重視實際生活，凡事刻苦耐勞、實事求是，充滿勇氣魄力，會盡力克服眼前難關，重視效率跟卓越，但有點不近人情，人際關係較冷淡。

整體來看，若是手指跟手掌都長的話，表示比較感性，很喜歡思考分析，別人很好親近，人緣顯得不錯，很有理想抱負，但容易鑽牛角尖，缺乏實際執行力，若是手指跟手掌都短的話，表示比較理性，講求實際操作，不愛空想妄談，行動果斷有效率，但交際手腕不足，很容易得罪他人，不知道運用關係。

## 手指痣的意義

### 大拇指

**一、底部指節有痣**

表示會爭取異性眼光，而不惜盡全力，希望成為注目焦點，甚至沉迷於其中，浪費時間跟金錢也不在乎，有無法自拔的現象。

二、**中節指節有痣**

表示判斷力較差，雖然能力不錯，但總是眼高手低，有不切實際的做法，加上傲慢自負的模樣，讓人家覺得很討厭，而得不到別人的幫助。

三、**頂端指節有痣**

表示個性固執、不聽人勸，有自以為是的現象，變通的反應很慢，遇到困難危急的時候，往往會因此作繭自縛，而無法順利度過，特別是在金錢方面。

## 食指

一、**底部指節有痣**

表示不懂得同情，欠缺體諒的心情，跟週遭人有隔閡，交際手腕不佳，而且妒忌心很強烈，見不得別人好，認為對方貪圖利益、出賣自己，因而會大發雷霆。

二、**中節指節有痣**

表示具有企圖心，有很強的意志，不怕任何困難，會勇於面對挑戰，但若超過能力範圍，便會鋌而走險，不惜放手一搏，結果通常憂喜參半。

**三、頂端指節有痣**

表示精神恍惚不集中，常常會分心疏忽，而發生意外災害，而且態度消極，比較有懶惰的現象，不適擔任壓力沉重，或是競爭激烈高的行業。

## 中指

**一、底部指節有痣**

表示個性散漫、無心工作，做事通常逃避責任，不願意承擔重任，因此不會受到重用，在金錢的花費上，對朋友很大方慷慨，但對自己跟家人卻顯得十分小氣，一分一毫也會斤斤計較。

**二、中節指節有痣**

表示個性細膩，謹慎小心，但由於情緒敏感，常莫名發脾氣，對人有主觀偏見，因此容易受到排斥，任何事情都必須親自執行，沒辦法假手他人，是天生的勞碌命，一刻也閒不下來。

**三、頂端指節有痣**

表示脾氣暴躁衝動，容易有口角糾紛，若頂端指節朝食指方向彎曲，則會對社會帶來困擾麻煩，若彎向無名指的話，則會替家人帶來困擾麻煩。

## 無名指

**一、底部指節有痣**

表示個性任性，不受拘束，喜歡獨斷獨行、標新立異，不太能與人合群，在財運方面，總是財來財去，不懂得珍惜金錢，有奢侈浪費的傾向，特別是為了流行時尚的高貴物品。

**二、中節指節有痣**

表示缺少偏財運，不適合投機事業，特別是賭博不可接觸，否則容易傾家蕩產，但又因為個性倔強、愛面子，往往等到無法收拾善後，才願意回頭聽勸。

**三、頂端指節有痣**

表示個性衝動急躁，缺乏深思熟慮，對於興趣的事情，總是三分鐘熱度，無法長久持續下去，導致學藝不精、難成大器，在感情方面，也容易遭受失敗挫折，而有感情用事的現象。

**小指**

**一、底部指節有痣**

表示為人有小聰明，但不用於正途，經常走旁門左道，對物質金錢很崇拜，會汲汲營營的爭取，對朋友或子女的態度顯得冷漠不關心而疏於照顧。

**二、中節指節有痣**

表示喜好撥弄是非、經常製造糾紛，讓別人心生厭惡，不與自己來往，在理財方面，缺乏數字概念，判斷力較差，投資恐怕有所損失，不適合經商的行業。

**三、頂端指節有痣**

表示說話不得體，常直接傷人，人際之間會有摩擦，個性保守內向，腦筋欠缺靈活，學習技藝方面，總是差強人意，無法突破而更上一層樓。

## 指甲的意義

以指甲的標準來看，形狀要適中，不可以太長、太短，指甲厚度要一致，太厚、太薄都不是很理想，顏色方面要紅潤，若是呈現其他顏色，表示身體健康欠佳，多半有遺傳的毛病，或是慢性疾病的因子，個性方面也容易偏激、急躁。

### 一、厚硬的指甲

指甲若厚且硬的話，表示先天體質健壯，生命力、活動力很旺盛，做事情能夠樂觀進取，突破眼前的困難，但是為人自視甚高，主觀意識強烈，有時候容易與人發生衝突口角，合作較不愉快。

### 二、薄軟的指甲

指甲若薄且軟的話，就是先天體質較差，很容易過敏出毛病，經常需要看病吃藥，精神上比較憂鬱，有畏懼害怕的傾向，若是遭受打擊的話，很容易神經衰弱，而無法恢復自信心。

## 三、狹長的指甲

指甲若狹長的話，表示體力較差，缺乏運動，健康不是很理想，個性方面很敏感，對什麼事情都很謹慎，但妒忌心強烈，會看不慣他人，是屬於沉默內斂的人，喜好心靈神秘的事物。

## 四、較短的指甲

削短的指甲的話，表示健康不佳，心臟容易出毛病，為人缺乏自信心，適合單獨學術研究的工作，較不適合壓力沉重的行業。闊短的指甲的話，表示為人神經質，容易疑神疑鬼，不好溝通商量，容易與人起衝突，有暴力的傾向。

## 五、圓形的指甲

圓形的指甲，表示個性主觀，做事衝動沒耐性，脾氣很容易暴躁，有時候會很情緒化，跟人家過不去，但有時候很冷漠，不愛理睬任何人，變化的起伏很大，給人喜怒無常的感覺。

## 六、蛋圓形的指甲

蛋圓形的指甲，表示心思比較細膩，對週遭事物有審美觀，會將精神投入其中，金錢有透支的現象，很愛打扮，讓自己成為眾人焦點，藉此獲得別人的掌聲。

## 七、指甲上大下小

指甲上大下小，表示做事有虎頭蛇尾得傾向，不是很能夠貫徹始終，但是在感受力方面，則顯得很敏銳，能察覺細微的變化，對審美有不錯的判斷力，很適合從事流行趨勢的行業。

## 八、指甲有凹陷

指甲有凹陷的話，就是指甲的中間凹下去，表示為人神經衰弱，有失眠睡不著的毛病，甚至有遺傳性的疾病，或是有酗酒、濫用藥物的現象，意志力非常薄弱，容易沉迷奢華事物，而顯得無法自拔。

## 九、指甲有突起

指甲有突起的話，就是中間的地方突起，表示健康體質不佳，呼吸系統有問題，恐怕有氣喘或是肺病，越突起表示問題越嚴重。

**十、指甲有彎曲**

指甲有彎曲的話，就是尖端的部分往上翹或內彎，表示為人冷漠，貪圖利益，不重視友誼、人情，有過河拆橋的現象，情緒上喜怒無常，很容易翻臉不認人。在身體健康方面，肝臟或腎臟容易出問題，生殖機能恐怕受損，而沒有辦法順利懷孕，影響到生兒育女。

**十一、指甲有直紋**

指甲有直紋，表示健康情況不佳，腸胃方面容易出問題，或者有酒精中毒的可能，在睡眠方面，也容易失眠熬夜，而有神經衰弱的徵兆。

**十二、指甲的月形**

就是指甲月白的部分，形狀過大或過小的話，都不是非常理想，健康情況都有問題，過大的話，表示心臟血管不佳，血壓容易過高，容易血管破裂導致腦中風，過小的話，表示心臟無力、血液循環不良，有頭暈、貧血的毛病。

## 掌中八卦的意義

中國手相學的掌中八卦，其分法跟西洋的丘位類似，但是仍然有些不同的地方，像是中國相學坎宮的位置，在西洋丘位上，僅是火星平原的盡頭，沒有實際的標明丘位，而坤宮的部分，則分成太陽丘跟水星丘的位置。

一、**乾宮**：（父親、長子）

若此部位發達隆起的話，表示頭腦靈活、擅長思考，對資訊善於分析，從中得到消息，有助於理想的實現，反之，若低陷的話，表示對知識不感興趣，不擅長分析資訊，並且有神經衰弱、不切實際的胡思亂想。

二、**坎宮**：（祖上產業）

若此部位發達隆起的話，表示祖上有餘蔭，能庇祐到自己身上，從小能獲得良好栽培，經濟條件比別人好，各方面的基礎穩固，將來比較有競爭力，若是低陷的話，表示祖上破敗、家道中落，從小生活環境刻苦，凡事需要靠自己，接受教育的機會不多，還要面臨各種的負擔，起跑點比別人要辛苦。

三、**艮宮**：（田宅、兄弟姊妹）

若此部位發達隆起的話，表示對感情有所需求，會非常的重視，有想掌握主導的態度，因此愛恨分明，佔有慾特別強，但仍有所節制，相反的，若是低陷的話，對感情會忽冷忽熱，不在乎對方感受，只為了滿足個人慾望，顯得冷酷無情，對男歡女愛有時會厭倦，不太想去理睬。

**四、震宮**：（配偶、異性）

若此部位發達隆起的話，表示個性樂觀積極，懂得向上進取，不怕任何的困難，會想辦法來突破，顯得幹勁十足，所以人緣非常不錯，特別能吸引異性的好感，相反的，若是低陷的話，個性保守懦弱，容易畫地自限，不敢求新求變，常常失去先機，而只能原地踏步，感情上會有挫折創傷，有讓人捷足先登的遺憾。

**五、巽宮**：（財物、金錢）

若是此部位發達隆起的話，表示天資聰穎、才華洋溢，喜歡閱讀吸收新知，能靠文筆來賺錢謀生，人際關係方面，對朋友十分熱情大方，凡事不太會斤斤計較，能讓人家留下好的印象，若是低陷的話，會顯得怠惰懶散，不知道唸書上進，總是混水摸魚、得過且過，在事業方面，沒有什麼成就可言，常常因為缺錢花用，而經常拖累朋友，讓大家敬而遠之。

**六、離宮**：（事業、功名）

若是此部位發達隆起，表示從小成績優秀，常能名列前茅，是團體裡面的翹楚，由於能力好、企圖心強，很重視個人事業，會積極的投入，通常能夠飛黃騰達，有自己的一片天地，婚姻上也能找到好伴侶，家庭生活幸福美滿，但若是低陷的話，個性顯得冷酷，不愛與人親近，雖然很有能力，可是不受到重用，缺少貴人來提拔，有懷才不遇的現象，婚姻方面也不理想，很可能會離異收場。

**七、坤宮**：（母親、福報）

若是此部位發達隆起的話，表示聰明機智、幽默風趣，對數字有概念，適合從事商業或科技業，會比較容易出人頭地，而享有不錯的地位名聲，獲得眾人的尊敬支持，若是低陷的話，表示安逸享樂、不求上進，只希望不勞而獲，討厭努力打拚，雖然有小聰明，但卻不能長久，還可能破壞名聲。

**八、兌宮：**（部屬、朋友、子女）

若是此部位發達隆起的話，表示充滿活力、急躁衝勁，對任何事都具有信心，會願意花費時間解決，對朋友、部屬很照顧，對方有困難時，願意伸出援手，對子女會關懷付出，從不計較回報，往往希望子女獲得最好的，若是低陷的話，表示態度消極、沒有衝勁，遇到問題的時候，只會逃避現實，不去正面的接受，對朋友、部屬的要求，通常會婉拒推辭，給人不好的印象，對子女的教育，也容易不聞不問，彼此關係不親密。

## 掌中丘位的意義

**一、水星丘：**（智商、才藝、科學、旅行、說話、商業）

水星丘位於小拇指下方，若適中隆起的話，表示為人擅長說話，懂得應對進退，交際手腕不錯，在專業領域裡，有特殊的技術，而能成為權威，受到別人的欣賞，事業方面會有出息。若過度發達，或低陷的話，表示會將聰明才智運用到旁門左道方面，做出非法的勾當，像是欺騙、詐騙、偷盜等等，會出賣週遭的人來獲取個人利益，因此失去信用跟人格。

八大丘



二、**火星丘**：（行動、勇氣、競爭、禮貌、道德、自制力）

火星丘有兩處的位置，一是木星丘與金星丘之間，叫做第一火星丘，另一則是水星丘跟月丘之間，叫做第二火星丘。

第一火星丘若適中隆起，表示富有勇氣、膽量，喜歡挑戰自我，特別是未知的事物，由於決策果斷，具有領導能力，因此適合擔任主管或是軍警的行業，若是過度發達或低陷的話，表示為人心浮氣躁、喜好逞兇鬥狠，常常跟人家衝突，導致火爆的場面，讓人不敢恭維，紛紛敬而遠之。

第二火星丘若適中隆起，表示知識豐富、學識優越，能夠有良好的判斷力，在道德上有一定的原則，會堅持自己的理想與行事的方針，是社會的中流砥柱，才華往往能引人注目，但若過度發達或低陷的話，表示膽怯懦弱、凡事被動不前，遇到外界誘惑，便會把持不住而做出錯誤的行為舉止。

三、**太陽丘**：（地位、名譽、樂觀、理想、財富、情色）

太陽丘在無名指下方，若適中隆起的話，表示個性開朗大方、喜歡戶外活動，為人處事光明磊落，不會使小人的手段，對需要幫助的朋友，也會即時伸出援手，是個急功

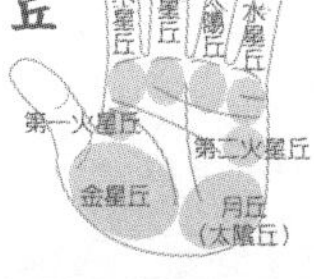

好義的人，因此人緣相當不錯，也常有許多進財的機會。若是過度發達或低陷的話，表示容易神經緊張，安靜不下來，有衝動行事的可能，會為了名譽或地位，做出不擇手段的事情，特別針對私人的利益，更是拚命的維護，但面對不利的情勢時，則顯得十分懦弱，不太願意去面對。

**四、木星丘：**（權威、藝術、慾望、驕傲、自信、熱誠）

土星丘位於食指的下方，若適中隆起的話，表示愛好大自然，喜歡旅行遊歷，脾氣溫和、熱誠可靠，所以人緣極佳，會專注追尋自己的理想，不太會受到影響誘惑，對於名利、權勢不是很重視，不會特意去苦苦強求。若是過度發達，或低陷的話，表示充滿野心慾望、不懂反省節制，有沉浸酒色的可能，喜歡爭權奪利、不問是非對錯，常常損人不利己，健康情況也每況愈下。

**五、土星丘：**（事業、壓力、精細、迷惑、多愁善感）

土星丘位於中指的下方，若適中隆起的話，表示喜歡藝術活動，非常重視氣質涵養，能學習廣泛的知識，也追求宗教的信仰，能接受神秘的事物，事業、婚姻、家庭，懂得溝通商量，會比較順心如意。若是過度發達或低陷的話，表示有不為人知的特殊關好，個性古怪孤僻，有反傳統、反道德的傾向，平常疑神疑鬼，不太信任他人，容易起衝突口角，破壞和諧氣氛，事業、婚姻路途多有坎坷。

**六、太陰丘：**（思想、夢想、審美觀、感受力、反省能力）

太陰丘位於第二火星丘的下方，與金星丘相對，若適中隆起的話，表示創作力、聯想力豐富，喜歡追求美好事物和多采多姿的生活，感受力特別強，在旅遊的途中，特別有靈感，很適合藝術方面的工作，將會發揮自己的專長，若是過度發達，或是低陷的話，表示生性愛好幻想，行事不切實際，有消極頹廢的傾向，很容易自欺欺人，不願意面對現實，若遭受打擊的話，容易憂鬱而產生精神疾病。

**七、金星丘：**（愛情、性慾、健康、自尊、同情心）

金星丘位於拇指的下方，若適中隆起的話，表示健康情況良好，態度樂觀積極，充滿自信心，會替朋友出頭，講究義氣情意，因此人緣特別好，交友非常廣泛，由於各方面條件優秀，所以對異性充滿吸引力，感情婚姻幸福美滿。若是過度發達或是低陷的話，表示性好漁色、態度輕浮，容易有桃色糾紛，招惹官司小人，但也可能變得冷酷，毫無人情，不懂生活情趣，只追逐物質的滿足與享受。

## 掌紋痣的意義

**生命線**（壽命、疾病、體能、環境適應力）

一、**生命線開頭有痣**

表示小時候體質不佳，經常生病吃藥，讓家人操心煩惱，而且個性頑固不好帶，長大以後，防衛心態比較重，不容易親近、相信別人。

二、**生命線中間有痣**

表示身體機能有問題，多半是腸胃方面的毛病，要注意飲食的正常，或者是肝臟的問題，是由於過度勞累而產生的，必須要做適當的休息。

三、**生命線尾端有痣**

表示健康容易出問題，要懂得保養身體，而且出外要注意安全，恐怕發生突來的意外，使得生命受到威脅，要盡量避免單獨出遊。

**智慧線**（智商、才藝、理性、生活能力）

一、**智慧線開端有痣**

表示事業不順心，會遭遇到阻礙，長期煩悶的結果，情緒不是很穩定，帶有神經質的傾向，幼年時，多半發育遲緩，較跟不上人家。

二、**智慧線中間有痣**

表示腦筋不清醒，反應較遲鈍，判斷力通常不佳，思想有偏激的現象，若受到打擊刺激，便容易失去控制，有暴力的傾向，也會有頭痛的毛病。

三、**智慧線尾端有痣**

表示情緒不是很穩定，喜怒哀樂無常，完全看當下心情來決定做事的態度，不是過度亢奮就是過度憂鬱，影響到正常的人際往來。

四、**中指下方智慧線有痣**

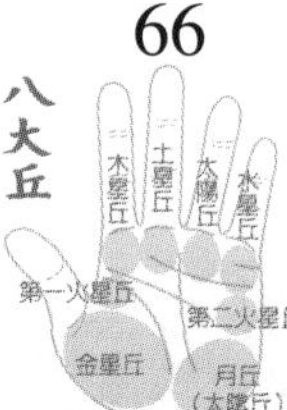

表示健康情況受損，要注意高血壓跟心臟的問題，要避免劇烈的運動，或由於熬夜失眠所造成的神經衰弱。

**五、無名指下方智慧線有痣**

表示為人處事不切實際，有作白日夢的傾向，不值得信賴與託付，在健康方面，要提防腦中風的可能。

**感情線**（愛情、婚姻、人際、感受力、審美觀）

**一、無名指下方感情線有痣**

表示愛恨分明，有強烈的佔有慾，嫉妒心特別強，一旦沉迷於愛情當中，就無法用理性面對，旁人的勸阻聽不進去。

**二、中指下方感情線有痣**

表示容易感情用事，失去自制的能力，會做出驚人之舉，而精神方面，注意力常不集中，無法耐心完成工作，影響到事業的發展，健康上，要注意心臟問題。

**三、食指下方感情現有痣**

表示對於感情很執著，不肯輕易放棄，有死纏爛打的情況，有時會讓問題擴大，變得越來越嚴重，容易對情人造成傷害。

**事業線**（學業、工作、企圖心、貴人運、應變能力）

**一、事業線開端有痣**

表示家庭背景不理想，從小栽培有限，必須靠自己努力，跟父母親的緣分淺，彼此見面的機會不多，或者從小就有可能是孤兒。

**二、跟智慧線相交有痣**

表示事業上會有危機，特別是在決策的時候，有判斷錯誤的現象，導致自己身敗名裂，從原本富裕的生活變成經濟拮据的窘境。

**三、跟感情線相交有痣**

表示會因為感情挫折，而顯得失魂落魄，影響到工作的效率，有可能害自己丟掉飯

碗，要有心理準備才好，避免過度感情用事。

**四、中指下土星丘事業線有痣**

表示中年以後，要注意憂鬱症的發生，將會有自殺的傾向，或是自己被生活逼迫，而有詐欺或偷盜的舉動，而犯上牢獄之災。

**五、跟金星帶相交事業線有痣**

表示愛情方面會有波折，追求的過程不是很順心如意，將面對許多問題難關，讓人不經感嘆造化弄人。

**太陽線**（名聲、地位、財富、熱誠、同情心）

**一、手掌下方延伸的太陽線有痣**

表示環境的影響很大，對你有正面的作用，會時常有貴人幫助，讓你如魚得水，但不可以驕傲自大，以免遭到他人嫉妒，而招惹禍端上門。

**二、掌心開始的太陽線有痣**

表示中年過三十五歲後，運勢有逐漸上升的趨勢，工作能夠平步青雲，有貴人從旁提拔相助，自己不用太費心。

三、**感情線上的太陽線有痣**

表示中年過四十歲後，能獲得地位跟名聲，努力打拚的成果，會讓人受到肯定，屬於大器完成的類型。

## 紋路的判斷解釋

一、**姊妹紋、雙行紋**

是主線旁邊的輔助線，有加強作用的效果，通常沒有不良的影響，能讓好的優點加以發揮，不過若是紋路有破裂、分岔、掃把等形狀，那麼就有負面的效果，而且會顯得嚴重。

二、**分岔紋**

就是紋路的開頭或尾端有分岔的現象，通常向上分岔者，是屬於好的作用，向下分岔者，都是不利的影響，這種情況，決定吉凶的趨勢將會非常明顯。

三、**流蘇紋、掃把紋**

就是紋路尾端或紋路本身有許多雜紋，看起來非常的凌亂，沒有固定的走向，這種情況來說，通常會影響到主線，減低良好的運勢，增加凶惡的部分，具有破壞的力量，必須要特別注意。

**四、支線、輔助紋**

就是從主線上延伸出去的紋路，表示主線的擴大影響或者持續的作用，向上者表示吉祥，能得到好的結果，向下者表示不利，情況將不如預期。

**五、斑點紋**

就是紋路上面有斑點，而且非常的明顯，像是長出小瘡一樣，這表示運勢將受到阻礙，而且健康方面會有問題出現，可以依照部位來判斷疾病。

六、**水波紋**

就是紋路彎彎曲曲，呈現不規則的波浪狀，表示主線的作用力減弱，或是自己無法控制情勢，事情往往會有轉變，通常是朝壞的方面發展。

**七、鎖鏈紋**

就是有許多小圈圈相連而形成一條紋路，通常是不規則的形狀，表示事情有阻礙，難以達成願望，而且有反覆的現象，問題會一再發生，而不太能夠改善，屬於不太吉祥的紋路。

**八、島紋**

就是紋路不是直線而是呈現各種幾何圖形，看起來像小島一樣，這也不是吉祥的紋路，具有破壞的負面作用，壞的情況會延遲，而好的會一波三折，必須克服重重障礙，才可以完成目地。

**九、破裂紋、斷續紋**

就是紋路中間有破裂而呈現斷斷續續的模樣，這屬於不吉祥的紋路，多半表示運勢中斷或是發生變故，特別是環境的因素所造成，在心理方面，也具有某種程度的影響，象徵人的意志不堅定，或受到打擊、創傷。

**十、方格紋**

就是出現方格形狀的紋路，這表示受到保護，能避開不好的結果，減輕所帶來的負面影響，是逢凶化吉的紋路，但並不是都是好的，若是在生命線上，那麼表示將有牢獄之災的可能。

## 十一、毛狀紋、叢毛紋

就是紋路旁邊有許多雜亂細紋，讓主線不是很明顯，甚至有劃破的現象，這代表阻擾的意思，增加負面的影響力，讓趨勢往壞的方面走，或是有意外受傷的可能，若紋路朝上發展，還算沒那麼嚴重，紋路朝下的話，情況就會比較糟。

## 十二、不測紋

就是紋路呈現頭粗尾細的形狀，這是凶惡的徵兆，不是很吉祥的紋路，表示好的趨勢有減弱，而壞的趨勢會加強，特別是在土星丘的位置，情況會較嚴重。

## 十三、十字紋

就是紋路上出現十字的形狀，表示將有凶兆發生，而且是難以預防的，通常是意外發生的事件，讓人有措手不及的感覺，但若是在掌中的話，則表示很有才華，對神秘玄學能有天賦。

**十四、島形紋**

是單一出現的記號，並不是呈現一直線，通常會把好的結果轉變成不好的、具有破壞的力量，會突顯紋路的缺點。

**十五、三角紋**

表示紋路作用的力量加強，出現的地方表示吉祥，在理智線上表示直覺靈感能增加，有躲避災厄的效果，但若是出現在生命線上面，則表示有開刀的可能。

**十六、方塊紋、四角紋**

表示紋路的作用增加，有保護的效果，能延續紋路的力量，但還是要看出現的地方來決定吉凶的發展趨勢。

**十七、花星紋、星形紋**

形狀跟星星一樣，有化險為夷的效果，能帶來不錯的好運，多半是良好正面的，但仍有少部分地方是屬於凶兆不利的。



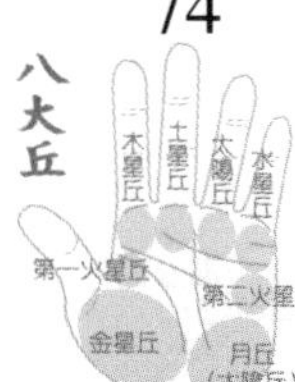

**十八、網狀紋、格子紋**

表示阻礙延遲的作用，紋路的力量會削弱，但若是在金星丘上，表示能累積財富家產，是屬於好的徵兆，但其他地方的話，則表示意外或疾病的發生。

**十九、三叉紋**

形狀像叉子一樣，若叉口的方向朝上，是屬於吉祥、正面的發展，若是叉口朝下，則表示不利負面的發展，出現的位置多半表示會有變化，而有損傷的現象。

**二十、斑點**

斑點是隨機出現，並不只是在紋路上出現，是單獨的符號，若是白色、紅色的話，通常是吉祥的，但若是黑色的，通常是不利的，要預防災禍發生。

**二十一、圓環**

若出現在破裂的紋路上，表示一種修補或保護，能讓紋路的凶兆減弱，特別是跟健康疾病有關，多半是心臟跟眼睛的部位。

# （一分鐘教您手連心）

掌心三線，露玄機
兩手一攤，現禍福

# 壹、蜿蜒有力、常保萬年青的生命線

生命線別名叫做地紋、乙奇線，通常是由手掌的虎口開始，沿著拇指底部環繞，呈現弧狀的線條。生命線的作用，可以代表人的生理機能、健康情況，以及環境適應力，通常跟遺傳有關係，反映出先天發育的好壞，是否有隱藏疾病的因子，可以用來當作壽命的參考。除此之外，生命線也可以推斷個性、脾氣，以及意外災害的發生。

一般來說，生命線要清晰、深明、連續、顏色紅潤、沒有雜紋，是屬於健康良好的生命線，反之，短淺、模糊、破碎、黯淡灰黑、出現雜紋，是屬於不理想的生命線。但在解釋方面，不完全代表個人壽命的長短，如果深長的話，可以說是體質健壯、較少疾病，很重視運動，所以比較能夠長壽，但若是短淺的話，那就是體質虛弱、抵抗力差，很容易生病，生命比較受到威脅，而不容易長壽。換個方式來說，生命線優秀的人，個性比較樂觀積極，做事情比較有魄力，能夠衝鋒陷陣，能適應不同的環境挑戰，因此很容易獲得成功，相對的，生命線不良的人，個性比較膽怯消極，不敢面對困難挑戰，顯得猶豫不決、三心二意，無法長久持續專注，虎頭蛇尾的情況，而造成失敗挫折的結果。

# 壹、生命線

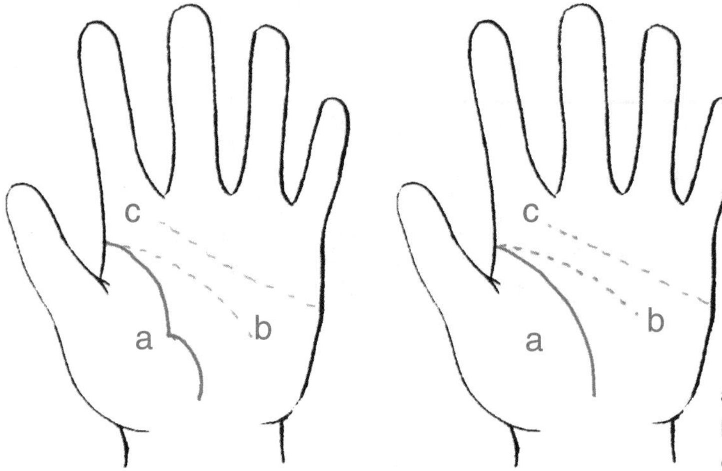

a：生命線
b：理智線
c：感情線

## 一、深長紅潤的生命線

深長紅潤的生命線，表示為人先天體質健壯，免疫力強，是長壽的象徵，個性開朗大方，常常笑臉迎人，所以人際關係不錯，又意志力堅定，不怕任何困難，會願意面對挑戰，因此事業跟財富上，能有令人驚訝的表現。

## 二、弧形相接的生命線

弧形相接的生命線，表示運勢起伏大，會有較多的阻礙來考驗個人意志，事業方面，多半面臨挑戰選擇，不知道該如何取捨，容易因為猶豫不決，而錯失轉換跑道的良機，而使得困境叢生，對人生態度丕變。

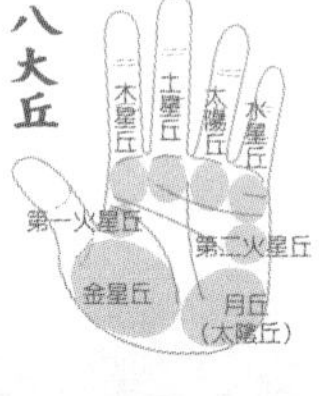

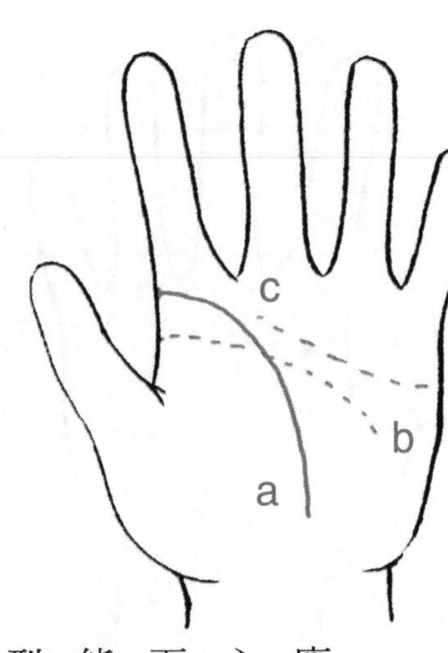


## 三、接近食指的生命線

接近食指的生命線，表示為人頭腦清晰、反應靈敏，遇到問題的時候，會有當機立斷的決心，行動不會拖泥帶水，會勇敢面對眼前難關，而能開創出一條契機，結果往往令人刮目相看，能夠完成目標跟累積財富，是屬於自行創業的類型。

c
b
a

## 四、起點相連的生命線

起點相連的生命線，就是生命線跟理智線的開頭相連，表示為人謹慎小心、行事保守，不具冒險開展的精神，對於人、事、物會斤斤計較，心胸顯得較為狹隘，但是由於深謀遠慮、思考周全，是個不錯的企畫顧問或幕僚人員。

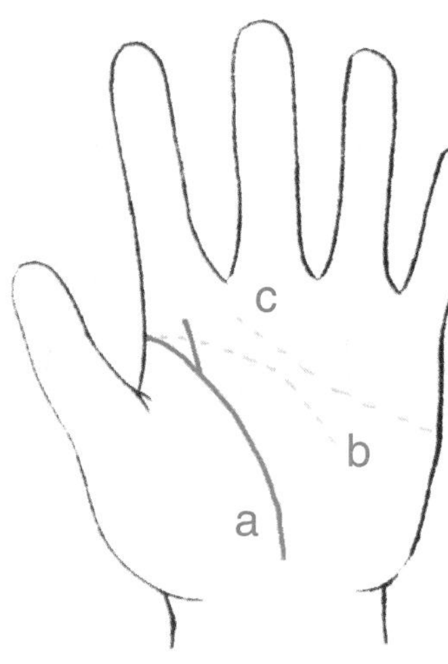

## 五、向上分岔的生命線

向上分岔的生命線，表示為人樂觀積極、外向活潑，喜歡探索新奇的事物，學習吸收的能力很強，會很認真的充實自己，具有工作的競爭力，會希望地位向上升遷，獲得更多實質的獎賞，結果通常能夠順利成功。

## 六、往上延伸的生命線

往上延伸的生命線，就是長有許多小支線，別名叫做希望線。表示為人理想遠大、心胸開闊，對於將來事業很有期許、抱負，會展現旺盛的企圖心，但支線不宜雜亂，這樣反而心思太過浮動不安，凡事會有不切實際的現象。

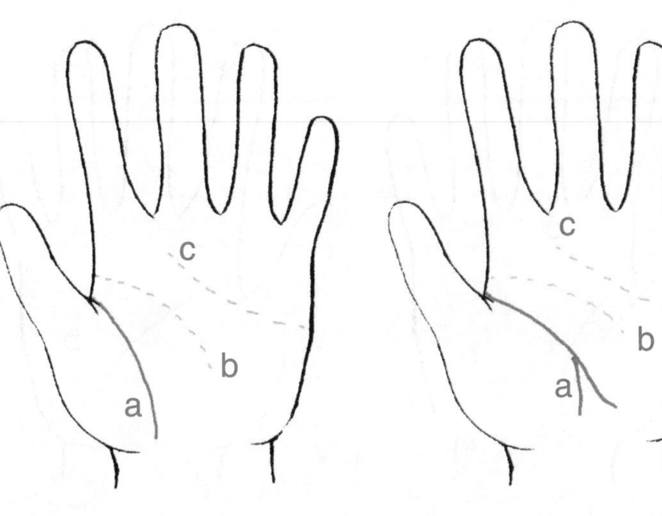


## 七、下端分岔的生命線

下端分岔的生命線，表示為人想法多重、心思不定，中晚年的時候，有可能想向外尋求發展，或是不得已的理由，而有離鄉背井的現象，過程會顯得奔波辛勞，但慢慢能漸入佳境，在異鄉能獲得成就，而定居生根。

## 八、拇指根部的生命線

拇指根部的生命線，就是生命線從拇指根部開始延伸，表示為人自私自利、不太合群，若拇指的部分，就是金星丘顯得狹窄不豐滿，那情況更加明顯，經常為了追求榮華富貴，不惜頂撞得罪他人，無形中招惹禍端。

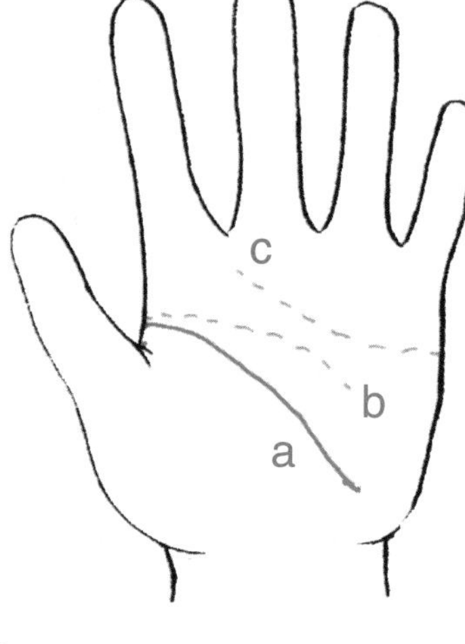


## 九、朝向月丘的生命線

朝向月丘的生命線，表示為人多愁善感、帶有點神經質，對於事物的變化，會非常的敏銳，而有不安的情緒產生，不喜歡壓力沉重的工作，喜歡自由無拘束的，所以會很重視休閒生活，若人生遇到挫折失敗時，容易有逃避現實的情況。

## 十、環繞拇指的生命線

環繞拇指的生命線，就是圍繞著金星丘，表示活力充沛、精神旺盛，對事業工作很有企圖心，會很渴望出人頭地，態度顯得非常執著，但運勢通常不錯，會有貴人從旁協助，加上自我的鍛鍊努力，會達成想要的目標成果。

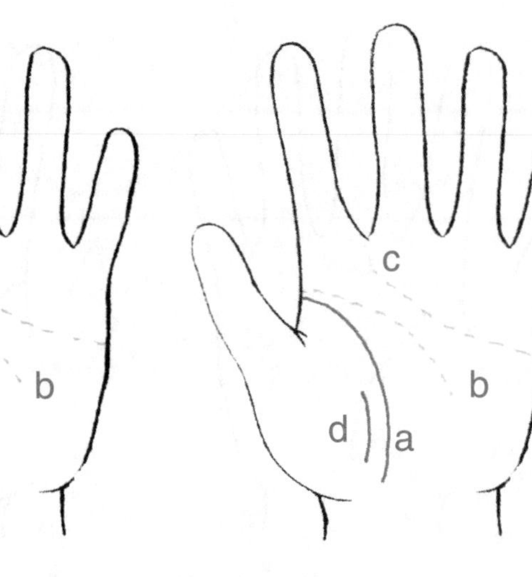


## 十一、相互平行的生命線

相互平行的生命線，就是在原有生命線旁，出現平行的支線，別名叫做火星線，表示能獲得額外的幫助與保護，事情會進行得較順利，身體也比較健康強壯，不容易受疾病侵襲，但對感情較為執著，會給自己帶來壓力，而影響到情緒。

## 十二、中途間斷的生命線

中途間斷的生命線，表示跟長輩的緣分較薄，彼此關係不是很親密，獲得的資助有限，再者，本身身體健康較差，容易遭受疾病侵襲或是意外災害，而有開刀住院的可能，如過能撐過危機的話，往後運勢會稍微平順。

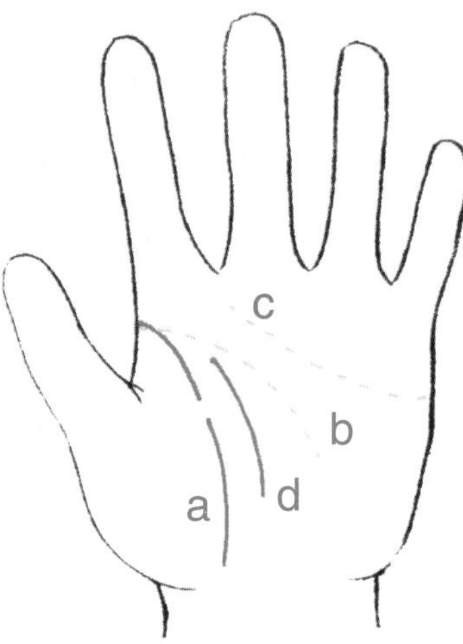


## 十三、間斷延續的生命線

間斷延續的生命線，就是間斷的生命線旁邊出現平行的支線，表示有修補延續的功用，間斷那段時期，出外容易遭受災禍，或是發生不幸的打擊，但最後都能化險為夷、平安度過，往後運勢會稍微平順安穩。

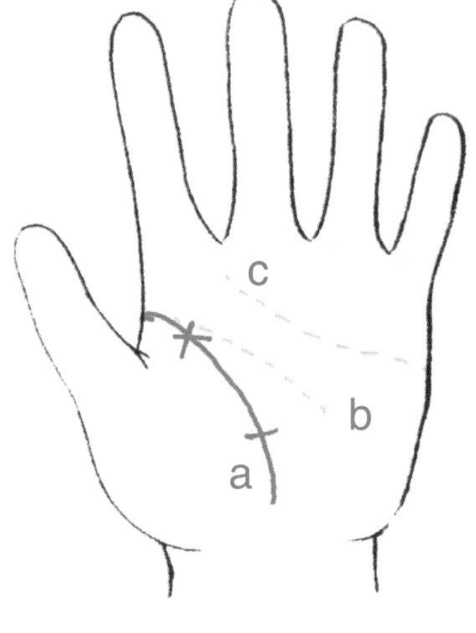


## 十四、出現紋路的生命線

出現紋路的生命線，就是生命線上有衡紋或是十字紋，表示運勢欠佳、常有災厄，會顯得奔波勞累，有六神無主的現象，若能記取教訓，腳踏實地重新出發的話，那麼各方面會有進展，會比以前要平穩安定許多。

八大丘
木星丘
土星丘
太陽丘
水星丘
第一火星丘
第二火星丘
金星丘
月丘
（太陰丘）

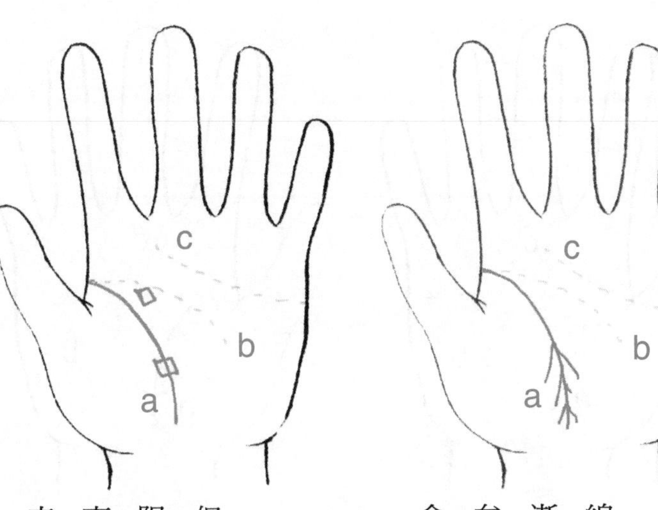


## 十五、向下雜亂的生命線

向下雜亂的生命線，表示生命線上有許多支線，但都是朝向下方，表示健康情況不佳，有日漸衰退的現象，事業上，會有體力不濟、疲倦懈怠的可能，讓你提不起勁來，由於勞累的緣故，會推辭交際應酬，人際關係上顯得孤獨寂寞。

## 十六、出現方格的生命線

出現方格的生命線，就是生命線有方格紋，但卻連接兩端沒有間斷，表示出外容易遇到危險阻礙，而陷入困難險境當中，但最後都能化險為夷，安然度過危機，若方格出現生命線兩端，則表示長期住院，或是有牢獄之災的現象。

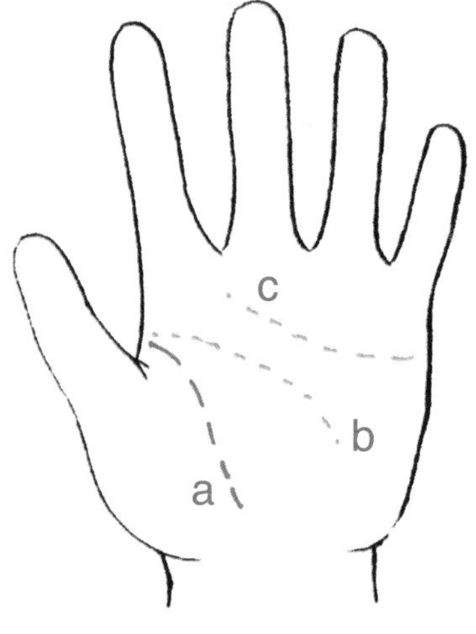


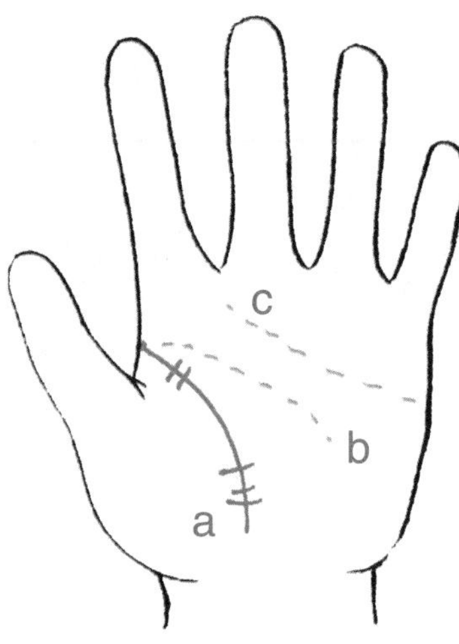


## 十七、數條橫紋的生命線

數條橫紋的生命線，就是劃過生命線的紋路，別名叫做煩惱紋，表示運勢不佳、身體欠安，做什麼事情都不理想，困難阻礙重重，但若能夠修身養性，藉此反省沉潛，好好勵精圖治的話，假以時日必然脫胎換骨，有一番作為可言。

## 十八、斷斷續續的生命線

斷斷續續的生命線，就是生命線為不明顯的細小虛紋，表示環境變動起伏大，讓自己身心疲累不堪，凡事消極悲觀，顯得有心無力，跟親戚、朋友的緣分較薄弱，彼此關係不親密，身體上，腸胃容易出現毛病。

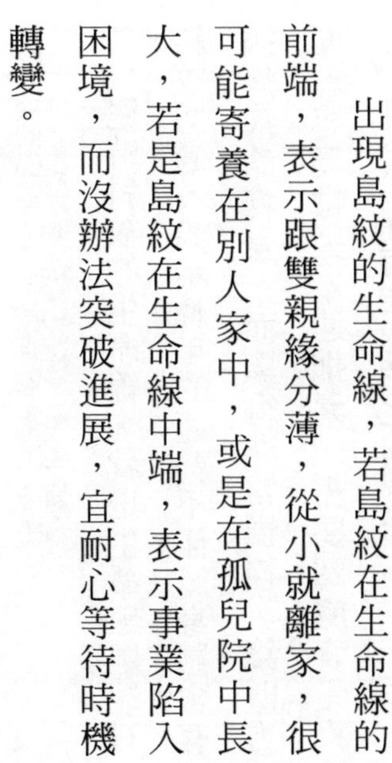


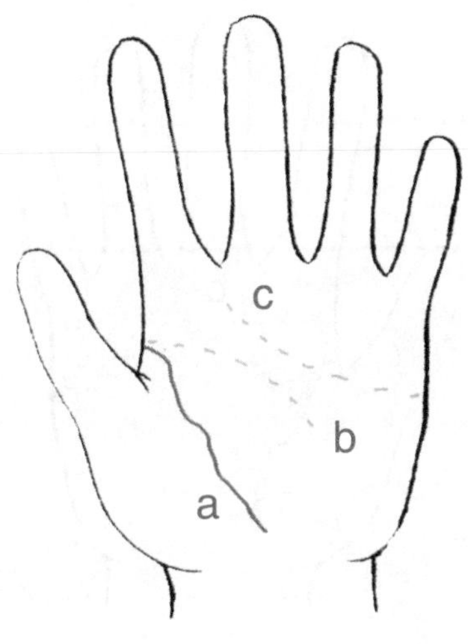


## 十九、出現島紋的生命線

出現島紋的生命線，若島紋在生命線的前端，表示跟雙親緣分薄，從小就離家，很可能寄養在別人家中，或是在孤兒院中長大，若是島紋在生命線中端，表示事業陷入困境，而沒辦法突破進展，宜耐心等待時機轉變。

## 二十、彎曲蛇行的生命線

彎曲蛇行的生命線，就是生命線如波浪狀般，表示運勢起伏很大，而本身無法掌握，有隨波逐流的意思，經常搬遷住家環境，或是四處工作謀生，女性方面，要注意分娩的過程，恐怕會有不順利的情況。

## 二十一、鎖鏈形狀的生命線

鎖鏈形狀的生命線，表示個人承受的壓力大，意志力顯得消沉，做事缺少額外助力，很容易招致失敗打擊，而失去希望信心，事業上，沒什麼旺盛的企圖心，有得過且過的心態，人生有自怨自艾的傾向。

## 二十二、尾端斜紋的生命線

尾端斜紋的生命線，就是生命線尾端有斜紋切過，表示晚年的運勢不佳，身體會有病痛疾病纏身，而顯得非常憔悴，錢財方面，容易被人牽連拖累，需要四處奔走操勞，身心方面有加速老化的現象。

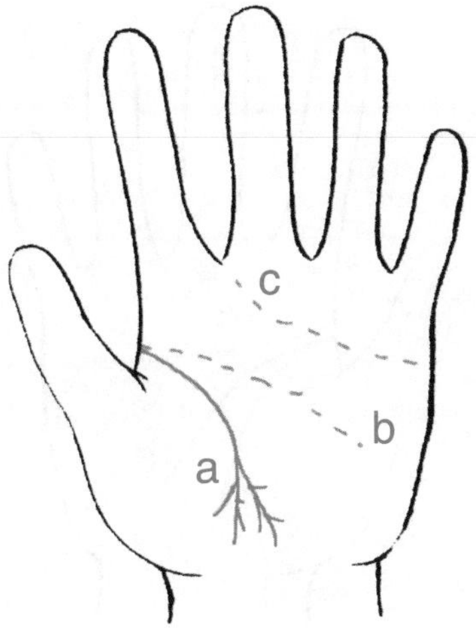

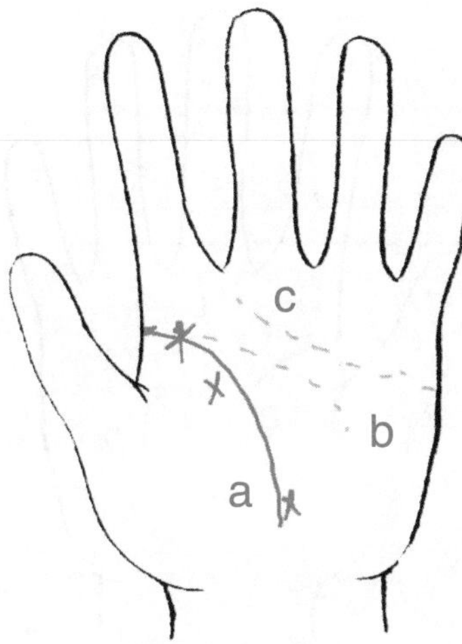

## 二十三、尾端分支的生命線

尾端分支的生命線，就是尾端有許多細小紋路，表示早年運勢旺盛，容易揮霍不保守，中年以後慢慢走下坡，各方面情況都不理想，要懂得節制收斂，否則容易遭人設計而損失，有晚景淒涼、顛沛流離的可能。

## 二十四、有十字紋的生命線

有十字紋的生命線，就是生命線上有十字紋劃過，表示容易遭受困境，運勢不太理想，有懷才不遇的感嘆，對人生失去希望，最好是能夠接近宗教，或是探索心靈方面的事物，這樣想法會比較達觀，看待世事較為平常心。

## 二十五、長度較短的生命線

長度較短的生命線，表示人生旅途困頓多，經常擔憂煩惱和害怕，因此對於未來的生涯規畫，沒有什麼理想、抱負可言，總是敷衍了事、不求上進，身體方面，中年以後每況愈下，必須注意保養身體，以防止疾病發生。

## 二十六、主線相連的生命線

主線相連的生命線，就是生命、理智、感情三條線相連，表示個性固執、為人自負，對很多事情都想掌握，又態度經常懷疑猜忌，所以跟人容易發生摩擦，行動舉止較不合群，心胸氣度顯得狹隘，有情緒化跟憂鬱症的傾向。

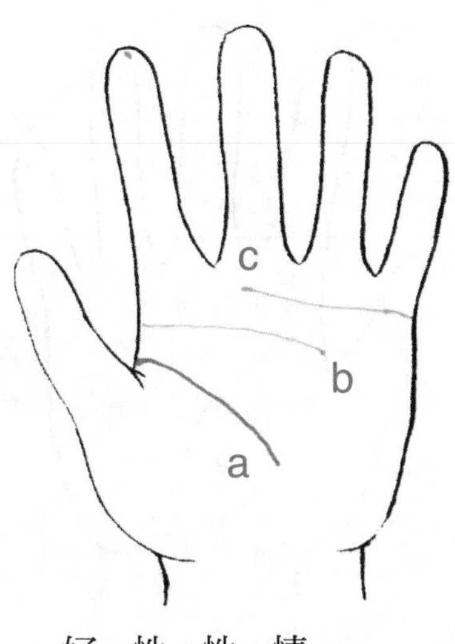


## 二十七、中間分支的生命線

中間分支的生命線，就是生命線中間有支線朝下，表示跟親人緣分較薄弱，彼此關係變動較大，自己需要四處奔波，沒辦法長期陪伴，多半是因為工作的緣故，但對於家庭能夠認真照顧，算是滿有責任感的人。

## 二十八、主線分離的生命線

主線分離的生命線，就是生命、理智、感情三條主線不相連，別名叫做川字紋，表示個性大方豪邁、為人不拘小節，但是行事比較任性，很喜歡掌權做主，有自我中心的傾向，幸好不具有深沉心機，還能夠讓人相處接受。

## 二十九、前端直紋的生命線

前端直紋的生命線，就是生命線前端有細紋分支朝上，表示天性聰明、喜歡思索，對於神秘新奇的事物，很有研究的心態，學習的能力很強，但是為人較不懂謙虛，喜歡在別人面前表現，很容易因為自以為是，而招來麻煩糾紛。

## 三十、前端鎖鏈的生命線

前端鎖鏈的生命線，就是生命線前端有鎖鏈紋路，而與理智線相連的情況，表示幼年體弱多病，健康情況不佳，讓家人、師長非常擔憂、煩惱，由於專注力降低，學習的進度會緩慢，需要加以補強挽救才行。

## 貳、足智多謀、分辨賢和愚的理智線

理智線別名叫做人紋、頭腦紋、丙奇線，通常是由手掌的虎口開始，往手掌中心來延伸，形成類似拋物線的紋路，開端有時與生命線相連，有時卻又沒有。

理智線可以代表人的腦部發育、神經系統的情況，因此可以看出反應機智、靈敏程度、觀察能力、思考邏輯、判斷力、約束力等等，是精神力的運用與展現，並且跟多種器官有關係，像是眼、耳、鼻、喉等器官。

理智線是主要紋路之一，通常決定人的智慧高低、學習能力的高下，對於求知識、做學問來說，是很重要的參考指標，並且跟將來事業的屬性，以及規畫未來的發展有關，若理智線優秀的話，清晰、深明、連續、顏色紅潤、沒有雜紋，那麼表示本身思考能力強，能夠靈活運用方法，遇到困難的時候，能夠很迅速的解決，因此不容易受到打擊，相對的，大家會比較信賴自己，人際關係也能夠和諧，反之，理智線若較差，短淺、模糊、破碎、黯淡灰黑、出現雜紋，表示想法偏激，聽不進勸言，做事獨斷獨行，眼光比較短淺，容易發生問題，卻又不好意思開口求人，欠缺貴人來幫助指引，事業上容易遭遇失敗挫折，而無法東山再起。理智線可以跟生命線做比較，將可以獲得更客觀的判斷。

## 貳、理智線

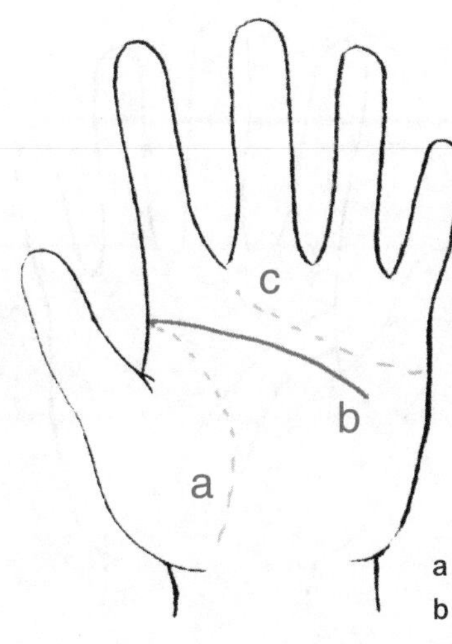


a：生命線
b：理智線
c：感情線

### 一、深長明顯的理智線

深長明顯的理智線，表示為人聰明機智、反應靈敏，有頗高的智商，很有研究的精神，人際關係通常十分良好，若各丘部位都很豐滿，表示周遭資源豐富，若能夠加以運用，那麼通常很早有成就，享有社會地位。

### 二、清晰筆直的理智線

清晰筆直的理智線，表示為人刻苦耐勞、做事腳踏實地，工作方面，會很認真投入，充實專業知識，不太會有懈怠的情形，再者，表示行事正直果斷，不會推三阻四，很重視個人承諾，能夠獲得他人信賴。

## 三、朝向月丘的理智線

朝向月丘的理智線，表示是個心思細密、情感豐富的人，對於事物有鑑賞的能力，具有藝術的審美眼光，因此很重視精神生活、居家環境的擺設佈置，事業上，多偏向文學藝術，或是需要發揮創作力的行業發展。

## 四、垂下延伸的理智線

垂下延伸的理智線，若幾乎跟生命線平行的話，表示為人不切實際、喜好虛幻事物，很容易因為壓力的關係，而有逃避現實的情況，但為人想像力、創造力豐富，很適合擔任廣告行銷或是藝術製作的工作，將會有發揮的空間。

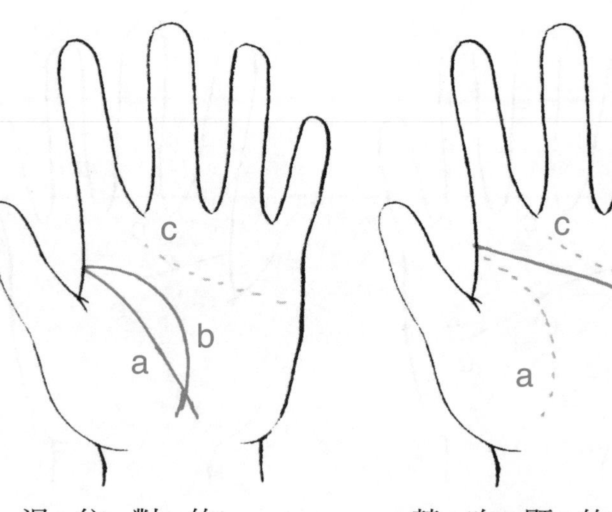


## 五、長度甚長的理智線

長度甚長的理智線，就是幾乎延伸到掌邊的情況，表示為人意志堅定、行事果斷，但卻顯得剛愎自用，不愛聽他人建言，有時會因此吃虧，人際關係上，行事較為自私自利，很會替自己的利益著想，但無形中容易得罪別人。

## 六、彎曲過度的理智線

彎曲過度的理智線，甚至尾端穿過生命線的情況，表示為人容易緊張，帶有點神經質，對陌生環境適應力較差，不善於人際關係的來往應酬，若遇到挫折失敗，態度會消極沮喪、退縮猜忌，有自尋煩惱而想不開的情況。

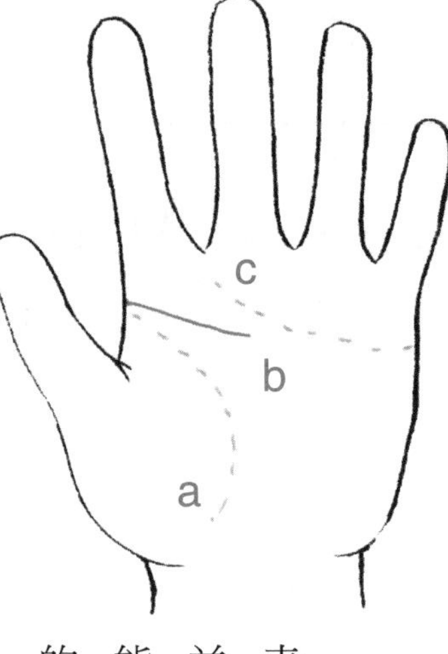


## 七、長度甚短的理智線

長度甚短的理智線，沒有達到中指的話，表示衝動行事、欠缺考慮，常常見到眼前的利益，卻忘記後面的危險，總是要嚐到苦頭，才能夠學到教訓，事業上，比較適合執行、操作的工作，不適合擔任領導階層或業務方面。

## 八、尾端分岔的理智線

尾端分岔的理智線，表示為人喜歡學習知識，吸收新穎觀念，來充實自己的能力，因此對於環境的趨勢變化，會顯得非常敏感，而能掌握住動向，事業上，往往會跳出來自行創業，或是經營相關的副業，成果還算豐碩。

## 九、前端分岔的理智線

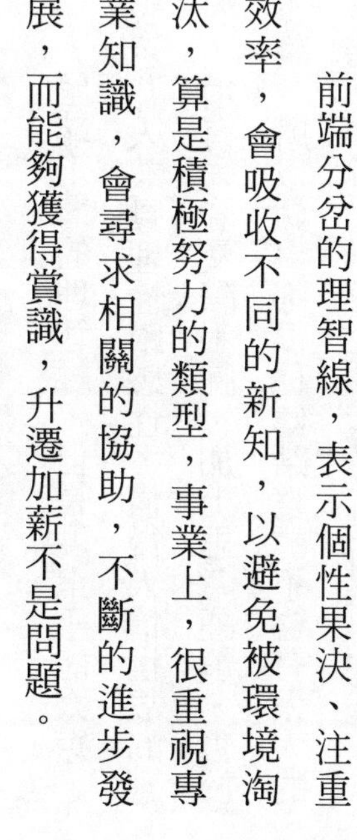


前端分岔的理智線，表示個性果決、注重效率，會吸收不同的新知，以避免被環境淘汰，算是積極努力的類型，事業上，很重視專業知識，會尋求相關的協助，不斷的進步發展，而能夠獲得賞識，升遷加薪不是問題。

## 十、支線朝上的理智線

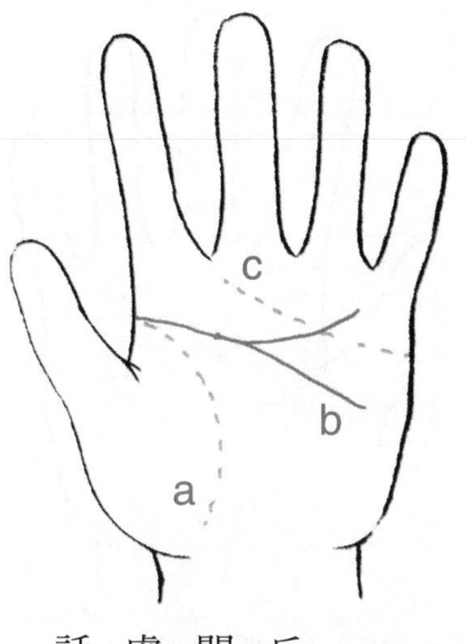


支線朝上的理智線，若支線延伸至太陽丘，表示頭腦精明、智商頗高，為人心胸寬闊，能容納不同意見，能夠獲得他人認同，而處於領導的地位，若能加以發揮才華、謀略的話，將可以獲得名聲與社會地位。

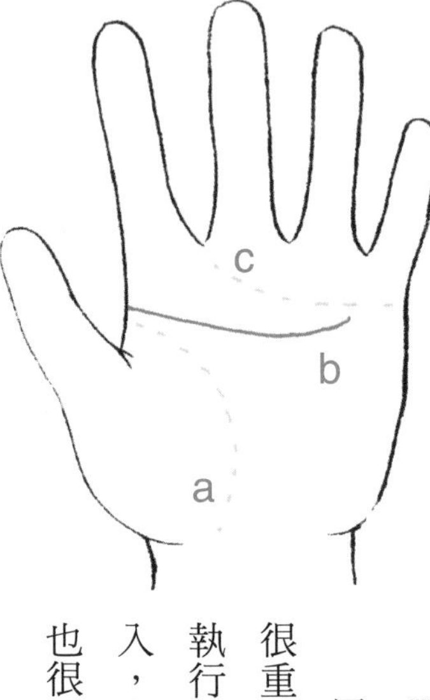


c
b
a

## 十一、尾端上彎的理智線

尾端上彎的理智線，表示行事謹慎保守，很重視人情味，凡事會先實際考量，評估規畫執行的情況，若覺得無利可圖，便不會積極投入，事業上，具有領導管理的才能，交際手腕也很不錯，可以擔任重要職務。

## 十二、尾端下彎的理智線

尾端下彎的理智線，但長度上不能太短，表示為人兼具理性跟感性，懂得人情世故的應對，很有一套交際手腕，加上思考謹慎、善於謀略，所以做事都很穩健踏實，不會有太大的差錯，中晚年以後，能享受辛勤打拚的成果。

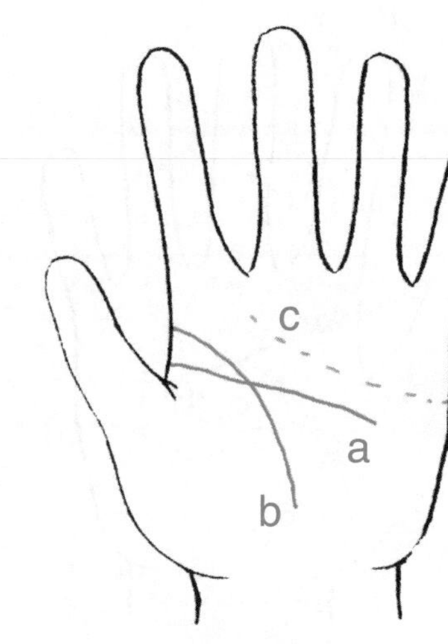


## 十三、交叉連結的理智線

交叉連結的理智線，起點跟生命線相連的話，表示個性孤僻、具警戒心，不太容易親近，會很重視隱私，對於利益而言，會積極的爭奪，不惜得罪他人，事業上，大多離鄉背井到外地發展，跟親戚、朋友顯得疏遠。

## 十四、起點分開的理智線

起點分開的理智線，跟生命線起點不相連，表示行事大方、不拘小節，不會很斤斤計較，願意犧牲奉獻，但公私恩怨分明，會很有原則的堅持，事業上，常憑感覺來行事，欠缺實際的思慮，有時容易遭受失敗挫折。

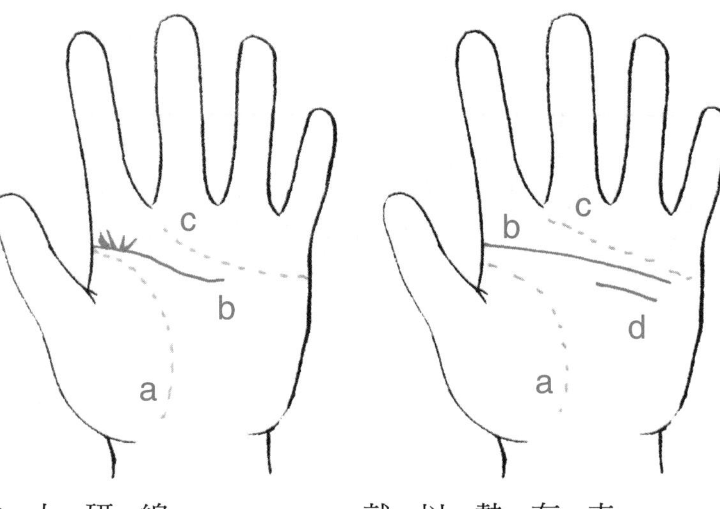


## 十五、支線平行的理智線

支線平行的理智線，雖然平行卻不相連，表示個性優柔寡斷、喜好不定，對很多事情都有興趣參加，但最後都不了了之，只有三分鐘熱度而已，事業上，常有半途而廢的現象，所以必須要培養毅力、恆心，否則難以發達成就。

## 十六、前端分支的理智線

前端分支的理智線，就是理智線前端有支線朝上，表示天生聰穎、腦筋靈活，喜歡學習研究新知、探索新奇事物，是個充滿上進心的人，事業上，能夠運用新的想法，開創出生存的空間，是個不錯的企畫及幕僚人才。

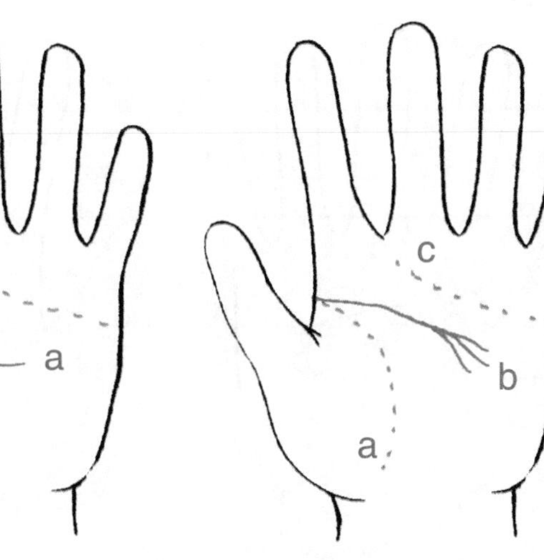


## 十七、尾端分支的理智線

尾端分支的理智線，就是理智線尾端有許多細紋分怖，表示為人多愁善感，對事情的觀察敏銳，經常會有悲觀空洞的想法，生活過得有點不切實際，事業上，經常感到苦悶及煩躁不安，沒有外表上看來那樣平靜。

## 十八、前後彎曲的理智線

前後彎曲的理智線，就是理智線前後彎曲與生命線相連，表示個性獨立自主，凡事靠自己解決，是個充滿鬥志的人，事業上，很有企圖心，會奮發向上，只要不斷的充實自我，就能發揮相當的才華，獲得不錯的成果績效。

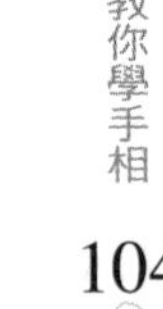


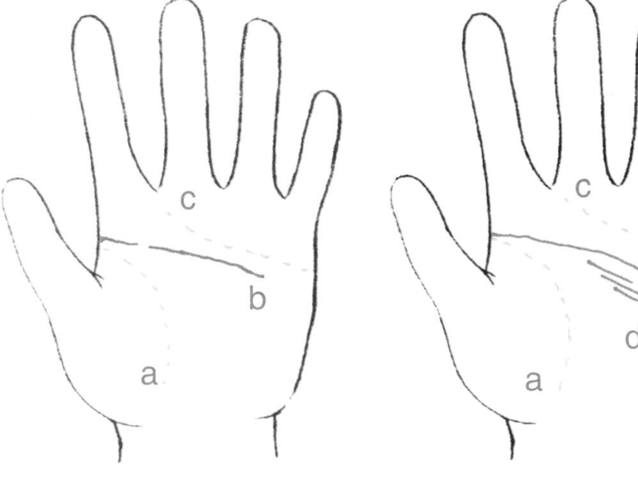


## 十九、下方平行的理智線

下方平行的理智線，就是理智線下方有平行的支線，表示個性纖細敏感，但缺乏幹勁活力，比較沒辦法貫徹目標，有半途而廢的傾向，事業上，呈現多頭馬車的情況，不知道該如何抉擇，最好要培養毅力、耐性。

## 二十、中途間斷的理智線

中途間斷的理智線，就是理智線中途有缺口出現，表示判斷力較差，經常看走眼，對事情的發展趨勢，較無法全盤掌握，欠缺深思熟慮的結果，導致失敗挫折會較多，身體方面，要注意神經衰弱的現象，或是腦部疾病的發生。

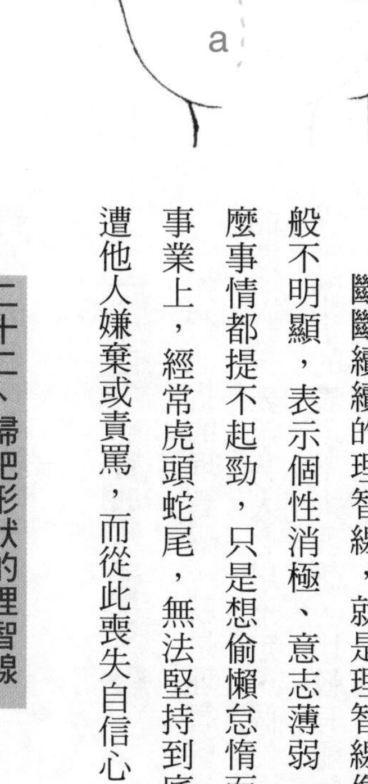


## 二十一、斷斷續續的理智線

斷斷續續的理智線，就是理智線像虛線般不明顯，表示個性消極、意志薄弱，對什麼事情都提不起勁，只是想偷懶怠惰而已，事業上，經常虎頭蛇尾，無法堅持到底，會遭他人嫌棄或責罵，而從此喪失自信心。

## 二十二、掃把形狀的理智線

掃把形狀的理智線，就是理智線尾端像掃把的形狀，表示精神狀態不穩定，時而欣喜、時而發怒，對於人事的變化很敏感，會做出情緒化的反應，事業上，比較不切實際，有幻想期待的傾向，應該要腳踏實地才好。

## 二十三、鎖鏈形狀的理智線

鎖鏈形狀的理智線，表示為人精神不夠專注，意志力無法集中，做事情有猶豫不決的傾向，而顯得缺乏主見，事業上，由於態度不堅定，常常會懷疑自己，對任何事都不保持希望，所以才華、能力的發揮，容易受到外在因素的限制。

## 二十四、蛇行曲折的理智線

蛇行曲折的理智線，就是理智線呈現彎曲波浪狀，表示為人心思不定、個性浮躁不安，做事的表現不太理想，比較有隨性的味道，人際關係上，跟人家無法溝通協調，常有爭執吵鬧的現象，共事上會出現問題。

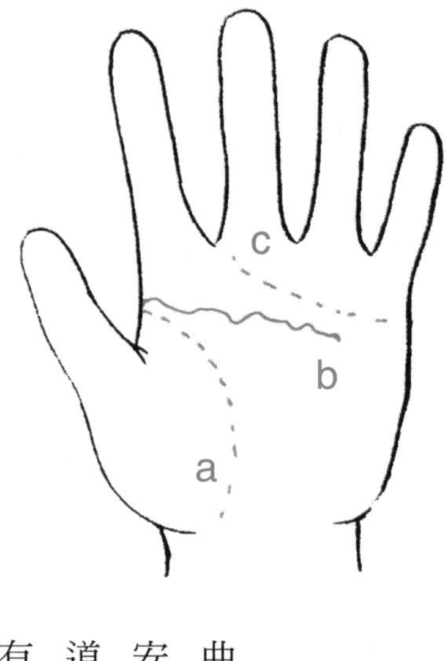


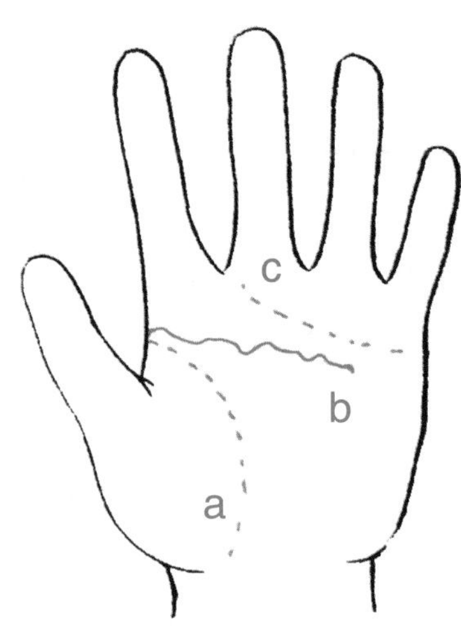

## 二十五、末端分岔的理智線

末端分岔的理智線，就是理智線末端分岔為三條線，表示為人聰明、極富機智，但心思稍嫌複雜，有神經質的現象，事業方面，若從事創意思考的行業，會非常的適合，財運上，有投機的心態，希望一步登天。

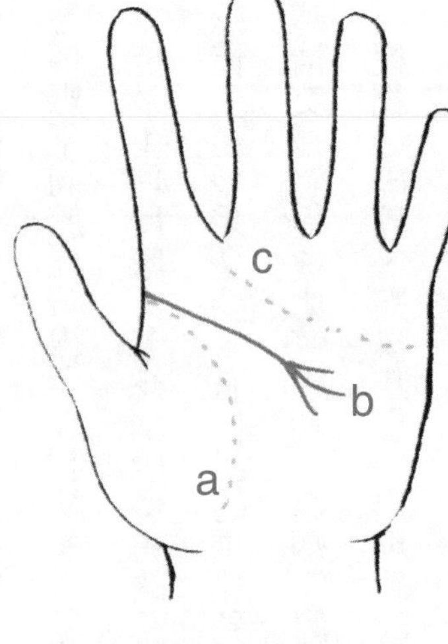

# 參、動人心弦、歡喜又悲傷的感情線

感情線別名叫做天紋、丁奇線、愛情線，通常是由小指的下方開始，從手掌四分之一的位置，朝掌心方向來做延伸，尾端接近中指或食指基部，呈現弧狀的線條。

感情線代表人的情感作用，對於外界事物的感受能力，以及個人喜好、愛情選擇、審美觀念、藝術品味的能力，除此之外，跟人際關係的互動，也有很大的影響，像是交友、戀愛、婚姻等等，偏向精神性的內心活動。

感情線不同於理智線，理智線多半是指後天學習而來的能力，而感情線卻是與生俱來的本能及生理反應，若感情線優秀的話，清晰、深明、連續、顏色紅潤、沒有雜紋，表示感情生活多采多姿，有自己的主見判斷，不容易受情緒影響，會維持人際關係的和諧，感情交往過程會比較順利，婚姻家庭會比較幸福美滿，反之，若感情線較差的話，短淺、模糊、破碎、黯淡灰黑、出現雜紋，那麼情緒會比較極端，對事情過分敏感，反應會相當激烈，人際關係容易緊張，常常與人爭執吵鬧，感情交往不順利，婚姻家庭有問題，有很多波折阻礙，而無法如願以償。但感情線若跟理智線做比較，會得到較為客觀的結論。

# 參、感情線

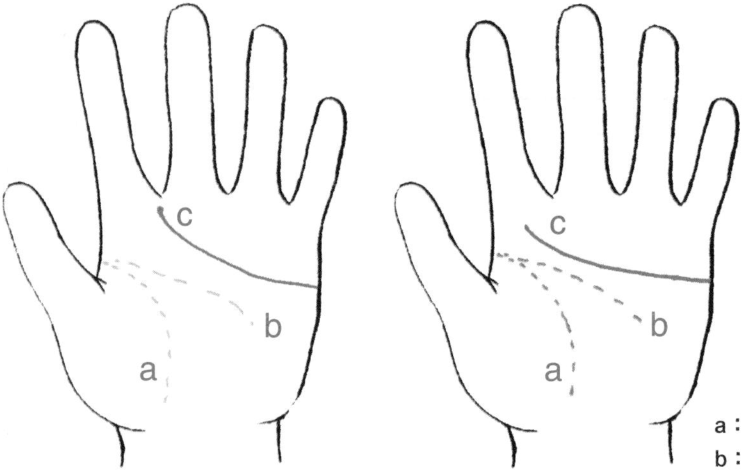

a：生命線
b：理智線
c：感情線

## 一、延伸食指的感情線

延伸食指的感情線，就是尾端止於食指下方丘位，表示為人天真浪漫、感覺敏銳，喜歡美好的事物，有不切實際的想法，感情上，對物質方面不太渴求，但很重視心靈的溝通，不太敢直接表達愛意，有期待又怕受傷害的心態。

## 二、長度適中的感情線

長度適中的感情線，就是尾端止於食指跟中指之間，表示為人成熟穩重、個性開朗大方，表達能力十分良好，有正常的人際交往，對於感情方面，選擇觀念相近的伴侶，並且希望對方真誠的付出，彼此能共譜美好的戀情。

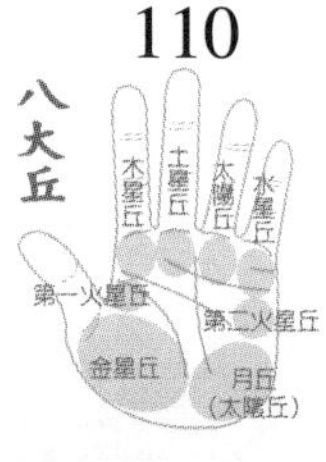

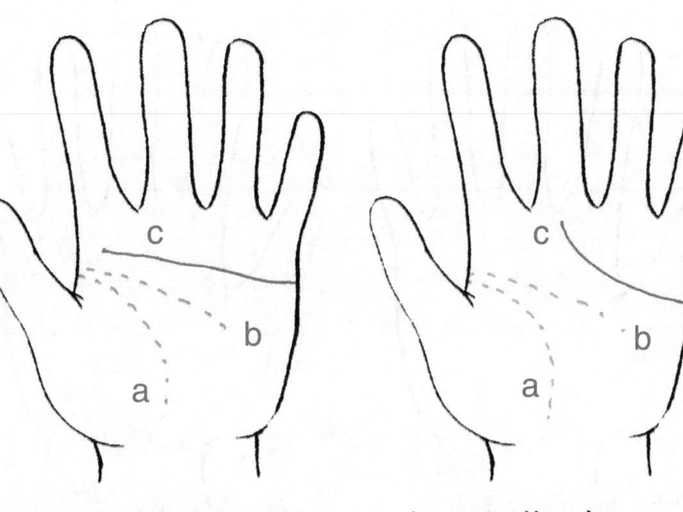


## 三、延伸中指的感情線

延伸中指的感情線，就是尾端止於中指下方丘位，表示重視物質、喜歡享受，生活有奢侈浪費的傾向，有沉迷於物慾的可能，感情方面，佔有慾強、猜忌心重，對伴侶百般要求，但多半是肉體方面的，而且容易用情不專。

## 四、筆直清晰的感情線

筆直清晰的感情線，就是橫越掌中但不向上彎，表示為人自私自利、不重視人情事故，會愛佔人家便宜，而不會分享奉獻，感情方面，由於事業心重、企圖心強，會忽略另一半的感受，彼此關係會逐漸冷淡，最後形同陌路。

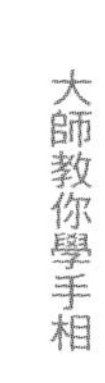

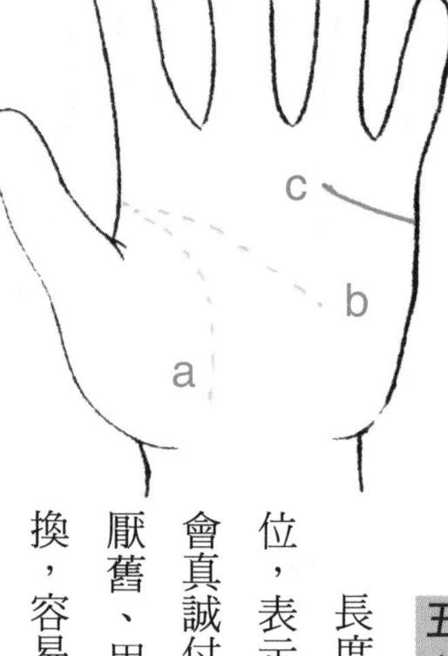


## 五、長度過短的感情線

長度過短的感情線，就是止於無名指下方丘位，表示為人重視利益，屬於享樂主義，對人不會真誠付出，顯得虛情假意，感情方面，有喜新厭舊、用情不專的現象，經常更換交往對象交換，容易有三角戀、追逐一夜情的傾向。

## 六、無頭無尾的感情線

無頭無尾的感情線，表示僅有中間一段而已，表示跟家人關係不親密，彼此很少溝通見面，人際交往不熱絡，朋友會比較疏遠，感情方面，態度搖擺不定，不知道如何挑選，真正交往時，由於容易情緒化的關係，會影響到感情的穩定。

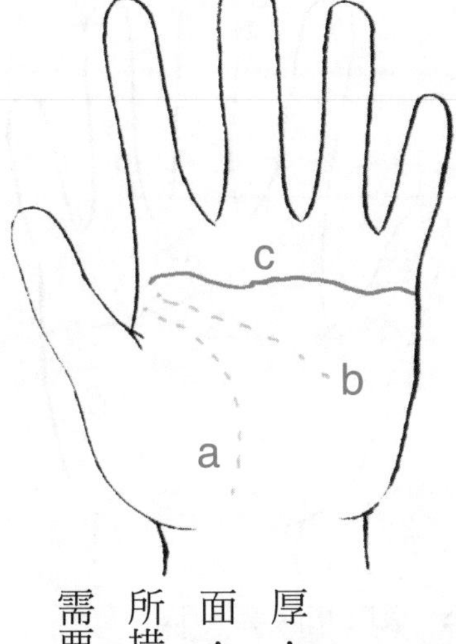


## 七、斷掌橫越的感情線

斷掌橫越的感情線，這是俗稱的斷掌的手紋，表示為人意志堅定、行事獨特，不受他人的拘束，所以展現強勢的態度，會讓旁人感到莫名壓迫，感情上，容易固執己見，堅持理想原則，身段無法柔軟，往往有自尋煩惱的現象。

## 八、波浪形狀的感情線

波浪形狀的感情線，表示為人木訥、老實憨厚，很好拜託、請求，人際還算不錯，但感情方面，不懂浪漫情調，常常誤解風情，讓對方不知所措，彼此的步調不搭嘎，因此很難維持穩定，需要激起愛情的火花，否則感情無法長久。

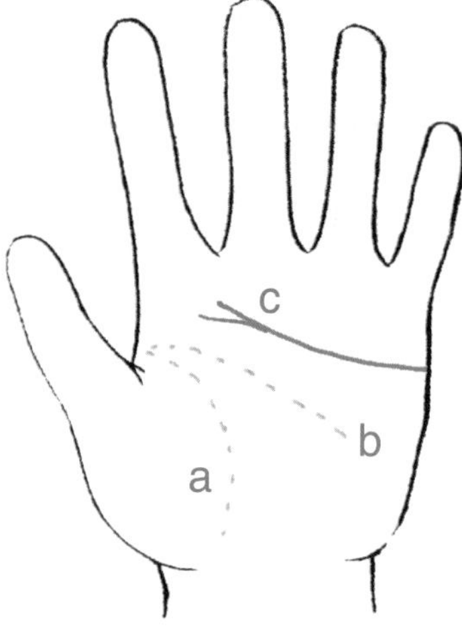


## 九、尾端分岔的感情線

尾端分岔的感情線，表示好奇心強、喜好探索，具有冒險嘗試的心態，常常做出驚人的舉動，感情方面，態度不是很認真，有遊戲人間的現象，很容易順眼來電，而墜入情網，但親密關係維持不久，很容易因為時間、環境而冷卻下來。

## 十、尾端下彎的感情線

尾端下彎的感情線，表示為人充滿自信、很有見地，願意為他人犧牲奉獻，不過感情方面，會顯得稍微吃虧一點，因為心腸太軟的關係，很容易相信對方的謊言，而有被欺騙上當的現象，導致感情路有坎坷、挫折。

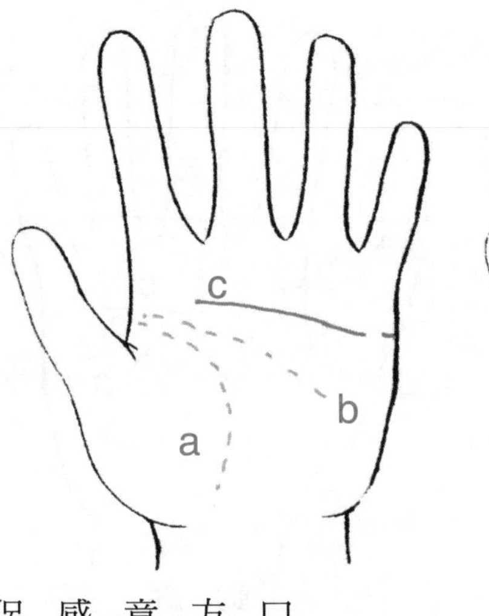


## 十一、出現中斷的感情線

出現中斷的感情線，若中斷的缺口越大，那麼影響就越明顯，表示感情方面發生過不愉快的經驗，除了嚴重的爭執吵鬧之外，甚至於跟情人或配偶，會因為環境因素的造弄，或是突來的意外變故，而有生離死別的情況。

## 十二、小指缺口的感情線

小指缺口的感情線，就是小指下方出現缺口，表示感情交往不懂體諒，只會一味要求對方付出，甚至不惜犧牲對方，讓對方覺得心灰意冷，加上彼此的觀念不合，經常吵吵鬧鬧，感情會走向分手一途，不容易交到真心的伴侶。

## 十三、下垂相連的感情線

下垂相連的感情線，就是感情線下垂跟理智線相連，表示為人反反覆覆，無法做出決策，行動總是顯得遲緩，特別是感情方面，容易讓人捷足先登，而獨自哀傷怨嘆，會因此看破感情，而不願意再度面對，會用工作來作為逃避藉口。

## 十四、支線平行的感情線

支線平行的感情線，表示為人人緣甚佳，容易獲得幫助，特別是異性朋友，會無微不至的對自己關心照顧，讓自己有時不太好意思，會希望跟對方發展為情侶，但又顧慮眾多的因素，而一時間難以取捨，常有矛盾的心態出現。

## 十五、前端分岔的感情線

前端分岔的感情線，就是小指下方有許多分支，表示遭受眾多阻礙，經常心生煩惱，而顯得浮躁不安，對感情缺乏安全感，時常會有猜忌的現象，若結婚以後，會擔心配偶外遇出軌，讓配偶的壓力很大，容易發生爭吵，影響婚姻感情。

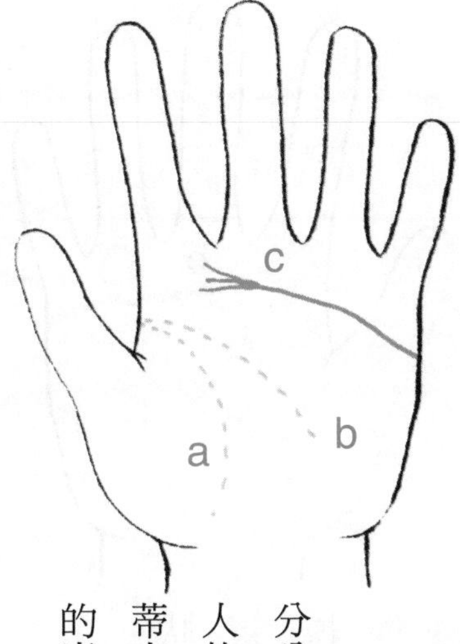


## 十六、中指下分岔的感情線

中指下分岔的感情線，就是感情線在中指下分岔為三條，表示腦筋靈活、懂得變化，善解他人的心思，感情的追求很有一套，善於表現羅曼蒂克，及配合浪漫氣氛的手法，常常能獲得情人的青睞。

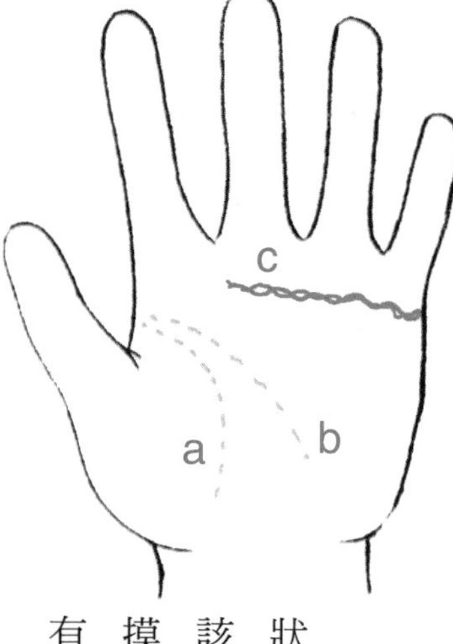


## 十七、鎖鏈形狀的感情線

鎖鏈形狀的感情線，就是整條感情線為鎖鏈狀，表示對於感情很固執，但是優柔寡斷，不懂該如何表達心意，在追求異性的時候，常讓對方摸不著頭緒，交往過程會有阻礙，感情方面，會有煩惱困擾在心中。

## 十八、點狀斷續的感情線

點狀斷續的感情線，就是感情線不夠明顯，像虛線般延伸斷續，表示個性很敏感、常喜新厭舊，跟異性的溝通相處有問題，自己顯得不太誠實、開放，讓對方覺得缺乏安全感，會想要放棄彼此的感情，而因此產生許多波折。

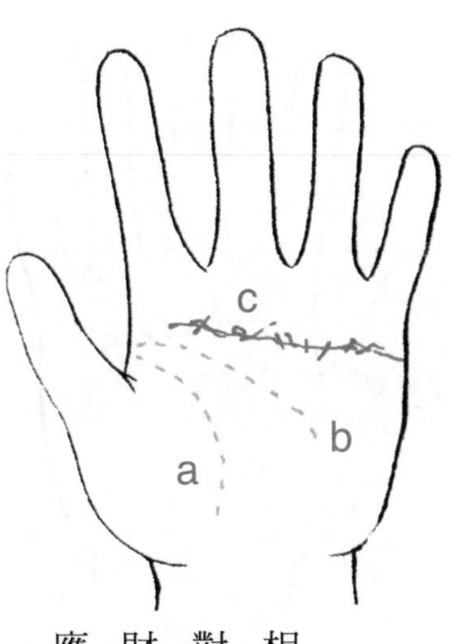


## 十九、細密多重的感情線

細密多重的感情線，就是感情線細密且多有重疊，表示為人感情豐富，但卻流於濫情，感情狀態不是很穩定，本身對於感情充滿好奇，卻常忽略對方感受，而常有誤會糾紛產生，造成情感上的傷害，影響日後的感情發展。

## 二十、紋路雜亂的感情線

雜亂紋路的感情線，就是感情線雜亂且交叉相連，表示感情運勢不佳，情路過程坎坷，交往對象都不太理想，造成情感的創傷之外，也有人財兩失的現象，若用情太深，則有情緒化的反應，做出非理性的行為，導致嚴重的後果。

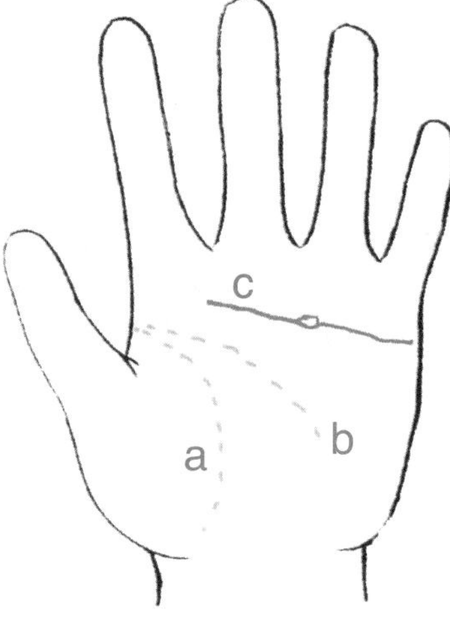


## 二十一、出現島紋的感情線

出現島紋的感情線，就是感情線上有島紋出現，表示跟親戚、好友的關係緊張，彼此很少有互動，感情方面，容易中途發生變故，使得感情無法繼續，或者有其他因素阻擾，使得彼此不能結合，呈現拖磨停滯的情況。

## 二十二、出現星紋的感情線

出現星紋的感情線，就是感情線有星紋或十字紋出現，表示感情早熟、很早戀愛，但若馬上論及婚嫁，婚姻多半不幸福，容易出現波折，若感情線沒有中斷的話，只要願意放下、不執著，還可以度過情關困擾。

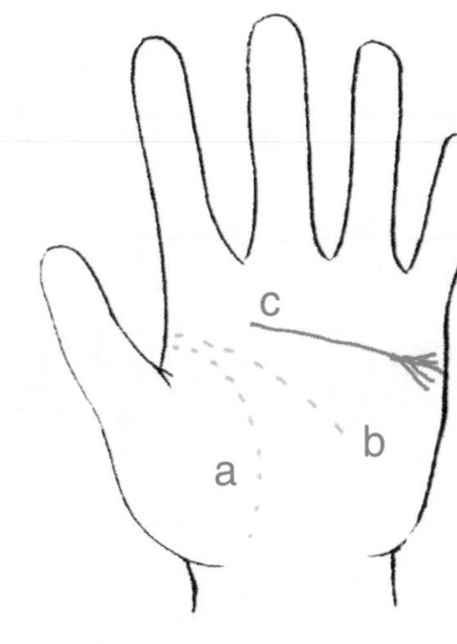


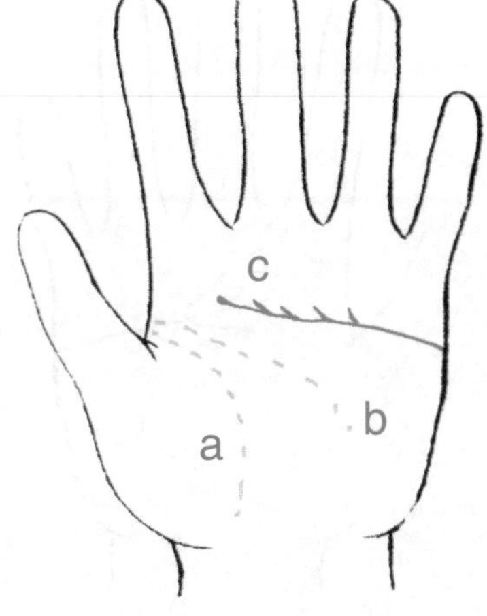


## 二十三、起點分支的感情線

起點分支的感情線，就是在小指下方的感情線，出現掃把形狀的紋路，別名叫做生殖紋，若左、右手都出現的話，表示為人性慾旺盛、生殖力強，對於子女的管教有一套，將來子女會有成就出息。

## 二十四、細紋朝上的感情線

細紋朝上的感情線，就是感情線上有許多細紋朝上，表示感情的生活豐富，有多采多姿的狀態，很懂得生活享受和情趣，特別會討好取悅異性，經常激起驚奇的火花，跟對方的溝通協調良好，彼此的交往是段良緣。

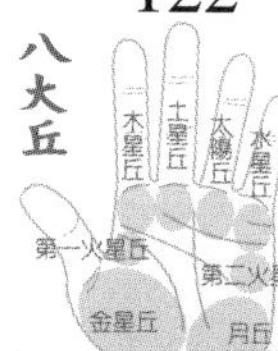


## 二十五、上下分支的感情線

上下分支的感情線，就是感情線有上下分支的紋路，表示為人容易神經質、對變化相當敏感，感情上，經常徬徨無助，顯得心靈脆弱，往往找不到好對象交往，挫折失敗的情況多，應該要耐心等待機緣，不要一直強求感情。

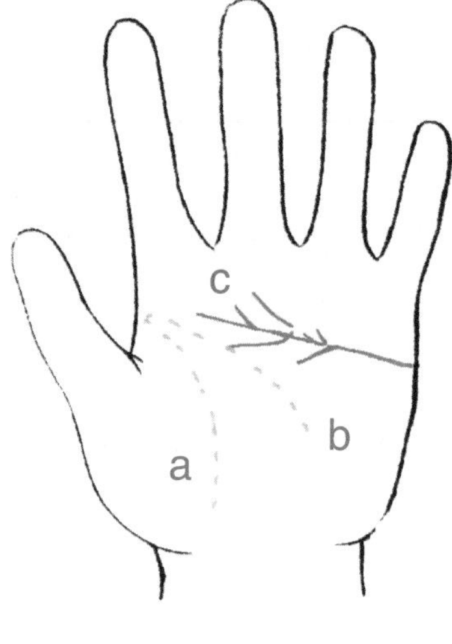

## 肆、羅曼蒂克、充滿想像的副感情線（金星帶）

副感情線別名叫做金星帶、性感帶、情色帶、愛情帶、維納斯帶，位置在感情線上方，由食指跟中指之間的縫隙，向無名指或小指方向延伸，形成弧狀的紋路，叫做金星帶。金星帶表示人的感受能力、對環境敏感的程度、審美觀念與藝術品味，或是情緒方面的反應，特別是對於異性的欣賞，會產生強烈的作用，會渴望跟異性接觸、彼此溝通及互動，藉此獲得異性青睞，或是對於異性的性幻想。

若金星帶形狀良好，沒有太長、太多、破裂、雜亂的話，那麼表示感情方面會比較穩定，會夢想與實際兼顧，對異性能夠接納包容，並且有不錯的互動，特別是追求方式，會顯得浪漫溫馨，讓對方覺得非常的窩心，會願意大方接受心意，就算發生問題的話，也會用適合的手段處理，讓事情能圓滿落幕，若金星帶不良的話，為人容易過度敏感，比較衝動情緒化，常常因此得罪他人，特別是跟異性的相處，會產生隔閡與代溝，彼此無法順利交往，感情通常會想像得多，採取實際行動得少，就算有伴侶的話，也容易爭風吃醋。

# 肆、副感情線（金星帶）

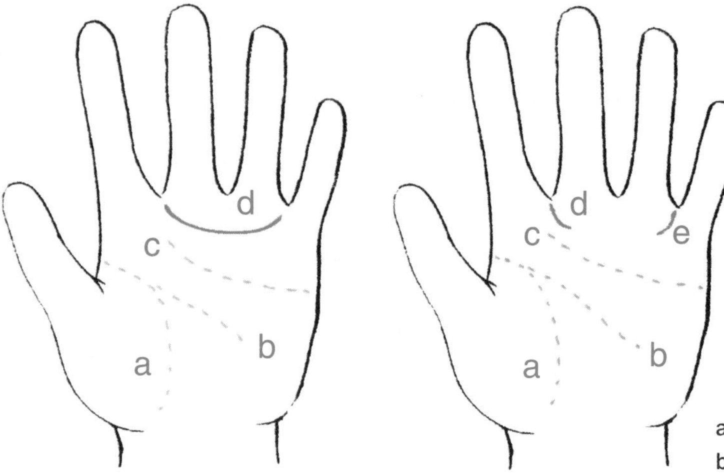

a：生命線
b：理智線
c：感情線
d：副感情線

## 一、金星帶、才藝紋

副感情線的別名叫做金星紋，或者是才藝紋，通常位於感情線上方，在食指跟小指之間，呈現出圓弧的形狀，反映出個人的心思細密，也代表慾望的多寡，為人通常多才多藝、能言善道，多半從事富創意性的工作。

## 二、半圓弧狀的副感情線

半圓弧狀的副感情線，表示腦筋清晰、智商頗高，有相當的天分，所以學習能力特別強，對於很多事物都很有興趣研究，而且成果還滿豐碩的，若能從事文字或藝術方面的創作，將會有驚人的成就與地位。

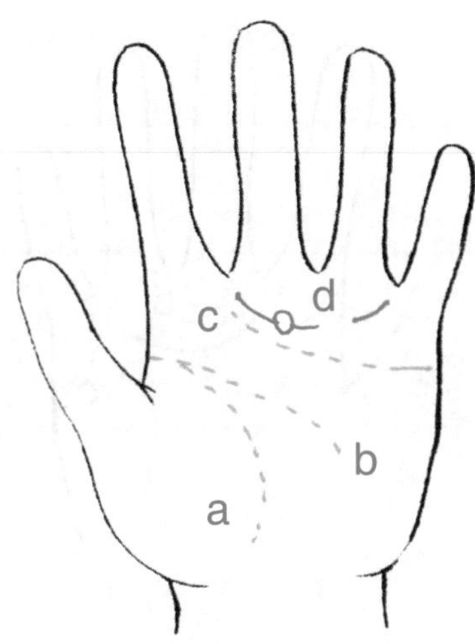


## 三、斷斷續續的副感情線

斷斷續續的副感情線，表示為人喜好幻想事物，行事不切實際，生活容易奢侈糜爛，對於物質特別嚮往，在感情方面，由於多才多藝，能夠吸引異性青睞，但顯得花心、好色，因此交往對象都不長久，經常更換身邊伴侶。

## 四、出現島紋的副感情線

出現島紋的副感情線，表示想像、創意十足，心思非常多元，常常會有不錯的點子、主意，能夠獲得他人的欣賞與肯定，但個人的喜惡分明，容易有情緒化的反應，人際關係上會有衝突摩擦出現，必須要自我節制改善才行。

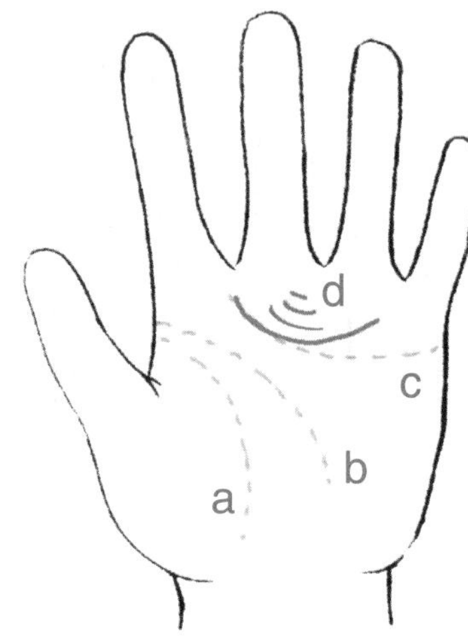


## 五、多重紋路的副感情線

多重紋路的副感情線，表示為人聰明機智，反應相當靈敏，很有鑑賞的眼光，會追求美的事物，有完美主義的傾向，感情方面，剛開始會對異性好奇，但久了會冷淡疏遠，讓人摸不著頭緒，很重視個人隱私，對肉慾有特殊的需求。

## 六、有三角紋的副感情線

有三角紋的副感情線，表示為人聰明好學，喜歡吸收新知，很有創作的天分，可以朝文學藝術領域發展，但感情方面，由於不善於溝通表達，通常來得快去得也快，往往會將個人情感給昇華，表現成藝術作品來抒發心情。

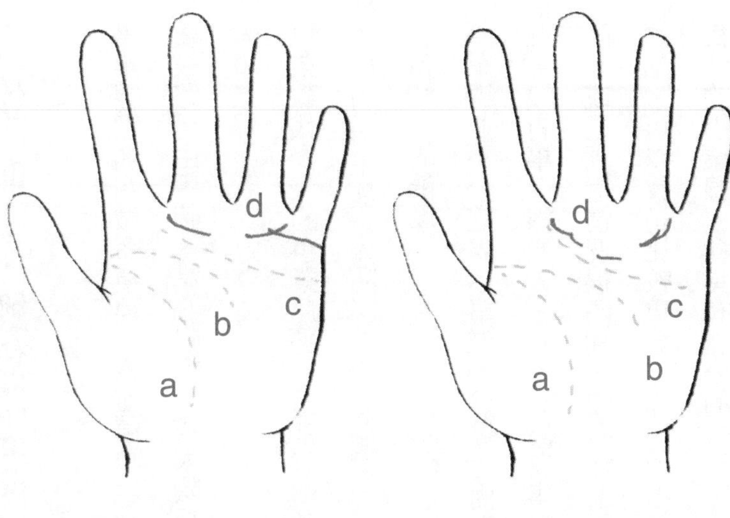


## 七、彎彎曲曲的副感情線

彎彎曲曲的副感情線，呈現出波浪的形狀，表示為人缺乏主見、意志力薄弱，很容易受到慫恿影響，而做出錯誤的判斷，特別是在感情方面，過程會相當坎坷不順，無法分辨他人的真心假意，而有吃虧上當的可能。

## 八、接婚姻線的副感情線

接婚姻線的副感情線，就是金星帶跟婚姻線相連，表示個人是非糾紛多、容易招惹官司訴訟，在感情方面，會有痛苦的經驗，會遭到對方說謊欺騙，而被對方拋棄甩掉，造成嚴重的陰影創傷，會有晚婚的傾向。

# 伍、逆流而上、鯉魚躍龍門的事業線

事業線別名叫做命運線、幸運線、玉柱線、庚儀線，通常會有多種的變化型態，不過只要紋路是由手腕、掌心附近，或太陰丘位置，向上延伸的直線（指向土星丘），都可以叫做事業線。

事業線代表人的事業運勢，通常跟精神意志有關係，可以看出個人的企圖心，領導管理的能力，主觀意識的強弱，周遭環境的情況，遇到貴人的機會，對挫折失敗的反省，學習知識的態度。

事業線並不一定表示事業的好壞，而有另一種解釋說法，事業線可以看出努力向上的情況，沒有事業線的人，不等於沒有事業，或是事業不順利，而是比較沒有花心思在這方面，或是周遭情況很順利，沒有什麼特別的阻礙，所以才沒有事業線的出現，有事業線的話，可以說是比較重視工作，或者常遇到難題要解決，因此會有事業線的紋路出現。良好的事業線，會具有加分的效果，說明自己努力奮鬥，爭取優秀的成績，做事情會比較有毅力，非達到目地不可的決心，也比較多貴人提拔，被賞識的機會就多，升遷發財將不是問題，會越來越樂觀積極，而不良的事業線，會帶來負面的影響，周遭環境會阻礙重重，自己無法一展長才，有懷才不遇的感嘆，容易被外界影響，做事情半途而廢，失敗挫折的機會就多，意志就會變得消沉，而顯得一蹶不振。

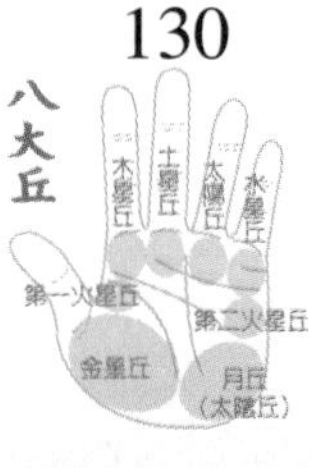

# 伍、事業線

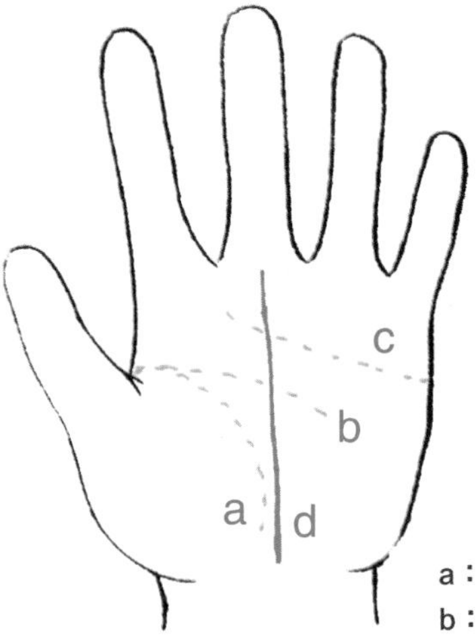

a：生命線
b：理智線
c：感情線
d：事業線

## 一、深長而明顯的事業線

深長而明顯的事業線，就是從掌心下方延伸，朝上貫穿至中指的下方，表示為人企圖心強烈，充滿幹勁活力，對事情有清晰的規畫，能夠掌握情況的發展，很適合自行創業，多半能闖出一片天地，享受權勢與富貴。

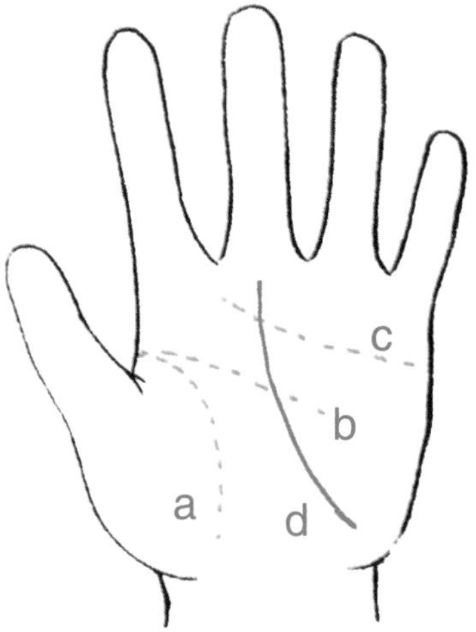

## 二、從月丘朝上的事業線

從月丘朝上的事業線，就是由手掌旁邊向上延伸，表示頭腦優秀、創造力佳，能夠學習多樣才華，並且實際運用發揮，可自行投資創業，或是成為企畫人才，人際關係上，能夠得到幫助而成功，多半是女性的貴人。

## 三、生命線尾端的事業線

生命線尾端的事業線，就是和生命線尾端連接，然後向上延伸，表示刻苦耐勞、勤勞實做，不怕遭遇任何困難，會咬緊牙關撐過，是屬於白手起家的類型，適合擔任領導管理的職務，只要勤奮努力工作，通常能夠功成名就。

## 四、穿越生命線的事業線

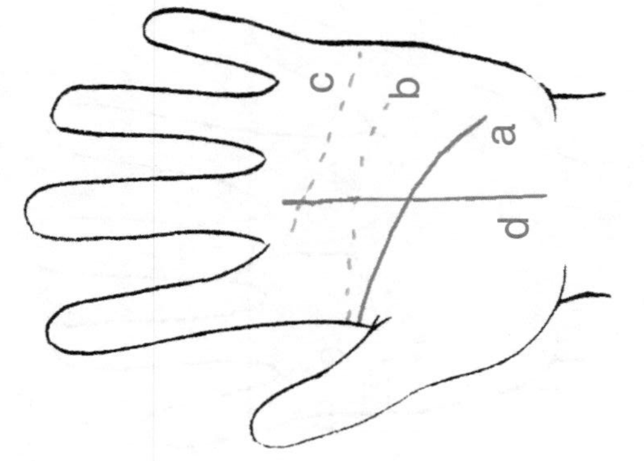


穿越生命線的事業線，就是貫穿生命線而向上延伸，表示家庭背景不理想，受到的栽培有限，必須很早學習獨立，凡事靠自己努力，人際關係上，對家人非常照顧，若事業成功的話，通常會懂得回饋報答。

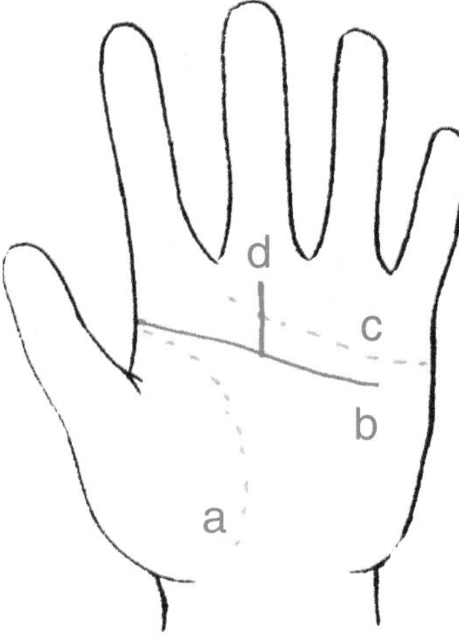


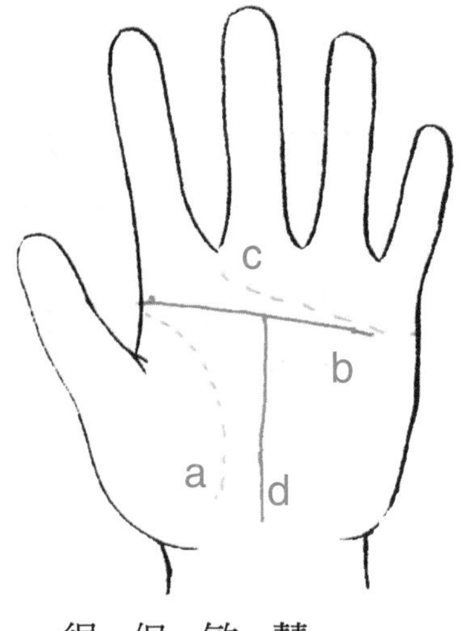


## 五、智慧線延伸的事業線

智慧線延伸的事業線，就是在智慧線的中間，向上延伸的支線，表示早年環境辛苦，個人發展有限，歷經的痛苦磨難較多，但能培養出能力，中年以後，運勢漸入佳境，得到貴人幫助，能夠自行創業，而開展一片天地。

## 六、止於智慧線的事業線

止於智慧線的事業線，就是頂端延伸到智慧線卻沒有貫穿，表示原本具有天賦、聰明靈敏，展現的企圖心很強，能夠有優秀的表現，但是後來卻遇到阻礙，而沒辦法再突破，決策很容易判斷錯誤，而失去翻身的機會。

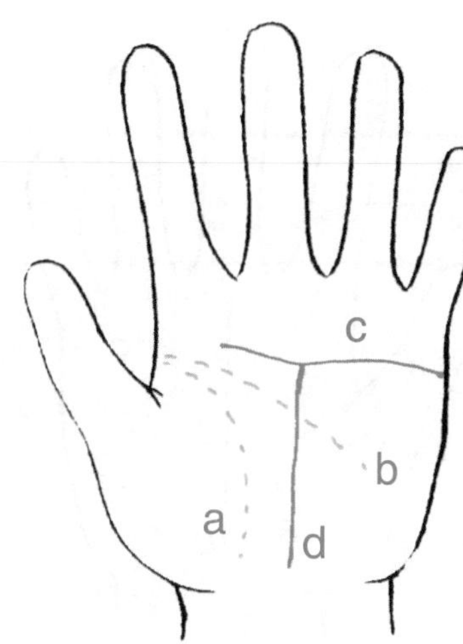


## 七、止於感情線的事業線

止於感情線的事業線，就是頂端延伸到感情線卻沒有貫穿，表示事業運勢受到阻礙，多半是感情方面的問題，不然就是桃色糾紛，因此要節制個人情慾，慎選交往的對象，若能好好利用配合，配偶跟異性反倒有助於事業的開展。

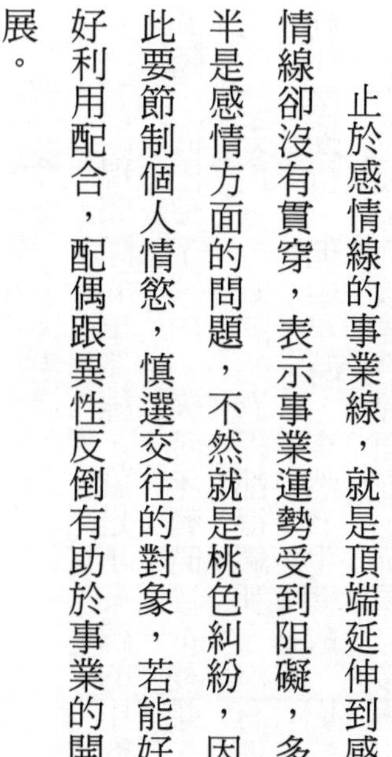

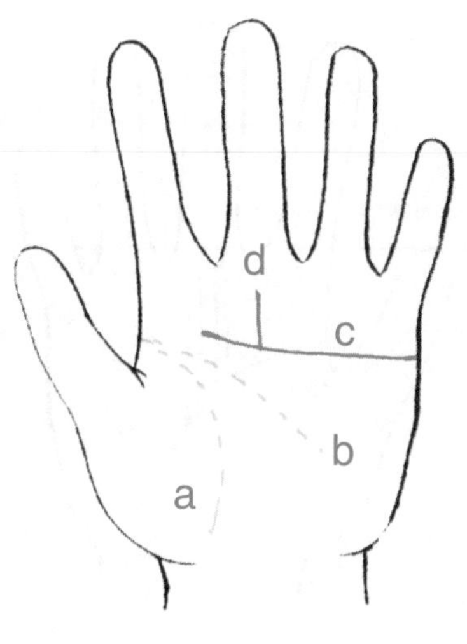


## 八、感情線延伸的事業線

感情線延伸的事業線，就是由感情線中間，向上延伸的支線，表示早年辛苦奔波，但卻一事無成，到處去求助都碰壁，有懷才不遇的感嘆，過了中晚年，人生的閱歷較深，能遇到貴人賞識，事業能順利開創第二春。

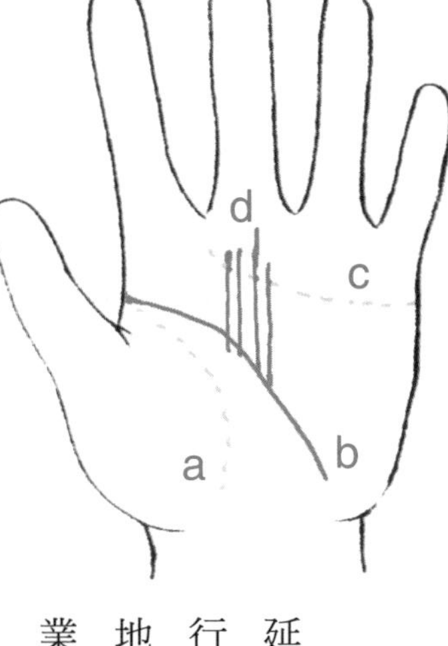


## 九、生命線向上的事業線

生命線向上的事業線，就是由生命線向上延伸，而有眾多支線，表示為人富理想性，但行動卻不切實際，流於幻想空談，缺乏腳踏實地，事業不容易成功，不適合固定呆板的行業，會經常變換工作，而無法安定下來。

## 十、有出現間斷的事業線

有出現間斷的事業線，就是事業線的中間間斷，而出現了缺口，表示年輕時懷抱夢想，勇敢的去追逐，剛開始過程都很順利，沒有遇到什麼挫折，但中年時，突然發生變故，影響事業的發展，應該要冷靜面對，沉潛之後再出發。

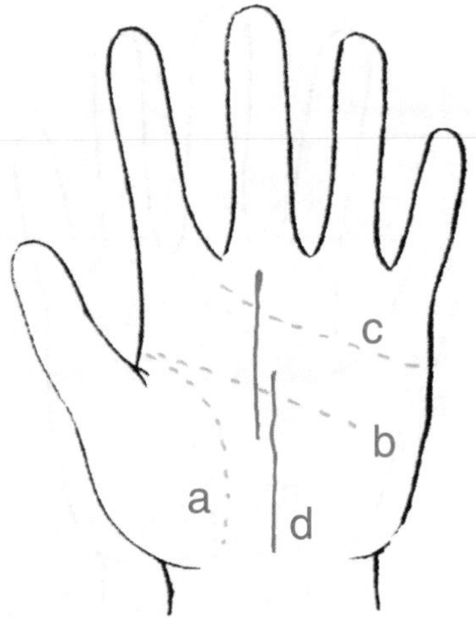

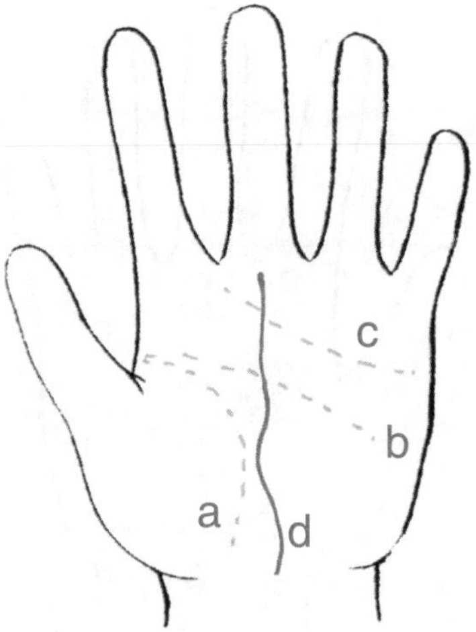

## 十一、間斷有輔線的事業線

間斷有輔線的事業線，就是事業線有中斷，但旁邊有直線繼續向上延伸，表示原本安穩的情況，發生劇烈的改變，事業面臨瓶頸，一時之間無法突破，但若能謹慎仔細、妥善處理的話，就能夠扭轉乾坤，而出現新的契機。

## 十二、彎曲似蛇行的事業線

彎曲似蛇行的事業線，就是事業線呈現波浪的形狀，表示常有投機的心態，行事不按部就班，導致事業的基礎不穩固，加上貪圖眼前的利益，凡事不瞻前顧後，經常考慮不周全，做出錯誤的決策，而慘遭嚴重的損失。

## 十三、呈點狀間斷的事業線

呈點狀間斷的事業線，就是像點一樣分佈，若有似無的線條，表示為人三心二意，常拿不定主意，做事情經常半途而廢，沒辦法獲得他人信賴，升遷上會有困難，若無法改善虎頭蛇尾的情況，事業運勢將起伏不定。

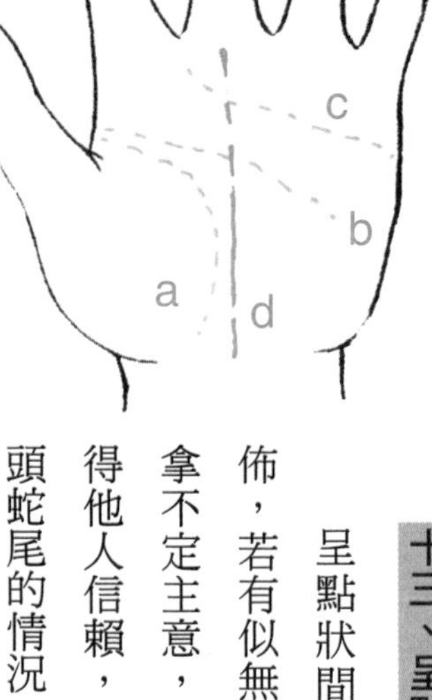


## 十四、呈線狀間斷的事業線

呈線狀間斷的事業線，就是斷斷續續、不連接的線條，表示為人懶散、被動，缺乏上進心態，很容易受外在因素影響，而無法專心投入工作，常常遭受主管責罵，但總是敷衍了事，不思檢討反省，三不五時就更換工作。

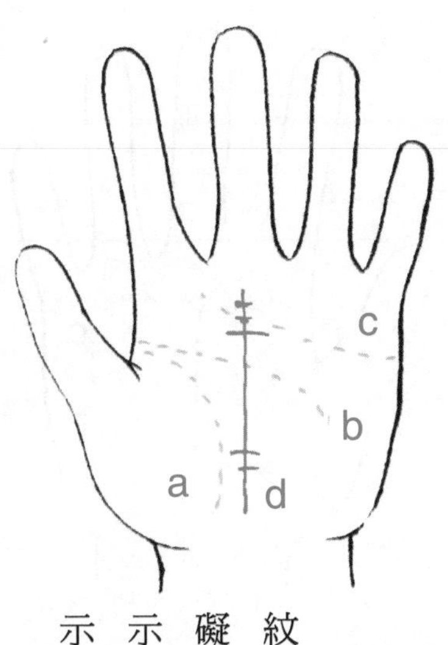


## 十五、雙重又平行的事業線

雙重又平行的事業線，就是有兩條事業線同時向上延伸，表示人際關係良好，能得到貴人幫助，事業的進展迅速，比預期中的理想，很適合擔任領導地位，能夠有優秀的部屬，除了正業之外，也可以考慮經營副業，將有不錯的收益。

## 十六、數條橫紋的事業線

數條橫紋的事業線，就是事業線上有雜亂橫紋，表示事業原本順利進展，但中途卻遇到阻礙，而面臨逆境的挑戰，若橫紋出現在中段，表示中年事業出現危機，若是橫紋出現在尾段，表示晚年事業出現危機，而且難以翻身再起。

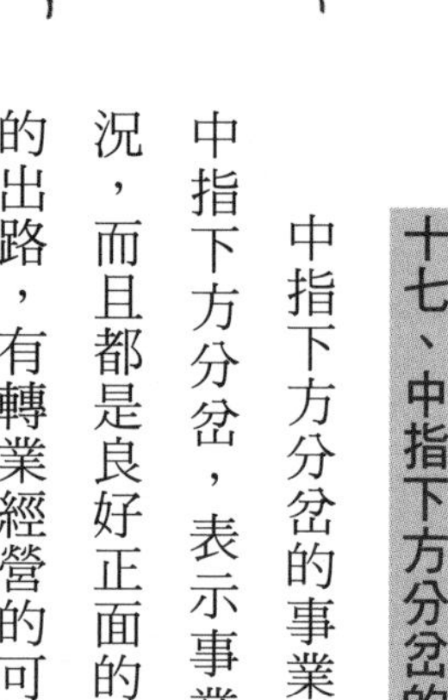


## 十七、中指下方分岔的事業線

中指下方分岔的事業線，就是事業線在中指下方分岔，表示事業發展有變動的情況，而且都是良好正面的，很可能是找到新的出路，有轉業經營的可能，或是有兼副業的現象，不然舊的行業有新契機，突破原有的窘境。

## 十八、左右都有分岔的事業線

左右都有分岔的事業線，就是左右的支線往上延伸，表示事業相當有進展，能夠不停持續的擴大，可以得到支持，或遇到好機緣，讓事業飛黃騰達，也代表中年以後，事業有多元化經營的現象，從改革中獲得新面貌。

## 十九、掌心分岔向下的事業線

掌心分岔向下的事業線，就是兩條支線變成一條主線，表示為人興趣很廣泛，但容易三心二意，遇到事情難以決擇，會有拖延停滯的情況，事業上，最好從事有興趣的相關行業，會替自己帶來實質利益。

## 二十、橫紋劃過的事業線

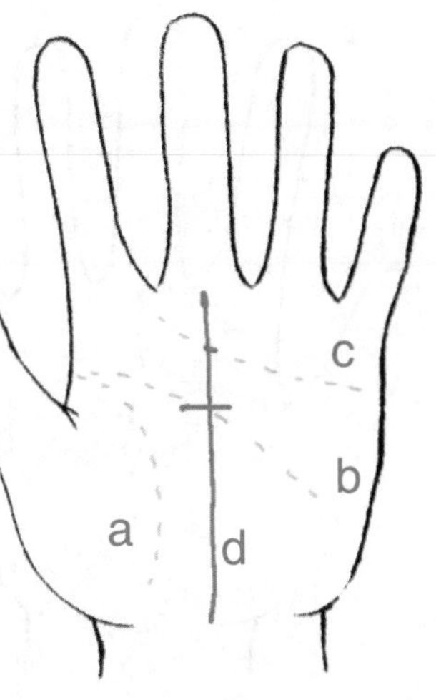


橫紋劃過的事業線，就是事業線有短線橫紋劃過，表示原本推動的計畫方案，中途遇到挫折阻礙，情況顯得十分膠著，不知道該如何處理，但只要沉著應對，涵養自己的實力，等待時機的到來，自然就能突破困境。

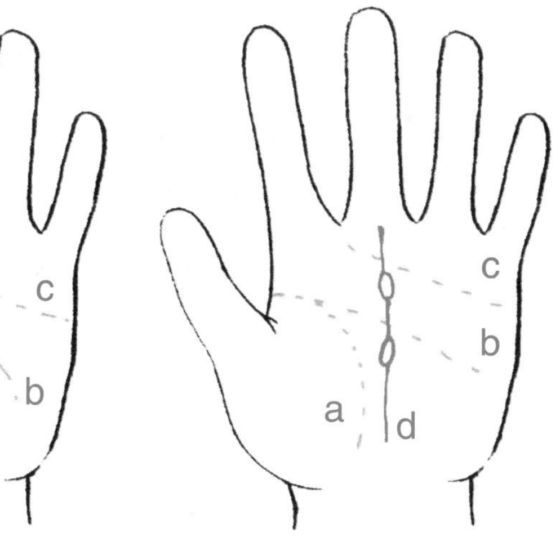


## 二十一、出現島紋的事業線

出現島紋的事業線，表示工作進行得不順利，過程遇到許多阻礙，進度有落後的趨勢，自己顯得心煩意亂，必須要花費相當的心思，重新調整計畫方向，才能夠讓問題圓滿解決，恢復原有的時間進度。

## 二十二、有方格紋的事業線

有方格紋的事業線，表示運勢有所轉變，事業方面陷入低潮當中，必須花費時間摸索，等到熟練了之後，自然就能找到出路，突破改善眼前的困境，這也表示，為人要不斷努力進步，才能獲得豐碩的成果。

## 二十三、有十字紋的事業線

有十字紋的事業線，就是事業線有十字紋或斑點，表示事業會遇到問題，導致失敗的局面，多半是金錢的借貸出了問題，被他人給牽連拖累，會有沮喪難過的情況，而不願意繼續奮鬥，最好要冷靜思考，重新振作才行。

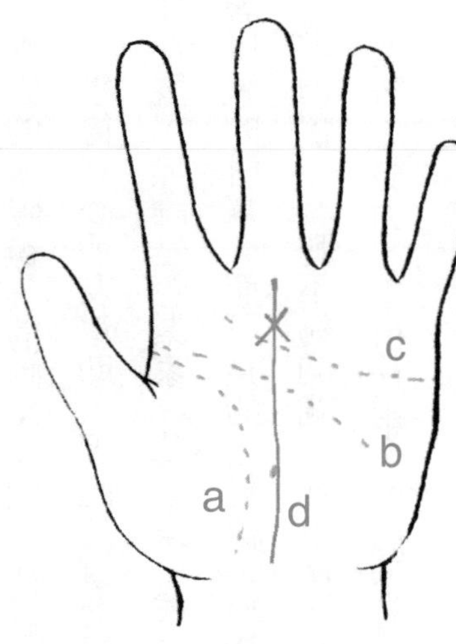

# 陸、心想事成、富貴靠人和的太陽線

太陽線別名叫做運勢線、藝術線、成功線、光輝線、功名線、已儀線、阿波羅線，通常會有多種的變化型態，由掌中往太陽丘延伸的直線，都可以叫做太陽線。

太陽線可以表示人的地位與名聲，或是人際關係，看出為人的交際手腕、信用承諾，或是外在環境的影響，或是個人對於文學、藝術的品味，或是對於財富的運用，不單單指有形資產的處理，也是無形資產的經營本領。

優秀的太陽線，清晰、深明、連續、顏色紅潤、沒有雜紋，表示人際關係十分廣闊，能獲得許多朋友幫助，因此凡事進行得很順利，很少遇到阻礙的機會，做什麼就能夠像什麼，無論是企業家、藝術家，或是權威人士，都可以享有崇高的地位與名聲，伴隨著優渥的財富，而不良的太陽線，短淺、模糊、破碎、黯淡灰黑、出現雜紋，表示容易自尋煩惱，心胸不夠開闊，凡事斤斤計較，與他人過不去，因此無法獲得肯定支持，做事情勞心勞力、事倍功半，對於金錢的運用，也不善於投資理財，有耗損流失的現象。

## 陸、太陽線

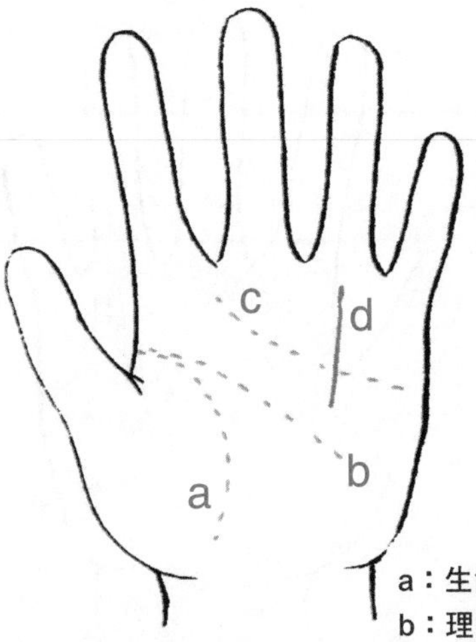

a：生命線
b：理智線
c：感情線
d：太陽線

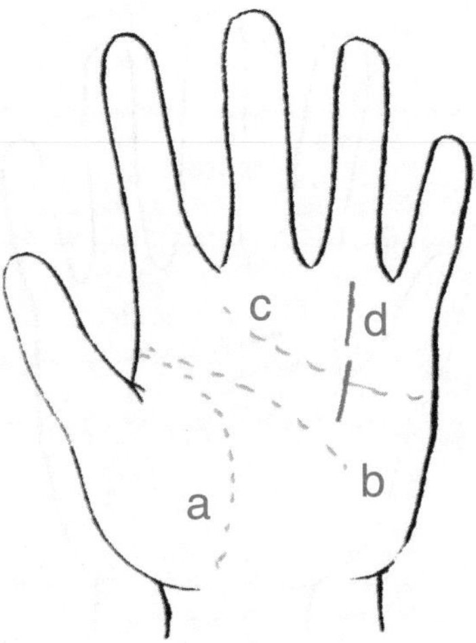

### 一、筆直清晰的太陽線

筆直清晰的太陽線，就是出現在無名指下方的線，表示為人多才多藝、學習廣泛，善於人際關係的協調，口才也十分伶俐，在團體當中屬於領導地位，行動顯得十分的活躍，事業上能夠聚集群眾，而開創一片的天地。

### 二、出現中斷的太陽線

出現中斷的太陽線，表示年輕的時候，發展進行得很順利，但是到了某個時期，會遭遇到困難阻礙，一切顯得停滯不前，特別是跟權力有關的部分，很可能會被他人取代替換，必須要忍耐等待，才能有東山再起的一天。

## 三、感情線上的太陽線

感情線上的太陽線，就是由感情線上發展延伸的太陽線，表示為人在事業方面，刻苦耐勞、辛勤耕耘，早年顯得默默無聞，沒有什麼驚人之舉，一直到中晚年才出人頭地，能享受功名利祿的成果，擁有一定的社會地位。

## 四、雙重平行的太陽線

雙重平行的太陽線，就是旁邊有支線輔佐，表示為人興趣廣泛、才華突出，出外能結交許多朋友，事業上，除了原本行業之外，通常還會經營副業，而且頗有聲勢，跟本行能相互輝映，是個成功的經營人才。

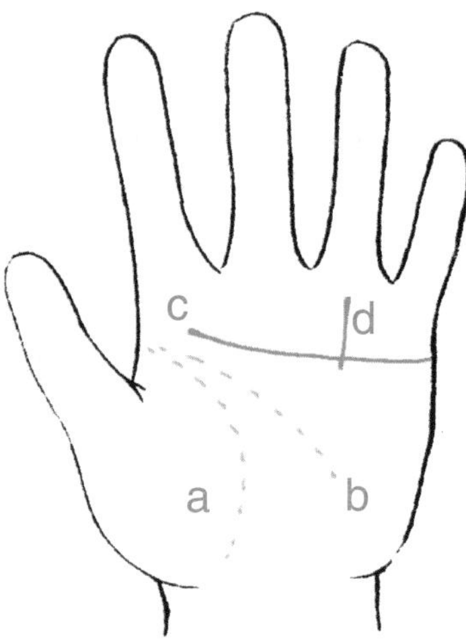


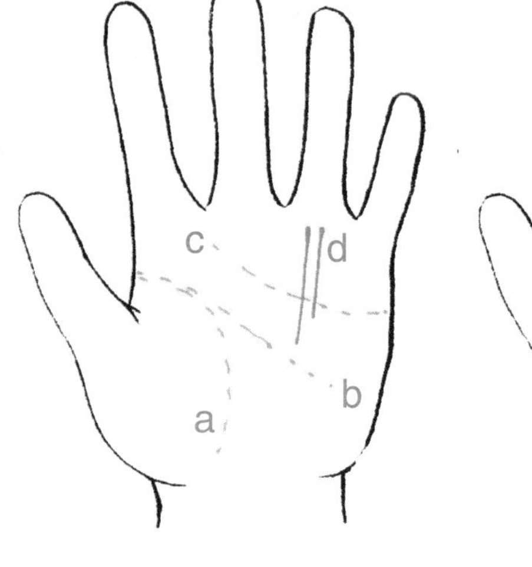

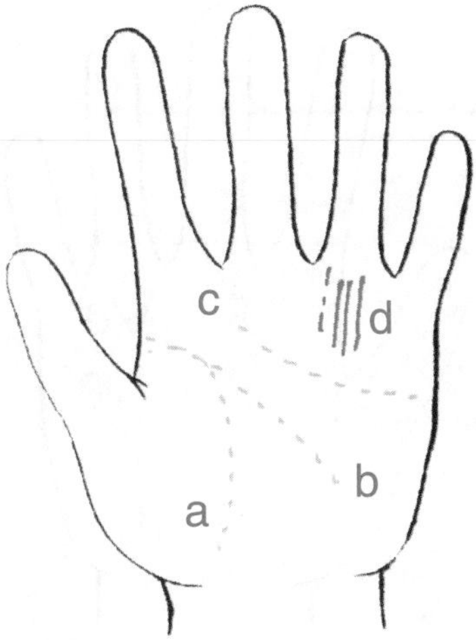

## 五、數條微弱的太陽線

數條微弱的太陽線，表示為人聰明機智、充滿理想，但缺乏耐性，行事方面顯得投機，往往不肯按部就班，以致於樣樣都想學，卻都鬆散不專精，有好高騖遠的情況，若不腳踏實地的話，到老恐怕一事無成。

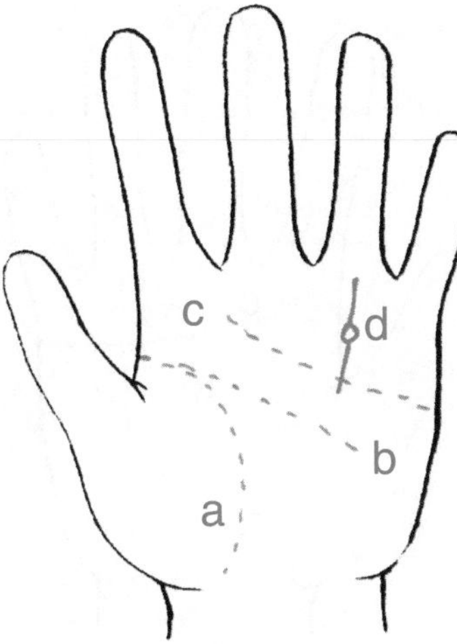

## 六、出現島紋的太陽線

出現島紋的太陽線，表示運勢逐漸發展，中途卻受到阻礙，很可能讓聲勢忽然下跌，而面臨困頓的處境，大多是因為人情的關係，遭受到他人的牽連拖累，必須要經過許多波折，問題方能有轉機出現。

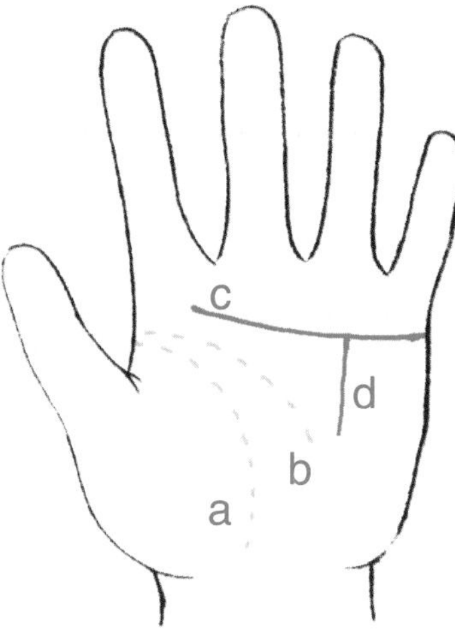


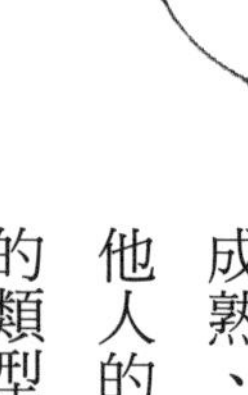


## 七、止於感情線的太陽線

止於感情線的太陽線，就是尾端碰到感情線，但卻未能貫穿向上，表示早年享有名聲，地位不停上升，但是中晚年後，卻由於人事或環境因素的改變，受到嚴重的波及和打擊，一下子陷入了困境當中，而沒辦法有所突破。

## 八、尾端分支的太陽線

尾端分支的太陽線，就是尾端有分岔向上的支線，表示為人早期所學一直無法發揮，只能轉作其他行業，但到了中晚年後，由於條件成熟、機緣來到，順利發揮隱藏才華，而獲得他人的賞識，名聲跟地位能提升，為異路功名的類型。

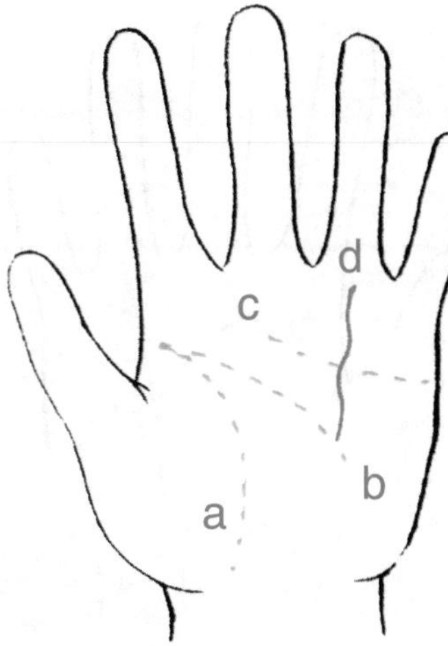

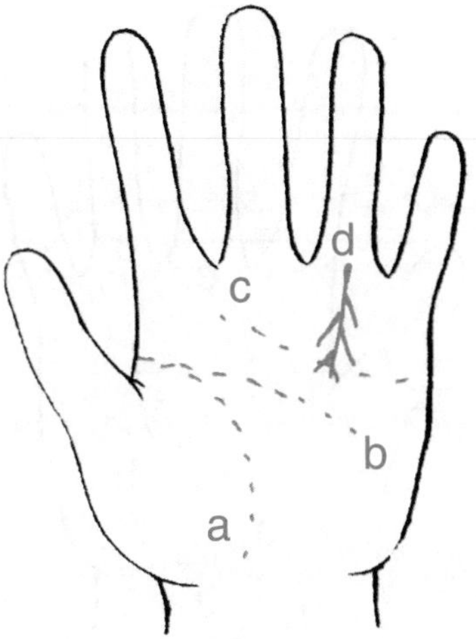

## 九、彎曲蛇行的太陽線

彎曲蛇行的太陽線，又形狀如水波紋似的，表示為人意志不堅、易受外界影響，缺乏自我的主張，對未來充滿悲觀，若遇到挫折失敗的話，馬上就心灰意冷，會有逃避現實的舉動，若一直無法面對挑戰，人生路途將坎坷難行。

## 十、雜紋朝下的太陽線

雜紋朝下的太陽線，就是太陽線上有向下的雜紋，表示為人喜好幻想、比較不切實際，對於文學藝術有興趣，適合從事創意的工作，不過在目標上，缺乏專一性，常常什麼都想執行，但往往徒勞無功、白費心機。

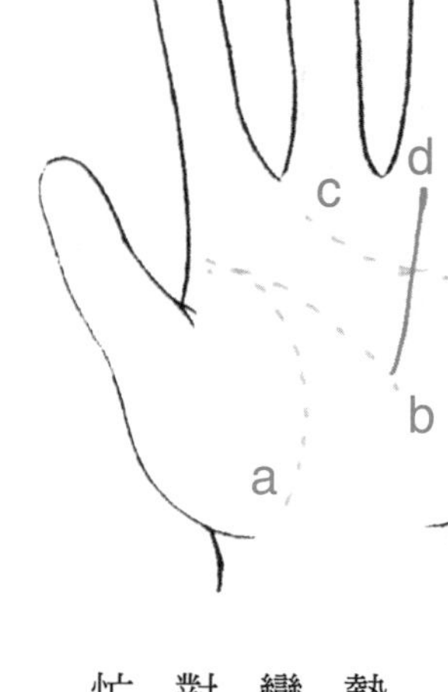


## 十一、橫紋劃過的太陽線

橫紋劃過的太陽線，表示原本平穩的運勢，忽然受到外力影響，而有了戲劇化的改變，讓人有措手不及的驚愕，必須要獨自面對困境，若能夠放下身段，尋求他人的幫忙，假以時日，就能夠重新振作起來。

## 十二、延伸食指的太陽線

延伸食指的太陽線，就是太陽線有支線延伸到食指，表示早年辛勤奮鬥、凡事只靠自己，而獨立的創業，但隨著事業蒸蒸日上，人際關係也隨著擴展，能夠藉著順勢來發展，形成多元化的經營，使得聲名能夠遠播。

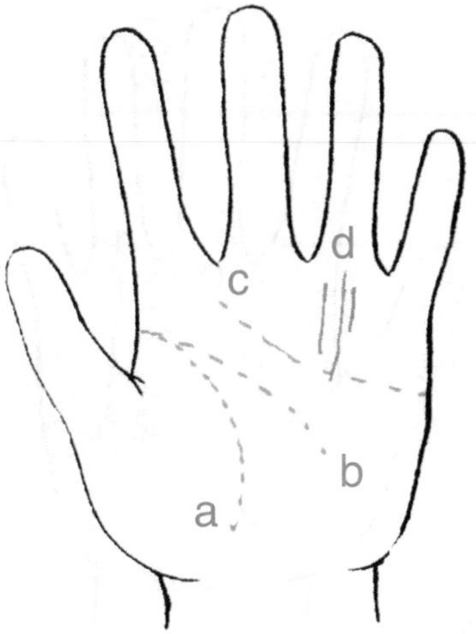

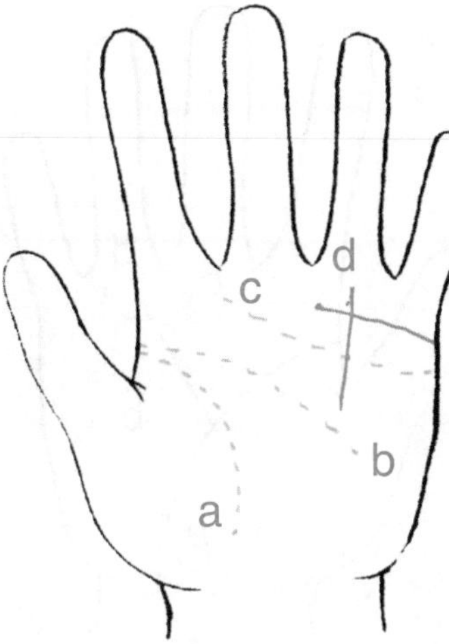

## 十三、兩旁輔助的太陽線

兩旁輔助的太陽線，就是太陽線左右皆有支線平行，表示為人運勢良好、機緣甚佳，總是會有貴人提拔幫助，事業上，由於勤奮學習知識，只要獲得他人欣賞、認同，就可以展現個人才華，創造出良好的成績。

## 十四、婚姻線切過的太陽線

婚姻線切過的太陽線，就是太陽線中途被婚姻紋劃過，表示感情方面不理想，容易出現糾紛麻煩，造成自己不必要的困擾，特別是婚姻方面，會有離異的現象，甚至影響到個人的名譽及事業。

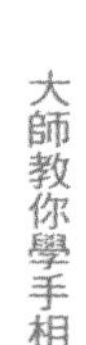


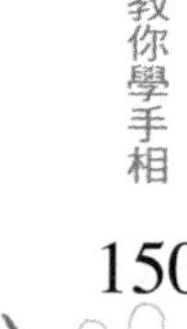


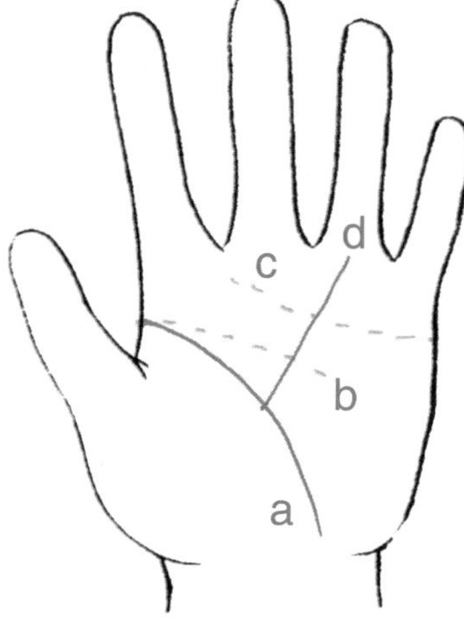


## 十五、生命線上的太陽線

生命線上的太陽線，就是生命線上延伸出的太陽線，表示為人有文學涵養，懂得藝術欣賞，很適合往學術或藝術的領域專研，通常能獲得不錯的成就，及大家的肯定與支持，享有一定的名聲與地位。

## 十六、掌邊延伸的太陽線

掌邊延伸的太陽線，就是小指下的掌邊延伸的太陽線，表示人生充滿艱辛坎坷，情況會顯得非常吃力，不過自己都能夠撐下去，是屬於刻苦耐勞的類型，很適合擔任領導階層，能獲得大家的認同。

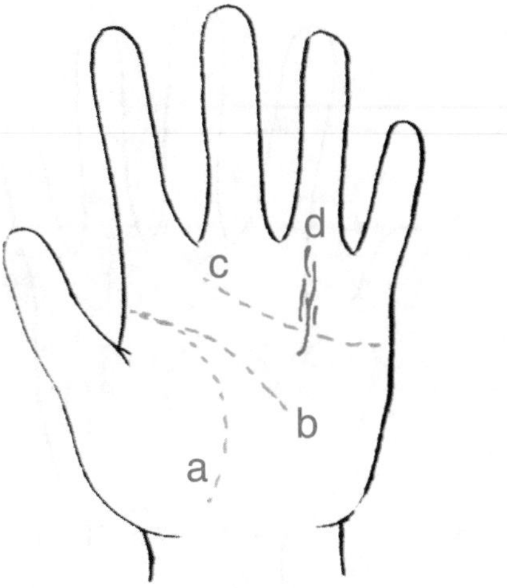

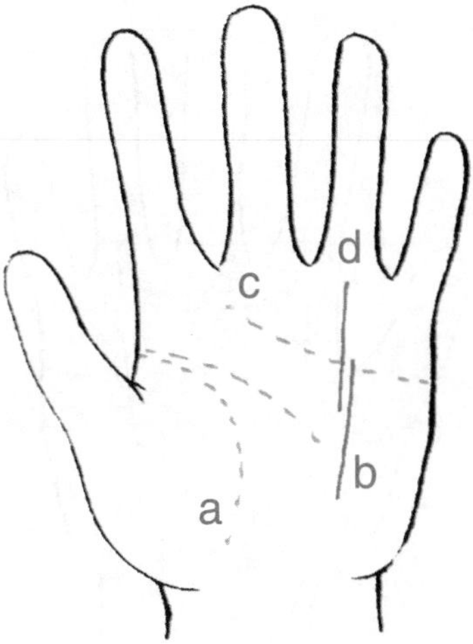

十七、雜亂斷續的太陽線

雜亂斷續的太陽線，就是許多細微斷續的線條，表示人生運勢困頓，經常奔波勞碌，但卻沒有什麼收穫，事業上，由於心思不定、只想趕快賺錢，所以會不停更換工作，無法長久安定，有半途而廢的現象，距離成功之路非常遙遠。

十八、中斷平行的太陽線

中斷平行的太陽線，就是太陽線雖然中斷，但旁邊出現支線向上，表示曾經遭遇過重大的打擊，而有失敗挫折的情況，但憑著堅強的意志力，卻能夠記取教訓，重新振作起來，讓事業東山再起，獲得眾望所歸。

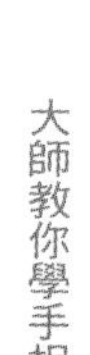

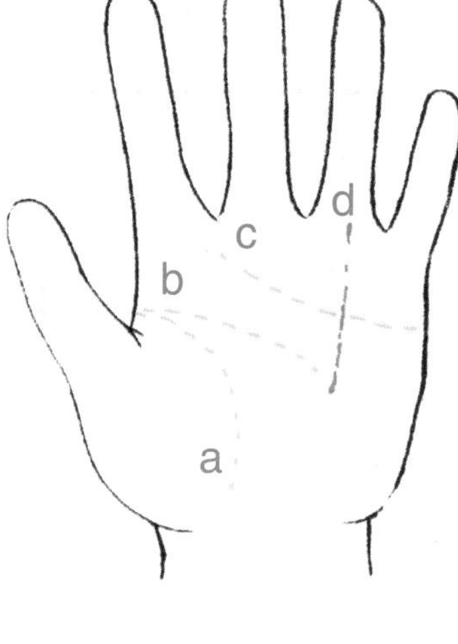


## 十九、虛線細微的太陽線

虛線細微的太陽線，就是斷斷續續不明顯的虛線，表示為人好高鶩遠、不切實際，凡事不肯腳踏實地、按部就班去執行，以致於投機取巧，基礎不是很紮實，很容易遭受到失敗，人生路途空有虛名，而沒有實際作為。

## 二十、月丘上升的太陽線

月丘上升的太陽線，就是由月丘往上延伸的太陽線，表示學習眾多才華，能力相當出眾，能夠獲得大多數人的認同，而名聲十分的響亮，如果能朝文學或藝術發展，那前途無可限量，可以有不錯的成就。

## 柒、五福臨門、經營靠用心的財運線

財運線別名叫做水星線、戊儀線、小指丘線，通常在水星丘的位置，是向上延伸的直線，都可以叫做財運線。

財運線代表人的財富運勢，也象徵著口才機智、應對進退的能力，以及學習技藝的才華能力，爭取表現的機會多寡，對於金錢的管理能力，以及運用的態度。

財運線的出現不一定真的有錢，必須要參考相關的紋路，才能獲得正確的判斷，良好的財運線，清晰、深明、連續、顏色紅潤、沒有雜紋、角度適中，表示腦筋優秀、才華出眾，是個不錯的企業人才，做生意很有一套，談判溝通無往不利，可以賺進許多財富，並且做好妥善的運用，但態度會比較驕傲，有時容易招惹是非，要謙虛收斂才好，反之，不良的財運線，短淺、模糊、破碎、黯淡灰黑、出現雜紋、角度傾斜，個性會比較急躁，很容易出口傷人，雖然有時沒有惡意，但卻讓對方很討厭，而失去商量的機會，努力將付諸流水，對於財富不在乎，開銷經常透支，會有負債的可能。

# 柒、財運線

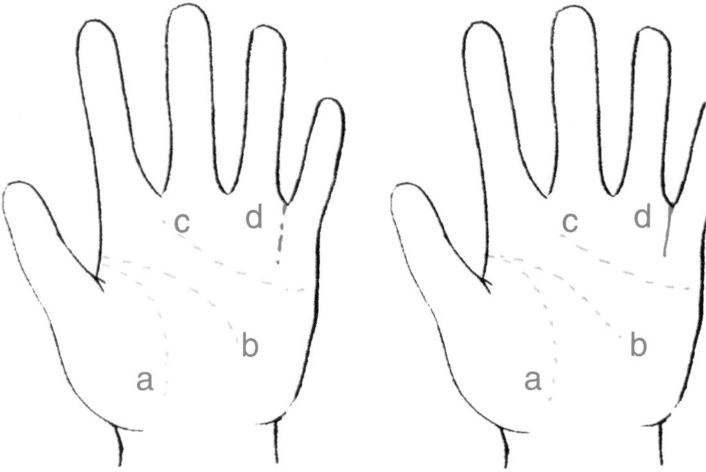

a：生命線
b：理智線
c：感情線
d：財運線

## 一、筆直清晰的財運線

筆直清晰的財運線，位於小指跟無名指的中間下方，表示個人的財運良好，有穩固的基礎，投資理財有一套，能夠抓準時機趨勢，而有獲利的可能，在事業上，由於本身信用不錯，會有貴人出現幫助，週轉不會有問題。

## 二、微弱點狀的財運線

微弱點狀的財運線，就是斷斷續續且不清晰的紋路，表示財運不太理想，起伏很大，要特別注意金錢的借貸往來，才不容易發生問題，事業上，多半是從事自由業，或是工作時間彈性，但收入不固定的行業。

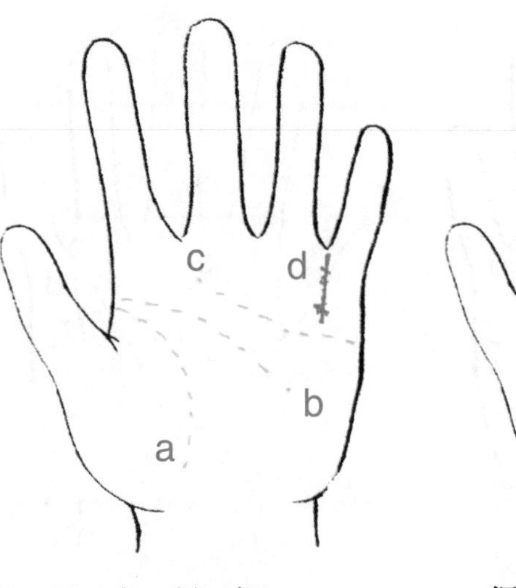


## 三、與太陽線平行的財運線

與太陽線平行的財運線，就是兩條紋路平行，而且非常的清晰，表示善於領導、頗有聲望，會朝著目標前進，擁有決心要達成，能夠靠著人際關係擴展，來獲得賺錢致富的機會，很適合從商經營，通常會名利雙收。

## 四、雜亂紋路的財運線

雜亂紋路的財運線，就是充滿許多分支的細紋，表示為人思緒繁亂、難以決策，常因為猶豫而錯失良機，沒辦法掌握致富關鍵，跟別人的借貸往來，也經常發生問題糾紛，而增加不少麻煩困擾，財務狀況吃緊，顯得不太理想。

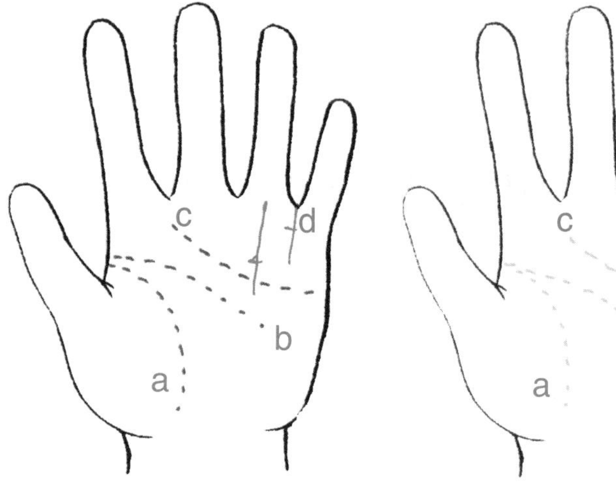


## 五、接太陽線的財運線

接太陽線的財運線，就是跟太陽線的支線相連，表示本身的財運不錯，常常有意外偏財，或是獲得有利的資訊，而有掌握賺錢的機會，事業上，由於腦筋動得快，很適合經營正副業，通常會順利進行，收入將會很可觀。

## 六、橫紋劃過的財運線

橫紋劃過的財運線，就是橫紋切過太陽線跟財運線，表示為人容易招搖，出外容易惹禍，行為舉止要節制檢點，否則會被名聲給拖累，財運上，要注意小人的覬覦，錢財盡量不要露白，免得麻煩找上門。

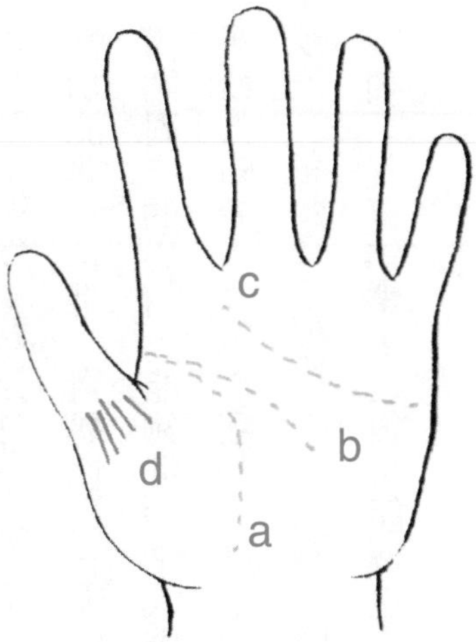

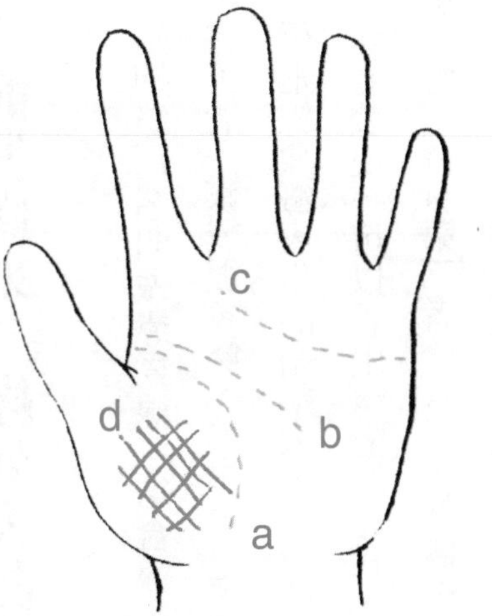

## 七、拇指根部的財運線

拇指根部的財運線，就是有許多直紋聚集出現，表示做事勤奮、腳踏實地，會開創自己的事業，加上能貫徹個人意志，達到致富的目的，財運上，會妥善運用投資理財，多半有置產的傾向，生活優渥無缺。

## 八、金星丘上的財運線

金星丘上的財運線，就是出現直橫紋交錯，形成井字一樣的形狀，別名叫做德性紋，表示先天福報、家境優渥，能夠享受物質生活，加上善於應對進退，人際關係良好，能獲得眾人回報支持，財產能夠日益增加。

## 捌、前世修來、緣分天註定的婚姻線

婚姻線別名叫做戀愛線、結合線、家風紋，位置在感情線上方，由手掌邊平行延伸，有可能一條或很多條，但也不一定有，有的話就叫做婚姻線。

婚姻線象徵人生的婚姻大事，對於男女戀愛的觀念，或戀愛過程的情況，以及性功能方面的表現，可以看出戀愛的方式、結婚的時間、夫妻性生活如何、夫妻相處的溝通狀況、會不會有第三者介入，或外遇婚外情的情形。

良好的婚姻線，就是特別明顯深長、顏色紅潤的紋路，表示身體健康，生殖系統正常，性功能非常正常，對異性具有吸引力，談起戀愛會比較順利，懂得配合對方的節奏、體貼對方的心情，能夠攜手步入婚姻，婚後家庭較幸福美滿，反之，不良的婚姻線，短淺、斷裂、分岔、多條平行，表示身體機能有問題，有縱慾過度的現象，性功能會比較差，戀愛交往複雜、貞操觀念淡薄，經常更換對象，而無法安定下來，情侶容易爭執吵鬧，就算結婚，也很可能個性不合，或是遭到第三者介入，破壞原本家庭的和諧。

## 捌、婚姻線

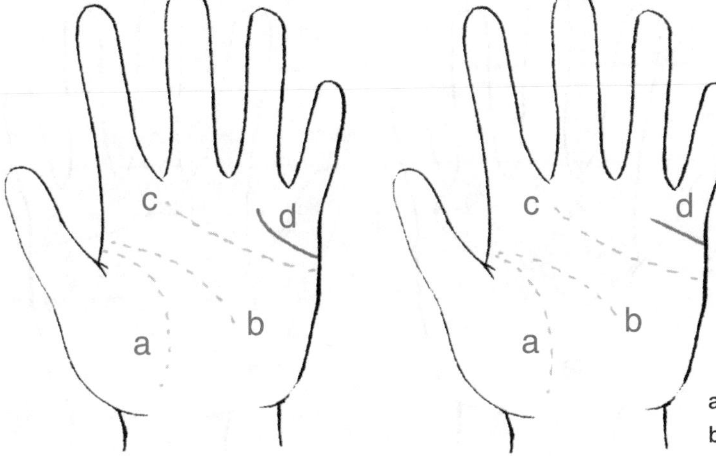

a：生命線
b：理智線
c：感情線
d：婚姻線

### 一、清晰深長的婚姻線

清晰深長的婚姻線，就是位於小指的下方，表示感情交往過程穩定，很少遇到阻礙、煩惱，結婚後婚姻幸福美滿，配偶的條件多半很理想，能夠對自己有幫助，彼此的溝通良好，家庭氣氛和樂，夫妻可以白頭偕老。

### 二、尾端上揚的婚姻線

尾端上揚的婚姻線，就是尾端的部分往無名指靠近，表示異性緣良好，感情交往順利，對方的條件不錯，結婚以後，能增加名聲跟財富，不過，若呈現倒勾狀，則表示運勢每況愈下，婚姻漸漸生變，情況變得不理想。

## 三、長度過長的婚姻線

長度過長的婚姻線，位置幾乎到達中指的下方，表示很重視感情交往、對婚姻有神聖態度，但由於太過理想化，會產生感情上的潔癖，整天疑神疑鬼的，反而讓對方受不了，經常會有衝突、口角，婚姻不一定能長久。

## 四、朝下穿越的婚姻線

朝下穿越的婚姻線，就是婚姻線朝下穿越感情線，表示原本的感情穩定，也論及婚嫁的程度，但是中途卻發生意外變故，導致兩人無法結合，或是已經結婚，但結果卻是發生悲劇，留下令人感傷的遺憾。

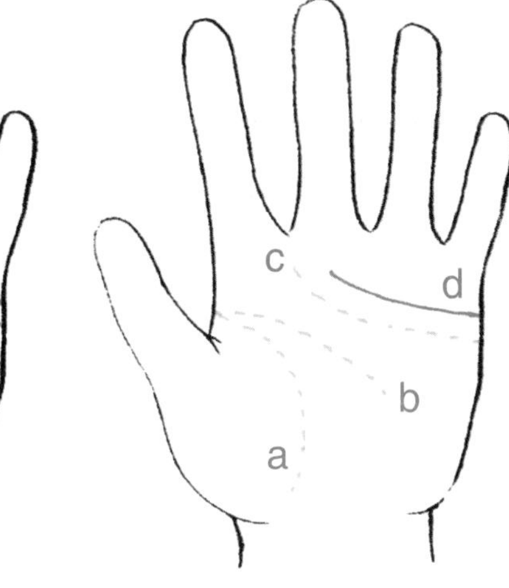

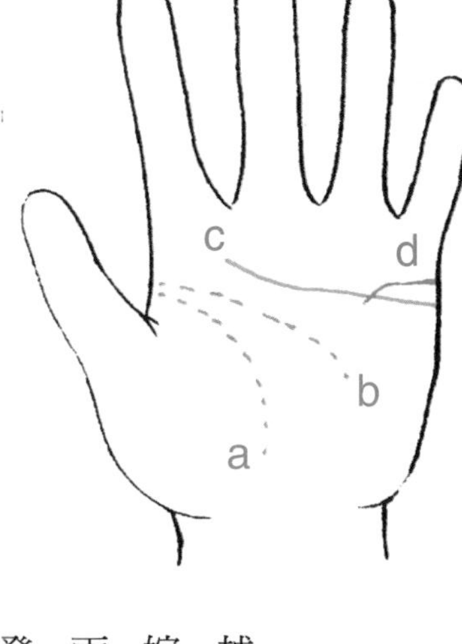

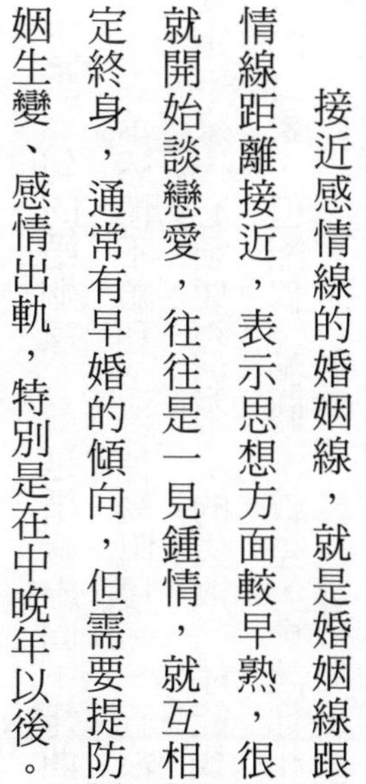


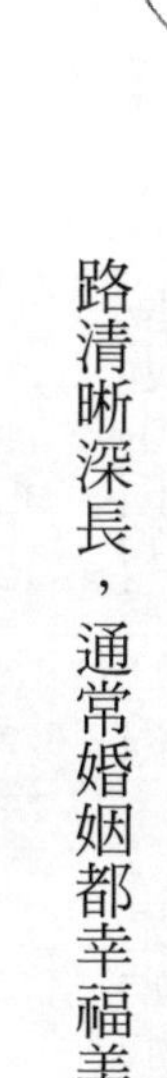


## 五、接近感情線的婚姻線

接近感情線的婚姻線，就是婚姻線跟感情線距離接近，表示思想方面較早熟，很早就開始談戀愛，往往是一見鍾情，就互相約定終身，通常有早婚的傾向，但需要提防婚姻生變、感情出軌，特別是在中晚年以後。

## 六、位置適中的婚姻線

位置適中的婚姻線，就是位於小指跟感情線中間，表示早年認真於學業上，不會急著想要談感情，等到進入社會工作，經濟情況穩定以後，才會考慮要戀愛結婚，只要紋路清晰深長，通常婚姻都幸福美滿。

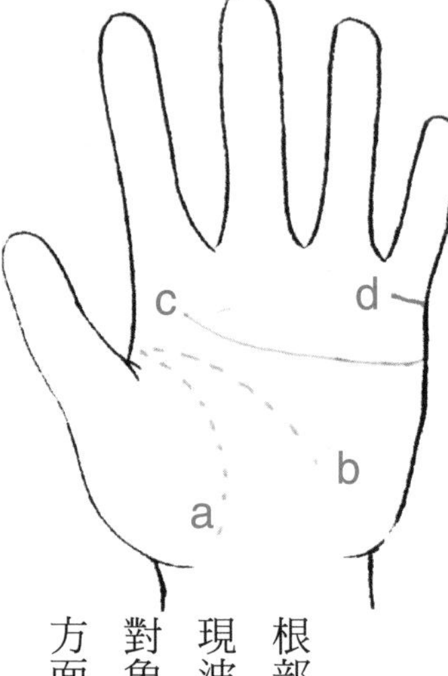


## 七、接近小指的婚姻線

接近小指的婚姻線，就是婚姻線靠近小指的根部，表示為人孤僻、異性緣較差，戀愛經常出現波折，導致沒有實際結果，會有不停更換交往對象的可能，結婚的對象方面，通常條件跟年齡方面，也容易會有一段落差。

## 八、下垂如勾的婚姻線

下垂如勾的婚姻線，就是婚姻線向下彎曲如倒勾，表示感情不順利，過程受阻擾，一直沒辦法安定下來，必須要經過數次的失敗，才能找到適合的對象，但配偶身體狀況較差，會讓你相當的操心、煩惱。

## 九、長短不一的婚姻線

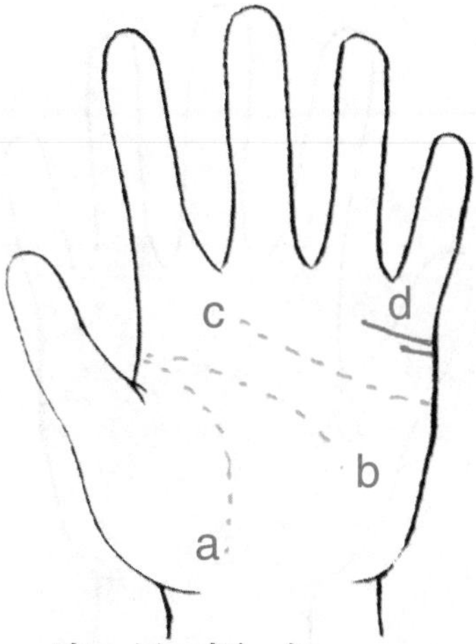

長短不一的婚姻線，就是兩條婚姻線出現，但是長度卻不一致，表示容易有感情方面的困擾，不知道該如何選擇，使得情緒容易波動，若是上長下短，則先交往的對象不長久，會跟後者交往結合，若反之，則婚後要注意異性的騷擾。

## 十、數目眾多的婚姻線

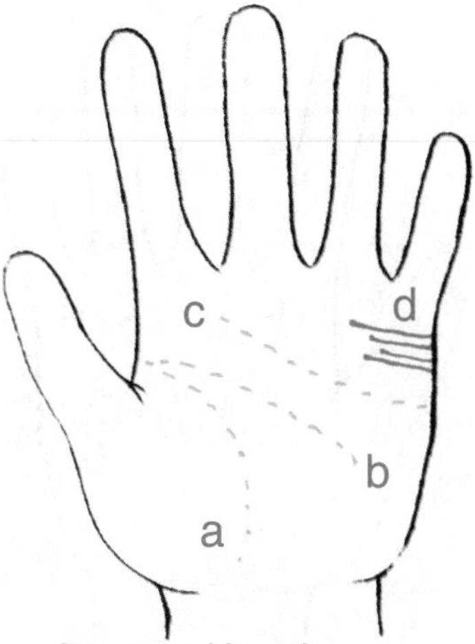

數目眾多的婚姻線，就是有三條以上紋路同時出現，表示對異性很早就有興趣，容易陷入感情漩渦，但往往喜新厭舊，態度不是很認真，有三角戀情的情況，若早婚的話，恐怕婚姻不理想，會有第三者介入糾纏，導致離婚的可能。

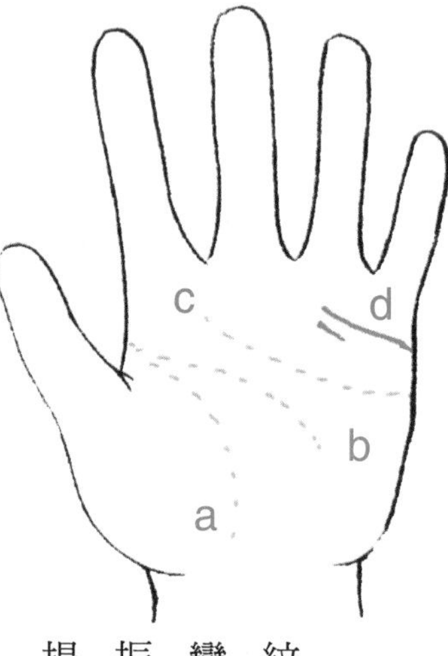


## 十一、輔線平行的婚姻線

輔線平行的婚姻線，就是婚姻線旁有平行的紋路，表示曾經有過美好的戀情，但中途卻發生變故，感情受到了嚴重的打擊，不過很快就能夠振作起來，接受另一段美好感情，女性方面，要提防已婚男性的騷擾。

## 十二、直紋阻隔的婚姻線

直紋阻隔的婚姻線，就是尾端出現直紋阻隔，表示感情不順、姻緣薄弱，交往過程波折阻礙，而沒辦法有結果，得不到眾人的祝福，或是結婚以後，才發現彼此個性不合、觀念歧異，溝通上會有嚴重的隔閡。

## 十三、呈現中斷的婚姻線

呈現中斷的婚姻線，就是婚姻線上有缺口產生，表示愛情運勢先熱後冷，剛開始很甜蜜，但漸漸就疏遠冷淡，而再也沒有交集，雙方會選擇分手一途，婚姻上，會有許多溝通的問題，或是中途發生變故，導致婚姻狀況走下坡。

## 十四、中斷並行的婚姻線

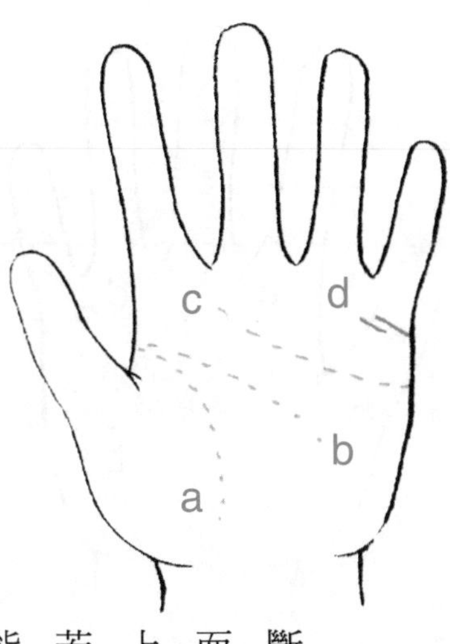


中斷並行的婚姻線，就是原本的婚姻線中斷，但旁邊卻有輔線出現，表示感情容易生變，而產生煩惱、困擾，最好不要太早結婚，婚姻上，容易有爭執吵鬧，彼此會有冷戰的現象，但若能放下身段、協調溝通，仍有重修舊好的可能。

## 十五、細紋朝下的婚姻線

細紋朝下的婚姻線，就是婚姻線有許多支線朝下，表示婚姻情況不理想，感情日漸冷淡，彼此缺乏熱情火花，需要重視生活情趣，或增添浪漫氣氛，否則將影響家庭的幸福和樂，配偶的健康不佳，也要多注意關心。

## 十六、交錯複雜的婚姻線

交錯複雜的婚姻線，就是婚姻線有許多紋路交錯，表示感情運勢不理想，交往當中有許多挫折，留下不美好的回憶，婚姻方面，雖然彼此能夠結合，但婚後會產生波折，需要攜手共度難關，才能夠長長久久。

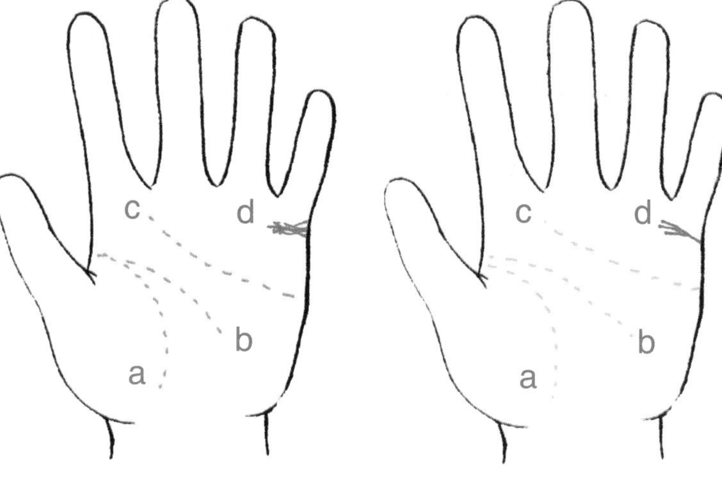

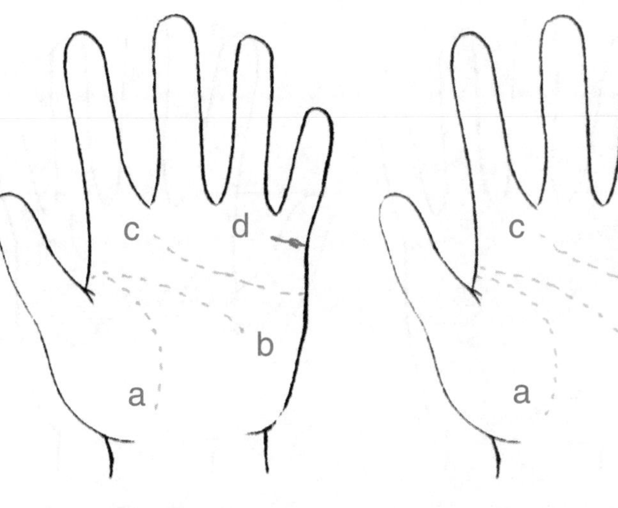


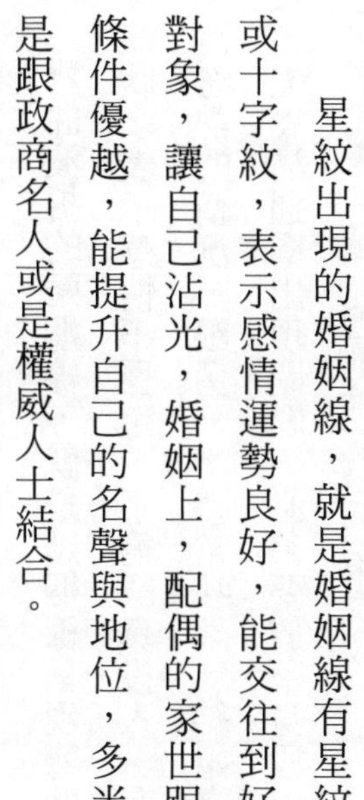

## 十七、星紋出現的婚姻線

星紋出現的婚姻線，就是婚姻線有星紋或十字紋，表示感情運勢良好，能交往到好對象，讓自己沾光，婚姻上，配偶的家世跟條件優越，能提升自己的名聲與地位，多半是跟政商名人或是權威人士結合。

## 十八、島紋出現的婚姻線

島紋出現的婚姻線，就是婚姻線上有島紋顯現，表示感情受到阻礙，而沒有辦法持續，或是遭受他人的干涉，使得彼此無法結合，結婚之後，婚姻情況會有變數，容易有第三者介入，卻遲遲難以解決，產生許多無奈與煩惱。

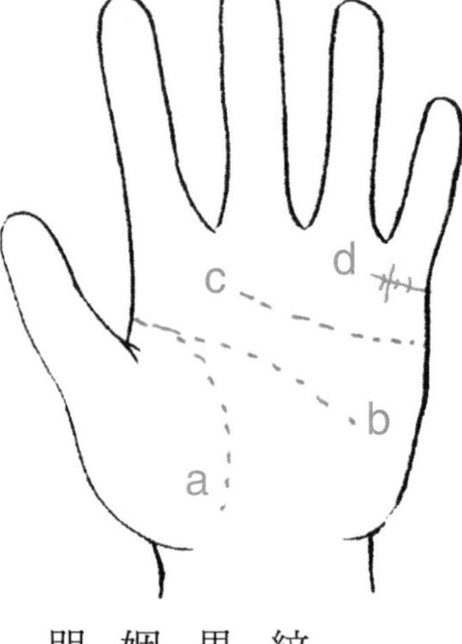


## 十九、細紋切過的婚姻線

細紋切過的婚姻線，就是婚姻線有許多直紋切過，表示感情容易無疾而終，沒有什麼結果，往往錯失大好的良緣，而得不到幸福的婚姻，必須要加緊腳步努力，拜託身邊的親戚、朋友幫忙，說不定有機會能尋找到伴侶。

## 二十、彎曲波折的婚姻線

彎曲波折的婚姻線，就是婚姻線呈現彎曲波浪狀，表示感情不穩定，不夠認真投入，有忽冷忽熱的情況，跟另一半時常吵架，結婚之後，夫妻溝通會出現問題，必須要放下身段、心平氣和來商量，否則婚姻恐怕不長久。

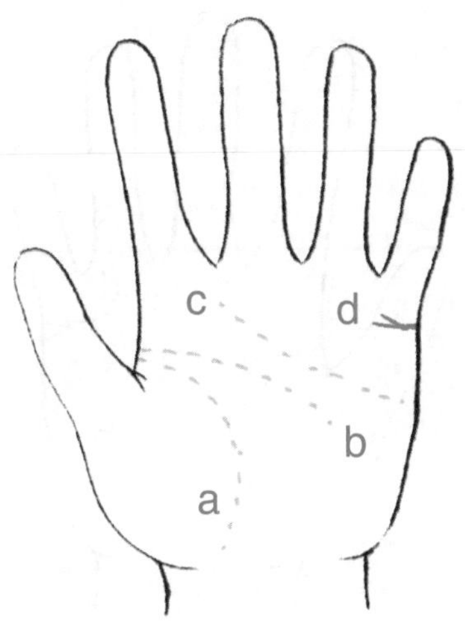


## 二十一、鎖鏈形狀的婚姻線

鎖鏈形狀的婚姻線，就是婚姻線呈現鎖鏈狀，表示感情運勢較差，但又非常的執著，聽不進別人建言，等到彼此步入禮堂，才發現個性有差異，觀念無法溝通，很想要離婚收場，又無法當機立斷，造成兩人的痛苦及負擔。

## 二十二、尾端分岔的婚姻線

尾端分岔的婚姻線，就是婚姻線尾端分岔成兩條支線，表示感情方面聚少離多，可能是遠距離的交往，或是異國的戀情，結婚之後，夫妻因工作的緣故，恐怕會有分居的情況，而影響到感情的親密度。

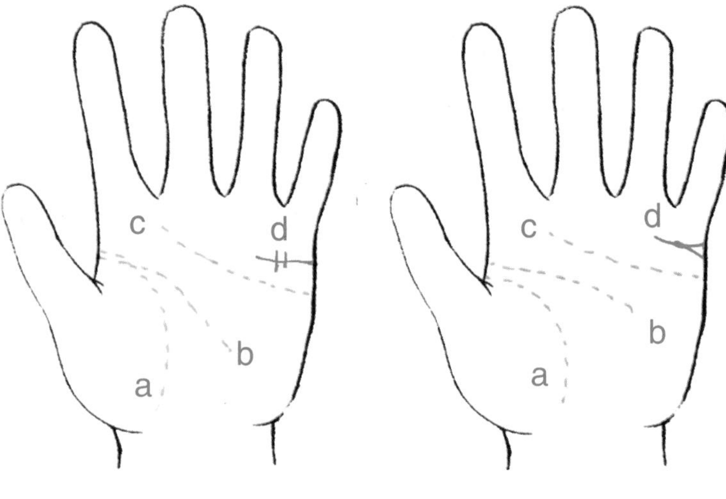


## 二十三、前端分岔的婚姻線

前端分岔的婚姻線，就是開頭兩支線結合成一條婚姻線，表示戀愛過程有波折，同時有兩個對象在追求，而難以選擇其中之一，或是途中遭遇到變故，感情有受挫打擊的可能，但最後能漸入佳境，有幸福美好的結局。

## 二十四、下垂直切的婚姻線

下垂直切的婚姻線，就是婚姻線下垂且有直紋切過，表示容易遭受外打擊，使得感情婚姻不理想，恐有生離死別的現象，必須承受莫大的壓力，會有一段痛苦的煎熬，而配偶的身體多半不好，必須要特別注意。

## 二十五、掃把形狀的婚姻線

掃把形狀的婚姻線，就是婚姻線尾端有數條分散的支線，表示為人感情風流，善於追求異性，但是由於用情不專，經常招惹麻煩、糾紛，婚後，夫妻容易為了小事情而爭吵，影響到感情的穩定發展。

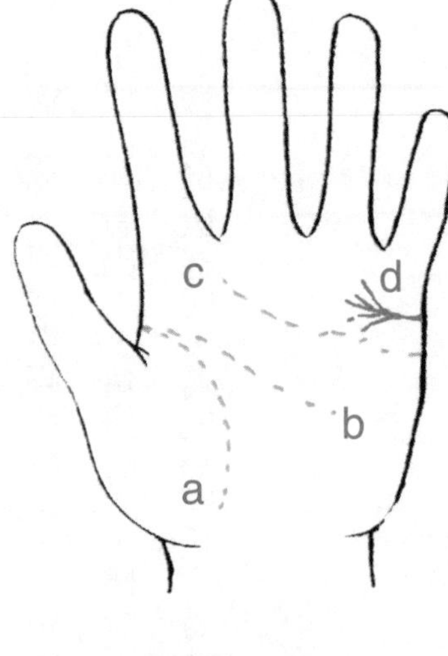

## 玖、趨吉避凶、疾厄無所遁的健康線

健康線別名叫做疾病線、癸儀紋、不健康線，又因為跟肝臟有關，所以也有肝臟線之稱，通常起點在地丘上，朝水星丘延伸，不太會超過感情線。

健康線是判斷身體健康的依據，一般而言，若沒有健康線的話，表示身體比較健壯，各方面機能正常，沒有什麼太大問題，而且健康的人就算有的話，也是短淺、不明顯，不會跟生命線或感情線接觸，若健康線深長、明顯的話，代表健康情況不佳，已經出現了毛病徵兆，要懂得趕快調養，或做健康檢查，才能避免疾病的發生。特別是肝臟方面，可以從此看出來，負擔越大、機能不正常的話，紋路線條就越明顯，不可以等閒視之，在觀看健康線時，若能跟掌丘、膚色、指甲三大主線來對照，那將更能提高準確性。

# 玖、健康線

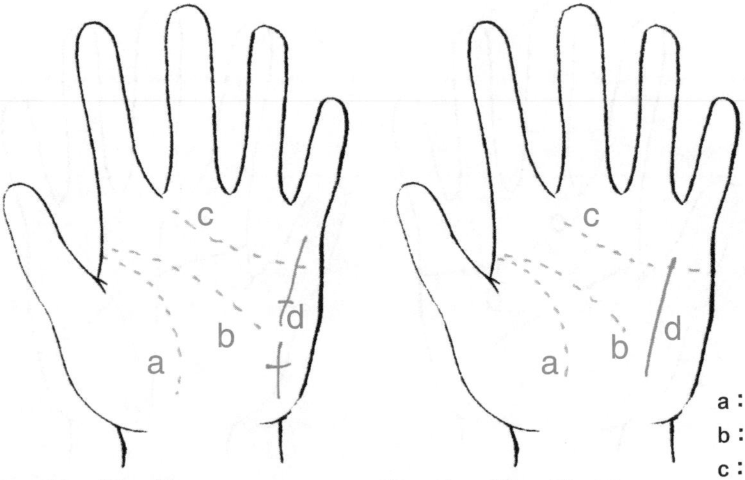

a：生命線
b：理智線
c：感情線
d：健康線

## 一、深長清晰的健康線

深長清晰的健康線，由小指下方延伸至掌心，表示個人健康良好、體能充沛，能夠從事較長時間的工作，不過一般來說，若原本沒有健康線的話，身體機能也是健康正常的，但若突然冒出健康線，就代表過於疲倦操勞，要注意飲食作息。

## 二、月丘十字的健康線

月丘十字的健康線，就是靠近月丘的位置，健康線上有十字紋路，表示為人心思敏銳、想法迅速，對於新奇的事物，會有濃厚的興趣，通常對神秘主義有了解，身體方面，小毛病會比較多，要特別的注意，以防變為大病。

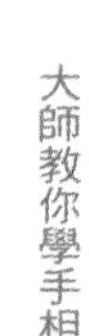

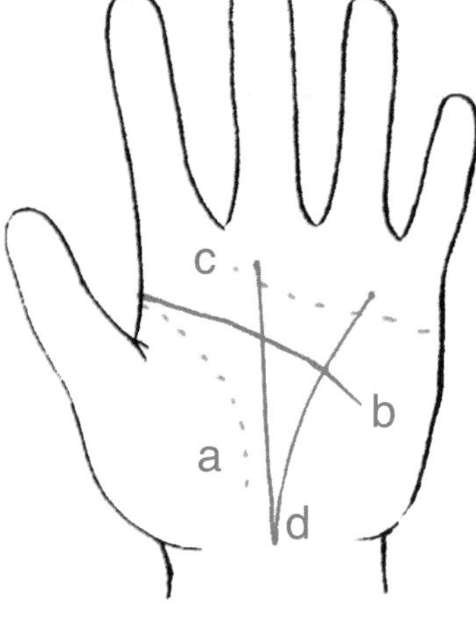


## 三、連結成三角形的健康線

連結成三角形的健康線，就是健康線跟事業線、理智線形成三角形，表示天資聰穎、反應靈敏，學習能力很強，周遭貴人又多，就算遇到危險困難，也都能安然度過、化險為夷，經過挫折失敗之後，能有更上一層樓的表現。

## 四、連接感情理智的健康線

連接感情理智的健康線，就是健康線的兩端，連接感情線跟理智線，表示個性固執、不懂變通，跟人溝通上會有問題，不太容易協調，是非糾紛也多，身體上，要注意心臟的毛病，以及用腦過度的現象。

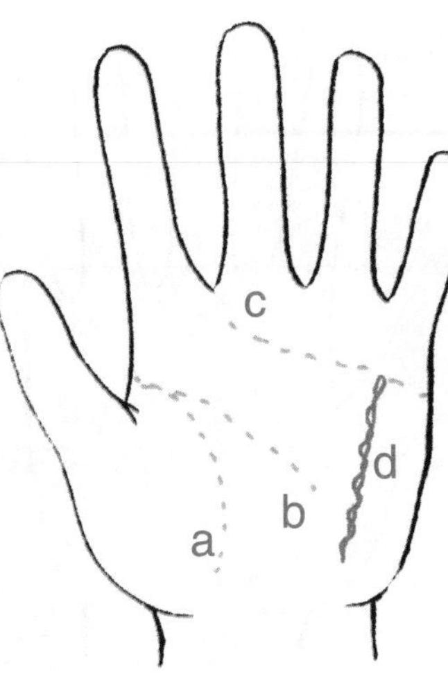


## 五、鎖鏈形狀的健康線

鎖鏈形狀的健康線，表示為人經常操勞、身體疲倦不適，若不懂得即時保養，將會有慢性疾病的產生，最好能夠定期檢查，身體上，抵抗力較差，若生病的話，身體比較慢恢復，會有拖延的情況。

## 六、斷斷續續的健康線

斷斷續續的健康線，就是斷斷續續不明顯的紋路，表示為人體質虛弱、抵抗力較差，很容易有過敏或小毛病產生，事業上，有過度疲勞的現象，工作效率降低，凡事心神不寧，很容易情緒化，帶有神經質的可能。

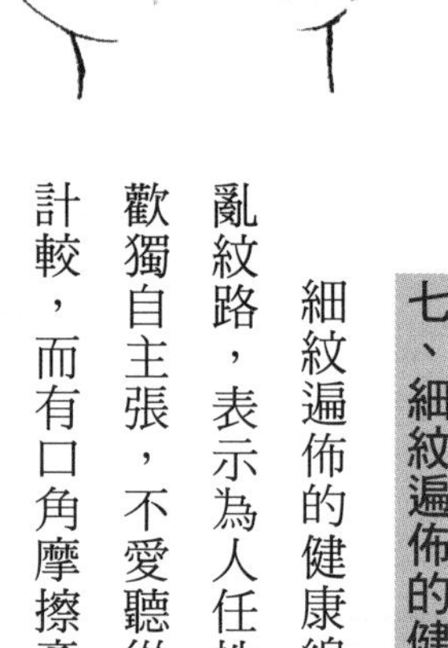


## 七、細紋遍佈的健康線

細紋遍佈的健康線，就是健康線出現雜亂紋路，表示為人任性驕縱、不易合群，喜歡獨自主張，不愛聽從建言，常跟人家斤斤計較，而有口角摩擦產生，身體上，容易有體力衰退、神經衰弱的傾向。

## 八、中斷分岔的健康線

中斷分岔的健康線，就是健康線有中斷或分岔的情況，表示健康情況每況愈下，會有突然發病的可能，要留意身體的警訊，事業上，要注意職場的安全，避免危險的操作，出外交通要謹慎，防止血光之災的發生。

# 拾、夜夜笙歌的放縱線、奔波勞碌的異動紋

放縱線別名叫做情慾線、副健康線，是從太陰丘出發，朝金星丘延伸的紋路，有些時候會穿過生命線，也有些會在地丘的時候，就往手腕線方向彎去。

放縱線跟健康線差不多，是用來判斷身體健康的，如果身體機能不正常，就會出現放縱線，越多條紋路的話，情況就越嚴重，表示為人精力受損、消耗過度，影響到正常的作息，特別是腎臟方面，有一定程度的關聯，很可能是菸酒中毒、濫用藥物，或是長期失眠、情慾放縱不節制，或是太過操勞、休息時間不足，都可以從放縱線觀察出來。

# 拾、放縱線、異動紋

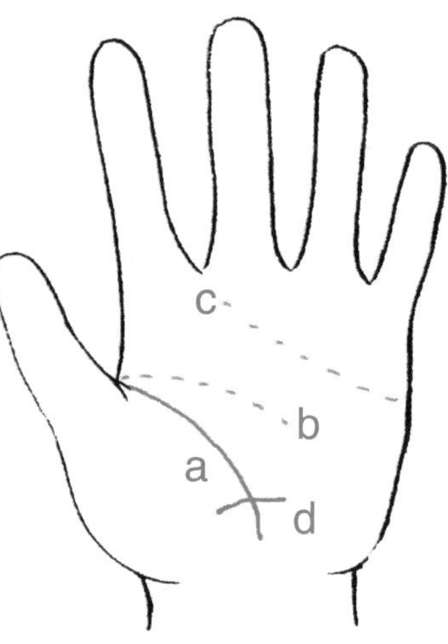


c
b
a
d

a：生命線
b：理智線
c：感情線
d：放縱線
　 異動紋

## 一、掌中明顯的放縱線

掌中明顯的放縱線，就是在手掌邊緣的弧狀紋路，表示個人的慾望所在，太過明顯、深長清晰，則有沉迷物慾的可能，通常作息日夜顛倒，有酗酒或嗑藥的情況，奢侈浪費不知節制，人生波折起伏很大。

## 二、短淺細小的放縱線

短淺細小的放縱線，就是紋路細微不太清晰，表示雖然有一些不良嗜好，但是懂得自我節制，不會長期沉迷其中，能重新導回到正途，但若細紋橫切過生命線，那麼必須要經歷痛苦折磨，才能夠即時醒悟、痛改前非。

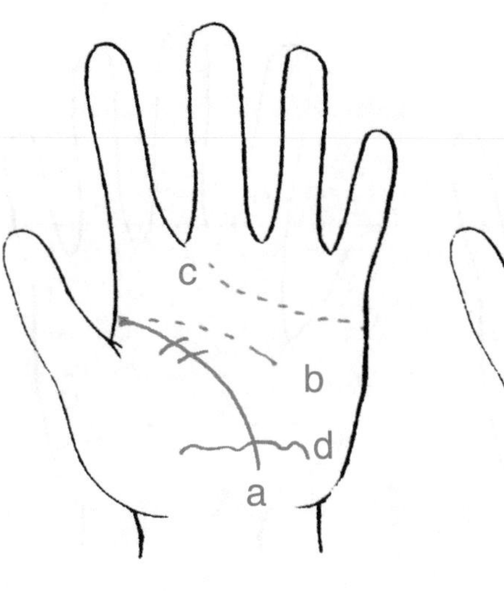

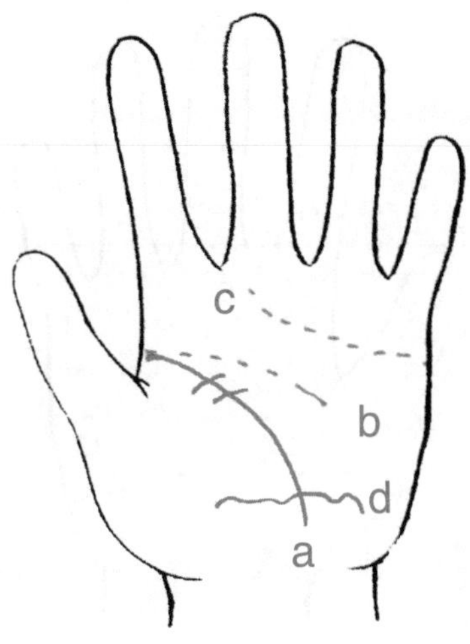


## 三、月丘旁邊的放縱線

月丘旁邊的放縱線，就是處於月丘跟生命線橫紋的，表示生活作息不正常、為人有許多壞習慣，特別是喜歡燈紅酒綠的夜生活，常常弄得身心俱疲、毛病不斷，但卻無法自拔，有執迷不悟的現象，影響到人際關係跟事業財運。

## 四、彎曲波折的放縱線

彎曲波折的放縱線，就是彎曲的紋路，或劃過生命線的雜紋，表示精神狀況不太穩定、有神經衰弱的現象，人際關係上容易溝通不良，產生許多糾紛、困擾，需要他人的介入幫助，否則會有衝動或想不開的傾向。



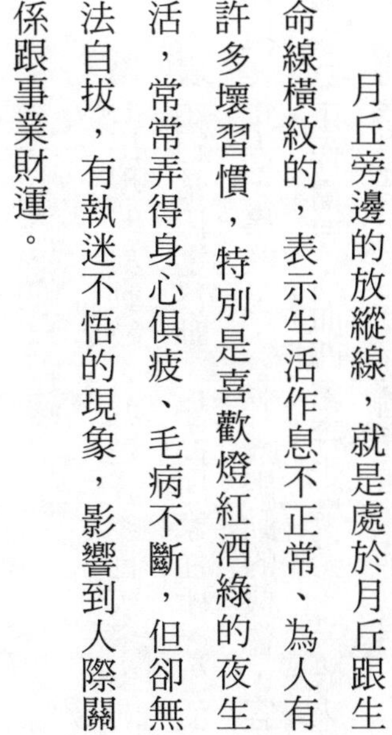

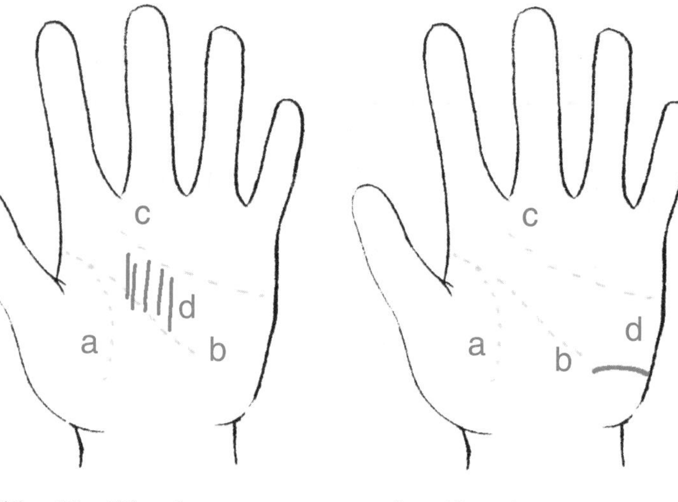


## 五、明顯平直的異動紋

明顯平直的異動紋，就是在手腕上方，月丘附近的橫紋，表示為人奔波勞碌、經常變換地點，從事業務推銷的工作，或是到各地出差、旅遊，很少留在家裡面，但若紋路雜亂，有分支細紋，則心神不寧、旅途勞累。

## 六、掌心出現的異動紋

掌心出現的異動紋，就是許多直紋聚集向上，表示經常搬遷移動、變換居家住所，生活環境變化大，事業上，有升遷調動的機會，容易因為工作需要，而四處奔走勞累，一般來說，此線不常出現，異動過後通常就會消失。

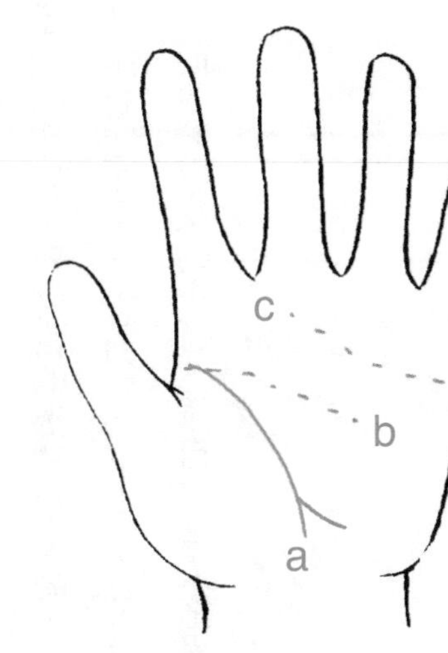


## 七、生命線上的異動紋

生命線上的異動紋，就是生命線尾端有分岔出現，表示有搬遷的現象，多半是中晚年以後容易發生，有移居海外的可能，或是長年在異鄉工作，而想要落地生根，但若紋路太過雜亂，則有奔波辛苦的現象。

## 八、金星丘旁的異動紋

金星丘旁的異動紋，就是金星丘旁有朝上的直紋，別名叫做異路紋，表示很早離鄉背井到外地去發展，雖然過程辛苦，但終究能成功，有異鄉發達的可能，但若紋路雜亂，則表示徒勞無功，挫折失敗較多。

# 拾壹、渴望追求、勇於嘗試的手腕線

手腕線別名叫做腕褶線、手頸線、手首線，位於手掌的根部，通常會出現一至三條左右，環繞在手腕上，是手掌跟手臂的分界。

手腕線可以了解健康情況，以及為人的企圖心、敏感度，對於財富、名譽的追求手段。良好的手腕線，清晰、完整、沒有雜亂，表示身體非常健康，神經系統靈敏，做事情充滿活力，反應也夠迅速，企圖心強烈，會追求卓越，是適合領導管理的人士，會展現鐵腕的作風，對財富的渴望也很高，反之，手腕線若破裂、間斷、紋路雜亂，表示身體健康有問題，意志力不夠堅定，常常力不從心，無法持續到底，容易受到影響、慫恿，而改變原來的主意，讓自己被人拖累，而連帶遭受損失，不太能守得住財富。



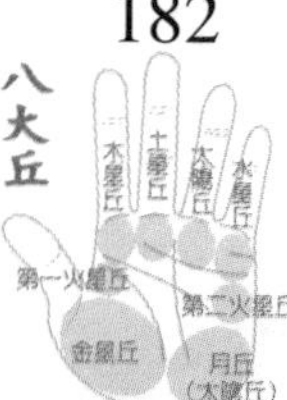

# 拾壹、手腕線

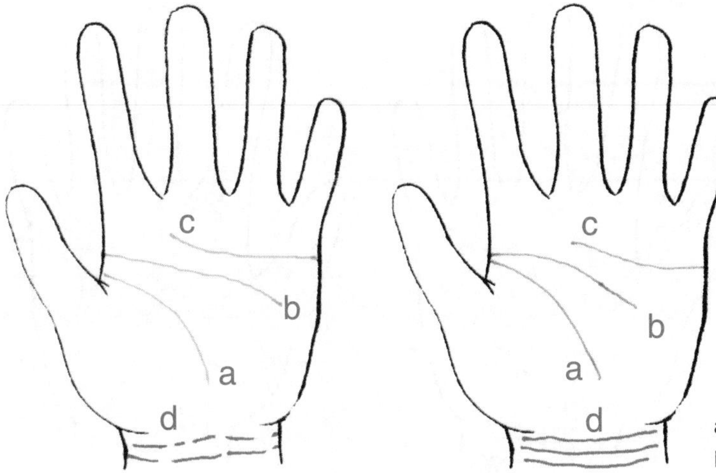

a：生命線
b：理智線
c：感情線
d：手腕線

## 一、清晰平直的手腕線

清晰平直的手腕線，就是位於手腕上的二、三條橫線，表示個人身體健康、思考周密，若清晰平直的話，則身體非常健康，懂得掌握趨勢，規畫生涯發展，能按部就班行事，慢慢闖出名聲、順利累積財富。

## 二、斷斷續續的手腕線

斷斷續續的手腕線，就是紋路不明顯且中斷不連續，表示為人健康情況不佳，身體有某些慢性疾病，影響到體力與精神，事業上，容易感覺疲倦，無法貫徹目標，績效每況愈下，有心有餘而力不足的現象。

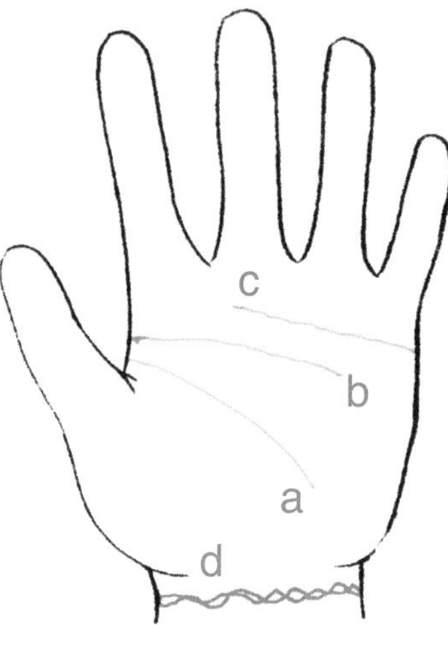


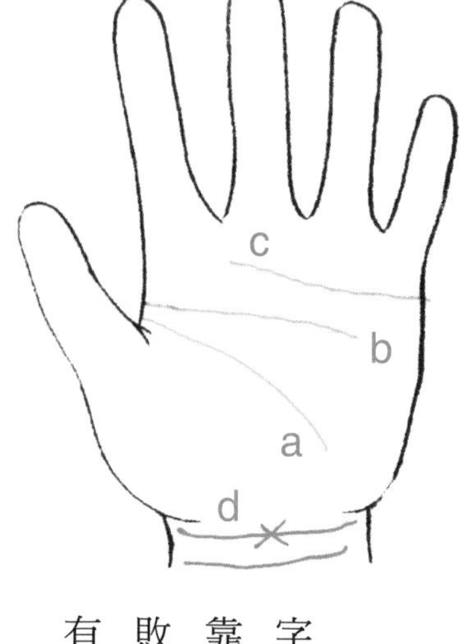


## 三、呈鎖鏈狀的手腕線

呈鎖鏈狀的手腕線，表示為人謹慎小心、思考多慮，對人比較不信任，不太放心交負他人，通常會事必躬親、不假手他人，但由於欠缺額外幫助，過程會比較辛苦、勞累，但最終還是會有成果，可以安然的享受。

## 四、有十字紋的手腕線

有十字紋的手腕線，就是手腕線上出現十字型的紋路，表示家境較差、早年辛苦，需要靠自己謀生，凡事辛勤多勞，事業上，遇到失敗挫折較多，但可以藉此磨練意志，然後才能有所成就，有偏愛宗教或心靈事物的傾向。

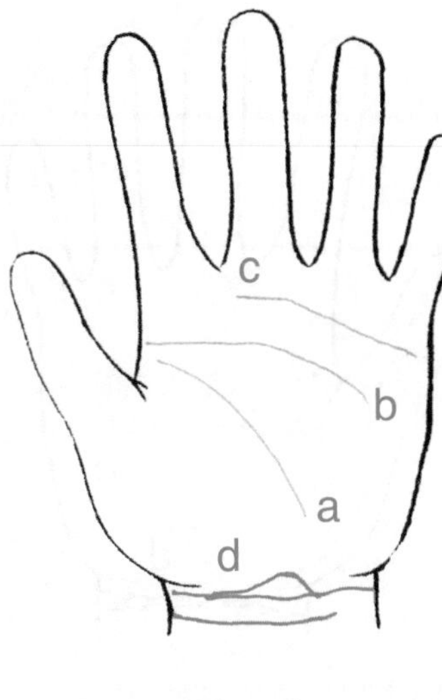


## 五、有三角形的手腕線

有三角形的手腕線，就是手腕線呈現三角形的形狀，表示為人聰穎、喜好冒險，很有探究神秘事物的精神，而且還頗有心得感想，可以妥善發揮運用，靈感直覺通常準確，所以有投機運，偏財運的手氣特別好。

## 六、拱成弧狀的手腕線

拱成弧形的手腕線，就是手腕線上方呈現弧狀，表示身體健康要注意，內臟機能多半出現問題，或是有經年累月的宿疾，不宜太過操勞疲倦，以免引發相關疾病，婦女方面，則有生理疼痛的問題。

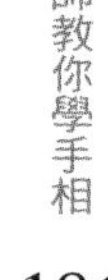

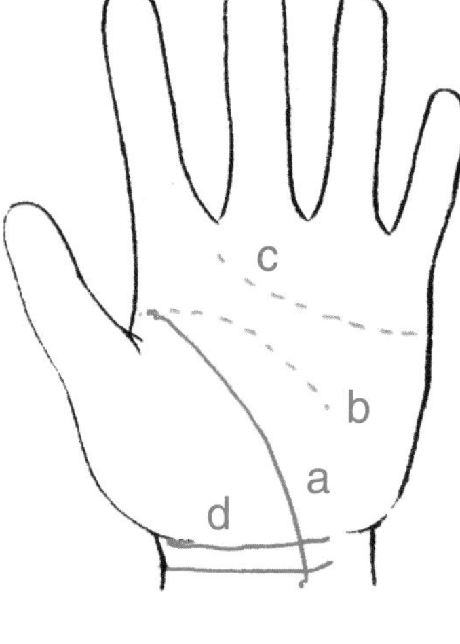


## 七、健康線劃過的手腕線

健康線劃過的手腕線，表示身體體質衰弱、從小多病痛疾病，要注意飲食作息，以免演變成嚴重疾病，男性方面，要避免沉迷酒色、縱慾過度，才不會導致健康受損，影響到家庭幸福與事業進展。

## 八、雜亂細小的手腕線

雜亂細小的手腕線，就是手腕線產生許多分支紋路，表示體力欠佳、精神不足，睡眠方面可能有困擾，導致無法入睡休息，神經有衰弱的現象，若為女性的話，會有婦科的疾病，生孕方面恐怕會有困難。

# 拾貳、千變萬化、隨機出現的掌中記號

掌中記號就是一些紋路看起來像是符號一樣，會隨機出現在手掌當中，通常跟人的生理、心理狀況有關聯，會間接影響到個人運勢，對於事業、財富、感情、健康有相當程度的決定力量。

掌中符號各有其隱藏的意義，可以獨立來參考判斷，也可以配合紋路或丘位來解釋，有些符號會增加破壞力量，像是星紋、島紋、鎖鏈紋、斑點，有些則是有修補的作用，像是三角紋、方格紋、圓形紋等等，不過還是要先看紋路的趨勢，再配合符號來論斷，會比較不容易差錯，跟符號距離較近紋路，作用力會比較明顯，而離開若超過一公分，就比較沒有影響力。

## 拾貳、掌中記號

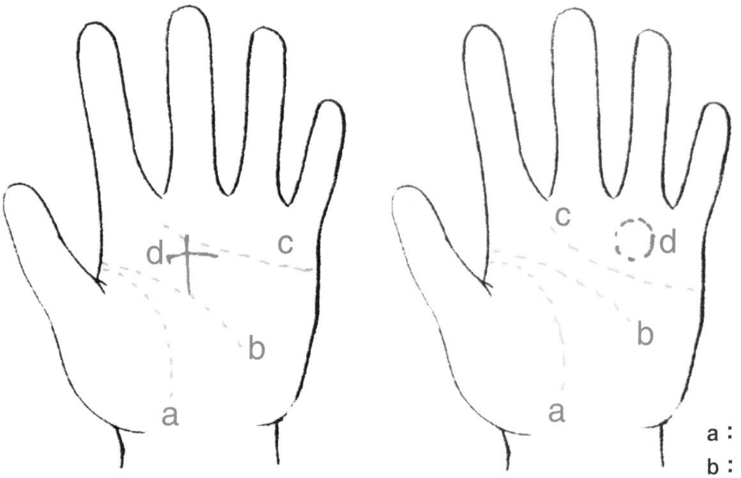

a：生命線
b：理智線
c：感情線
d：環行紋

### 一、無名指下的環行紋

無名指下的環形紋，就是無名指下的太陽丘有環形紋，表示為人能夠獲得地位與名聲，特別是在中年以後，事業能夠獲得進展，享有豐碩的成果，但環形紋不宜出現在其他部位，反而代表招惹災禍上門。

### 二、掌心明堂的十字紋

掌心明堂的十字紋，就是掌心出現或大或小的十字紋，表示有特殊的興趣偏好，對於醫學跟宗教若能深入研究，將可以獲得不錯的成果，讓人羨慕、欽佩，但不宜出現在主線上，反而代表煩惱叢生的意思。

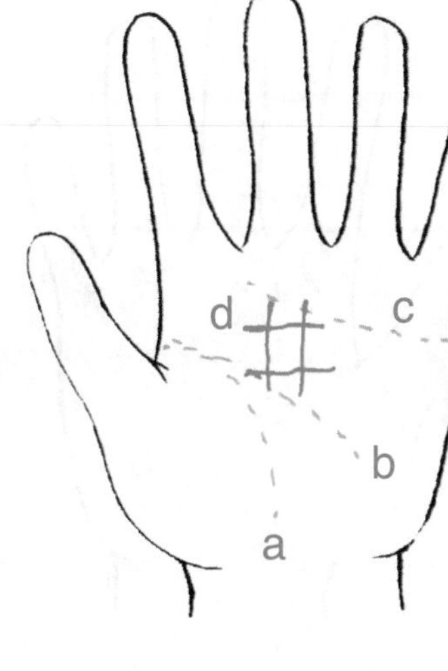


## 三、掌中出現的井字紋

掌中出現的井字紋，就是掌中出現或大或小的井字紋，表示出外雖然遭遇凶險，但卻能夠化險為夷，平安度過眼前危機，但井字紋不宜有其他紋路劃過，這樣反而表示不吉利，會有橫生枝節的情況出現。

## 四、掌中主線的三角紋

掌中主線的三角紋，就是由主線連結而成的三角形紋路，表示增加力量的意思，能使情況變得更好，也表示能夠展現才華，增加吸引魅力，可以藉由奮鬥上來獲得成功，但不宜出現於感情線，感情恐有波折困擾的現象。

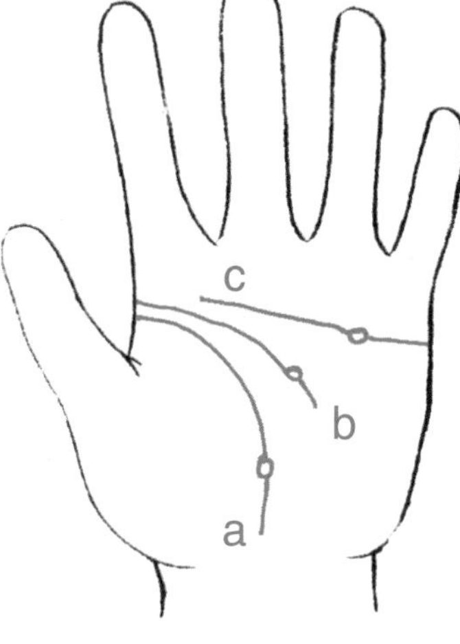


## 五、掌線出現的島紋

掌線出現的島紋，就是掌線出現或大或小的島紋，表示運勢停滯不前，情況每況愈下，有越來越糟糕的現象，最好要有事先的規畫與防範，才能降低阻礙與減少損失，對於手中各線的影響，皆是負面不理想的。

## 六、指頭下方的星形紋

指頭下方的星形紋，就是各指頭下方的丘位出現星形紋，表示能夠帶來好運，化解周遭阻礙，另原本更好的趨勢，可以持續不斷發展，但若出現在智慧線、事業線、生命線上，卻容易產生負面的效果。

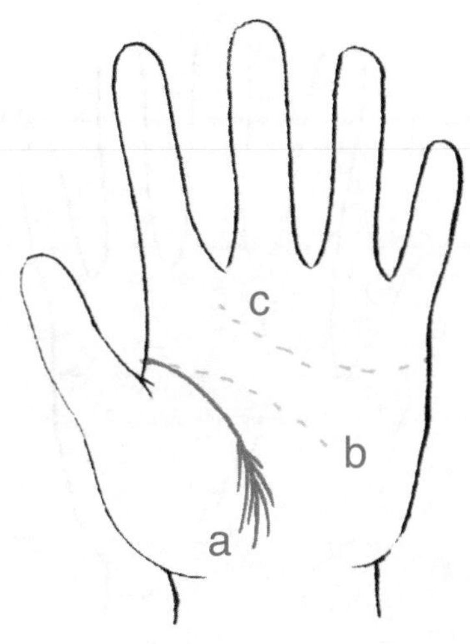
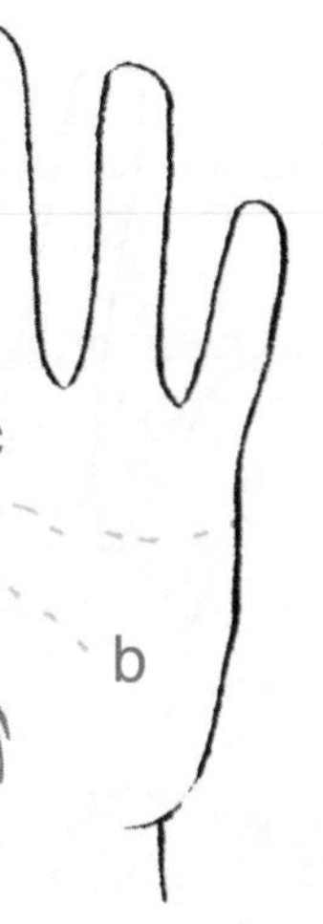
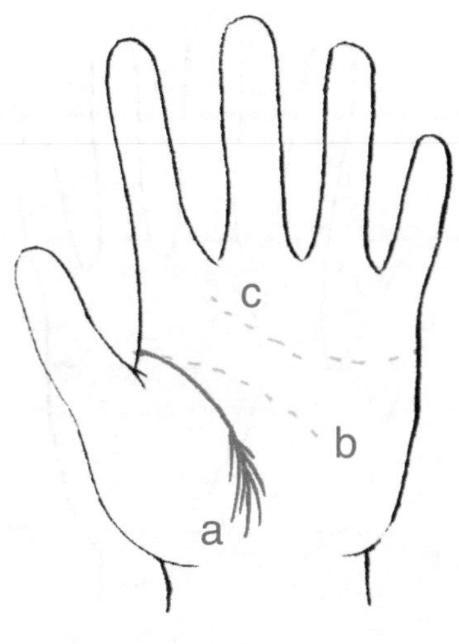


## 七、掌中主線的方格紋

掌中主線的方格紋，就是出現在主線的方格狀紋路，別名叫做保護紋，表示能夠化險為夷，躲過阻礙、災禍，減少不必要的損失，使運勢不受中斷的影響，出現在那條主線上，就代表該主線能夠發揮趨吉避凶的作用。

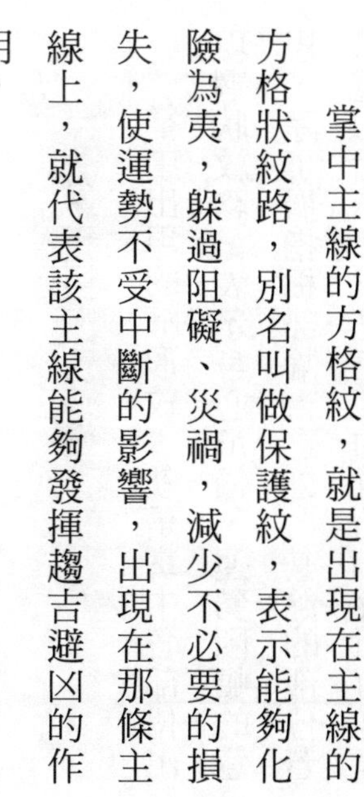

## 八、掌中主線的流蘇紋

掌中主線的流蘇紋，就是主線分岔出的許多雜紋支線，別名叫做穗形紋，表示衰弱、耗損的意思，運勢有轉弱的趨勢，要提防走下坡的情況，也表示為人腦力衰退，想法過於理想、夢幻，而顯得有點不切實際。

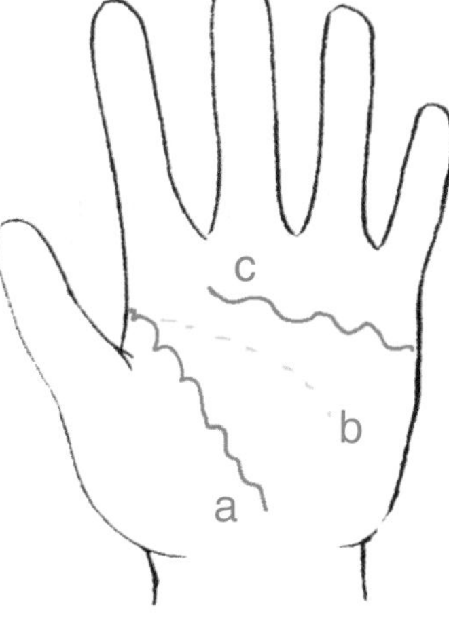


## 九、掌中出現的波形紋

掌中出現的波形紋，就是掌線有彎曲波折的情況，表示為人意志不堅定，經常三心二意，缺乏魄力勇氣，顯得優柔寡斷，必須要經過無數次的挫折失敗，身心有一番磨練之後，才能有實際的作為可言，運勢也會轉為平穩。

## 十、掌中出現的網形紋

掌中出現的網形紋，就是掌中各部位出現網狀紋路，表示身心煩惱、運勢困頓的意思，除了拇指根部論吉之外，其餘的部位若出現的話，都不是正面的幫助，反而有逆境不安的情況，必須要奔波勞碌、不得清閒。

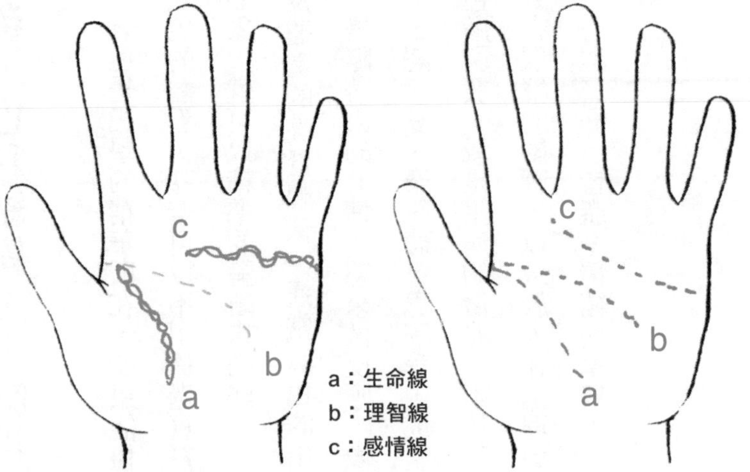
c
b
a
a：生命線
b：理智線
c：感情線
c
b
a

## 十一、掌中出現的虛線紋

掌中出現的虛線紋，就是掌中紋路不清晰像虛線般，表示意志力薄弱、欠缺充沛活力，凡事消極且悲觀、有懶散怠惰的情況，出現在任何掌線上，表示運勢逐漸減弱衰退，無法積極振作，執行貫徹的能力會降低。

## 十二、掌中出現的鎖鏈紋

掌中出現的鎖鏈紋，就是掌中紋路出現鎖鏈形狀般，表示為人容易失意沮喪、身心多煩惱糾葛，凡事執著不肯放下，導致心胸無法開闊，人生必須要經歷過諸多磨難，始能有體悟領會，而有突破現狀的契機。

# 拾參、色彩繽紛、不斷轉變的手掌氣色

氣色是相學的精華所在，如果能懂得氣色的觀看，甚至可以不用透過實質的形象，就可以精準的論斷吉凶好壞，以及運勢的高低起伏，通常氣色的出現，是隨著人的七情六慾來做反應，像是喜、怒、哀、樂、悲、思等等，或是酒色所引發，或是生病的徵兆，不然就是外在環境的影響，以致於人在生理層面、心理層面，皆產生情緒衝擊變化，

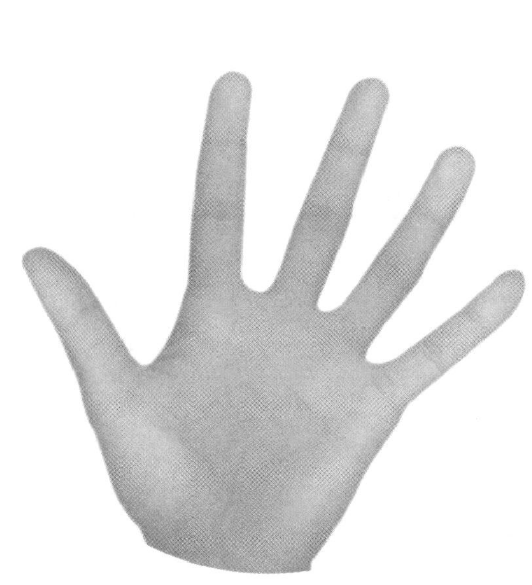

讓人體五臟六腑的機能狀況，透過氣色表現在外相上。

氣色主要分成「五行」氣色，就是紅色、紫色，由「心」發出，五行屬火；青色，由「肝」發出，五行屬木；黃色，由「脾」發出，五行屬土；白色，由「肺」發出，五行屬金；黑色，由「腎」發出，五行屬水。符合宮位或時節，所展現的氣色是吉兆，而違背宮位或時節，所發出的氣色，屬於凶兆。

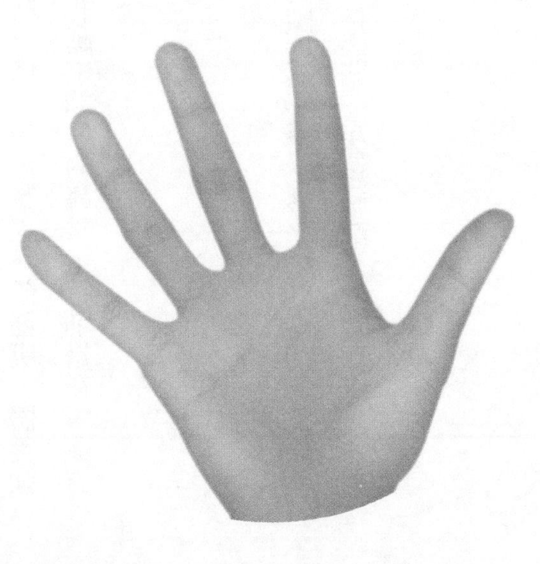

## 拾參、手掌氣色

### 一、明顯紅潤的手掌氣色

明顯紅潤的手掌氣色，就是手掌心有血色點狀分佈，表示為人身體健康、體質強健，很少生病或疾病產生，各方面的運勢不錯，有越來越好的趨勢，特別是在事業方面，很容易出人頭地，而享有名聲與地位。

### 二、枯黃黯淡的手掌氣色

枯黃黯淡的手掌氣色，表示身體健康不佳，內臟機能受損，多半是肝臟功能需要注意，盡量不要操勞過度，以免引發相關疾病，最好是能適度休息，配合飲食作息，才能轉變低落運勢，讓運勢變得更好。

## 三、赤紅遍佈的手掌氣色

赤紅遍佈的手掌氣色，就是手掌心呈現赤紅的顏色，表示個人脾氣暴躁、容易衝動行事，會惹出不必要的麻煩，常有官司訴訟的可能，錢財方面比較存守不住，身體上，要注意血管毛病，是否有血壓過高的情況。

## 四、青色遍佈的手掌氣色

青色遍佈的手掌氣色，就是手掌心浮現青筋，帶有青色的現象，表示為人容易緊張，顯得十分憂慮，做事情就很礙手礙腳，常常無法順利達成，過程當中波折較多，身體上，腸胃方面會有問題，忌吃生冷的食物。

## 五、黃白明潤的手掌氣色

黃白明潤的手掌氣色，就是手掌心明亮有光澤，表示為人運勢亨通、心想事成，做什麼事情都很順利，有貴人從旁幫助，能夠有良好的效果，身體上，復原的能力不錯，生病通常會很快的痊癒。

## 六、灰黑黯淡的手掌氣色

灰黑黯淡的手掌氣色，就是手掌心失去光澤呈現灰黑，表示運勢遇到阻礙，恐有災禍臨頭，要特別小心謹慎，最近要注意家宅的安全，以防偷盜或火災，身體上，提防突發疾病，或者意外災害，盡量避免出遠門或旅行。

## 七、蒼白枯槁的手掌氣色

蒼白枯槁的手掌氣色，就是手掌心蒼白無血絲，且無光澤則可言，表示身體上，缺乏適當運動、體能耐力欠佳，很容易感冒生病，人際關係上，由於自信心不足，神經很容易緊張，會常常出差錯，導致悲觀消極的想法。

## 八、潮濕流汗的手掌

潮濕流汗的手掌，表示個性大方熱情、平易近人，但是卻非常敏感，容易神經緊張，經常處於壓力的狀態，所以導致身體疲倦勞累，沒辦法持續專注，身體上，腸胃方面要特別注意，飲食切忌暴飲暴食。



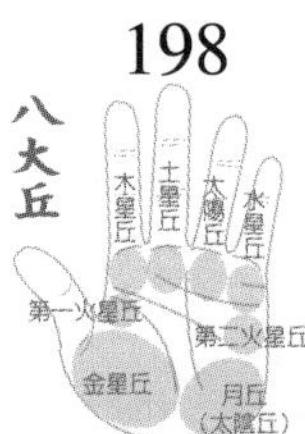

## 九、乾燥脫皮的手掌

乾燥脫皮的手掌，表示個性冷靜沉默、不愛與人親近，人際關係比較疏遠冷淡，身體上，腸胃方面不太好，有排便困難的傾向，最好注意水分的攝取，婦女方面，表示有生理疾病的困擾。

## 十、冰冷蒼白的手掌

冰冷蒼白的手掌，表示欠缺熱情活力，行動能力較差，做事非常有條理，但人際關係上，顯得較為冷漠，有利己的傾向，不太能替人著想，身體上，恐怕有貧血方面的毛病，需要特別的注意。

# （手掌雖小看一生）

掌心三線，露玄機

兩手一攤，現禍福

# 壹、無緣永續婚姻的手相

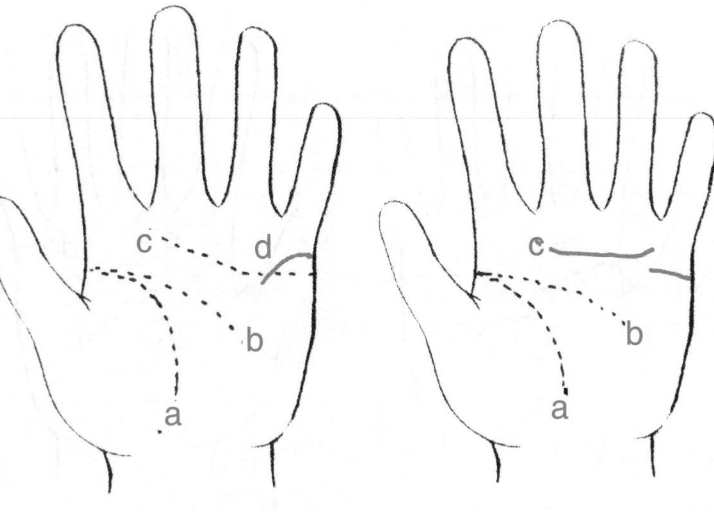


## 一、有缺口卻延續的感情線

有缺口卻延續的感情線，表示感情交往不穩定，剛開始很順利，但卻遭到外來因素，而導致必須分開，婚姻上，容易有離婚、分居的情況，或是配偶發生變故，而有生離死別的可能，但會有再度婚嫁的機會。

## 二、明顯下垂交叉的婚姻線

明顯下垂交叉的婚姻線，就是婚姻線不但下垂，還劃過感情線呈現交叉狀，表示婚姻不太理想，彼此條件落差太大，跟配偶容易爭執吵鬧，感情越來越疏離，有離婚的可能，也表示配偶發生不幸的機會較高。

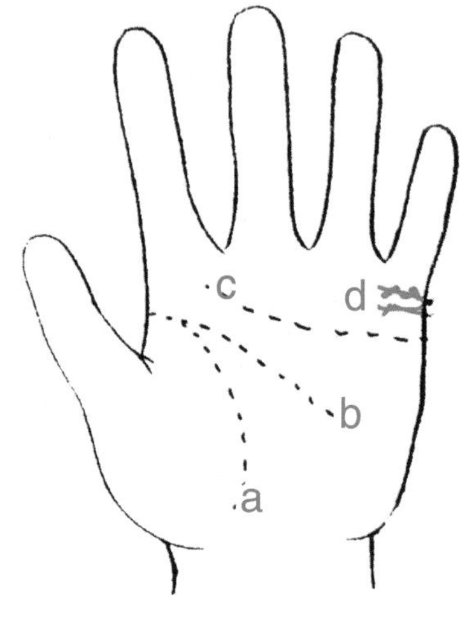

## 三、複雜而且混亂的婚姻線

複雜而且混亂的婚姻線，表示感情生活複雜，同時跟多名對象交往，而且容易發生男女關係，經常會出現三角戀情，上演爭風吃醋的戲碼，會經常更換伴侶，結婚後，感情不安於室，容易外遇出軌，有多次婚姻的可能。

## 四、尾端分岔交錯的智慧線

尾端分岔交錯的智慧線，表示個人主張強烈，不喜歡受約束，在感情交往中，想要控制對方，因而彼此產生爭吵、不愉快，若結婚後，不加以溝通商量，改善情況的話，恐怕會因為嚴重爭端，而導致離異的可能。

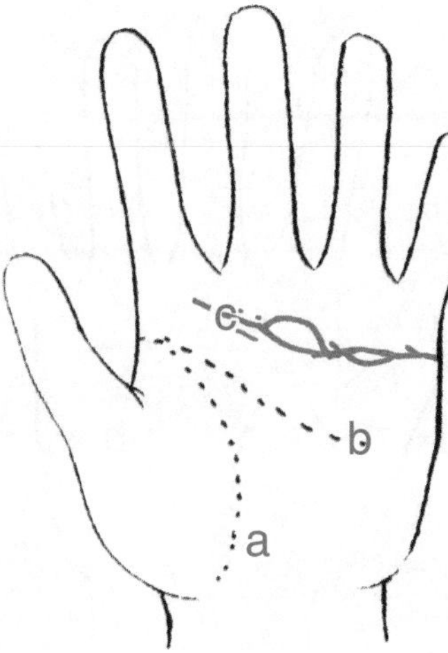

## 五、出現島紋形狀的感情線

出現島紋形狀的感情線，表示對於感情容易執著，很死心塌地，但由於不懂得選擇對象，很可能挑錯感情伴侶，彼此各方面落差太大，不受到眾人的祝福、看好，愛情恐怕無法開花結果，就算結婚，也不容易長久維持。

# 貳、夫妻美滿幸福的手相

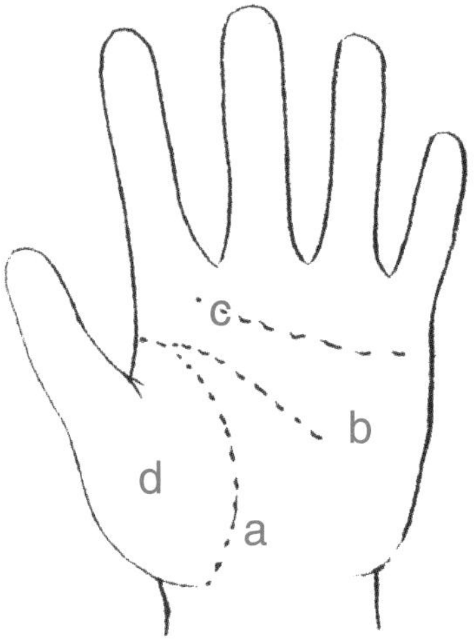

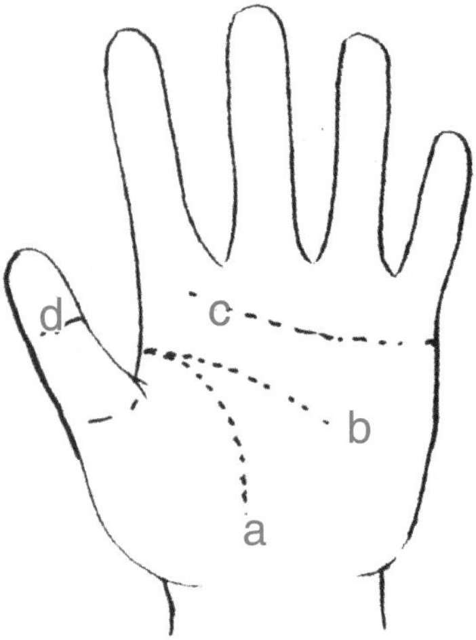

## 一、隆起厚實的金星丘

隆起厚實的金星丘，表示生命力跟精力旺盛，體能方面特別的好，對性生活有一定的需求，若金星丘又有彈性的話，表示善於甜言蜜語，懂得討好對方，在床第生活方面，會讓對方非常的滿意。

## 二、挺直有力的拇指

挺直有力的拇指，表示為人充滿主見、充滿了自信心，對感情非常重視，喜歡有所表現，會主動獻殷勤，讓對方十分開心，在性愛方面，由於體能較佳，通常能有不錯的表現，讓對方覺得幸福美滿。

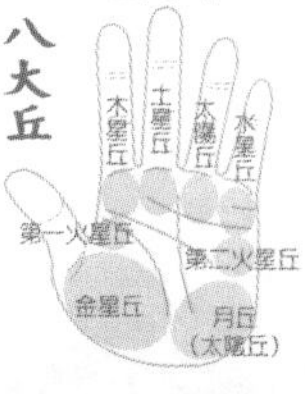

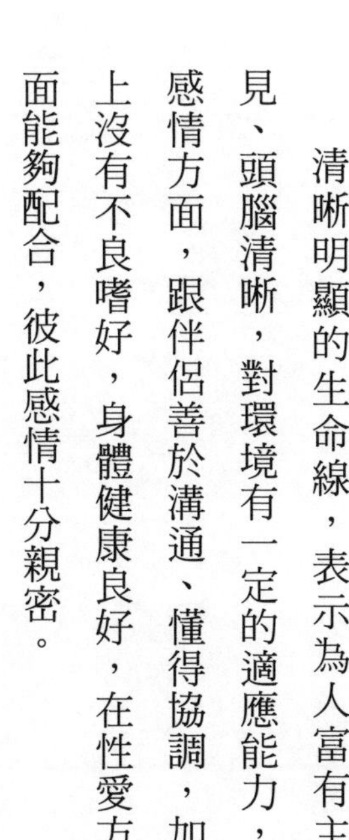


## 三、清晰明顯的生命線

清晰明顯的生命線，表示為人富有主見、頭腦清晰，對環境有一定的適應能力，感情方面，跟伴侶善於溝通、懂得協調，加上沒有不良嗜好，身體健康良好，在性愛方面能夠配合，彼此感情十分親密。

## 四、月白明顯的指甲

月白明顯的指甲，表示身體機能正常，氣血十分旺盛，對性慾有一定需求，不會有排斥、冷感的現象，在女性方面，若小指有月白的話，表示有過人的性能力，對性可能有特殊癖好，能夠充分享受魚水之歡。

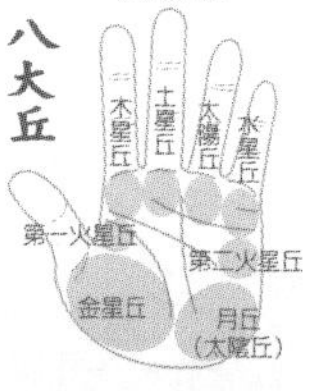

## 五、三條深明的手腕線

三條深明的手腕線，表示為人身體健康、無不良的嗜好，性機能發達，對於感情能夠正常看待，對異性保持欣賞尊重，在性愛方面，會懂得運用技巧，讓對方獲得喜悅，心態上，因為性而充滿年輕自信。

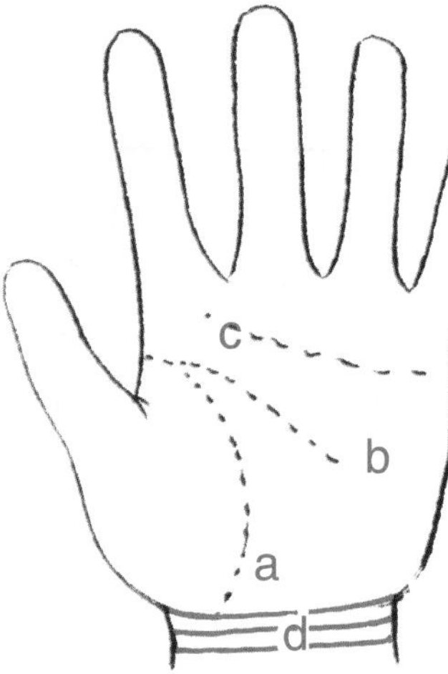

# 參、無法閃躲暗箭的手相

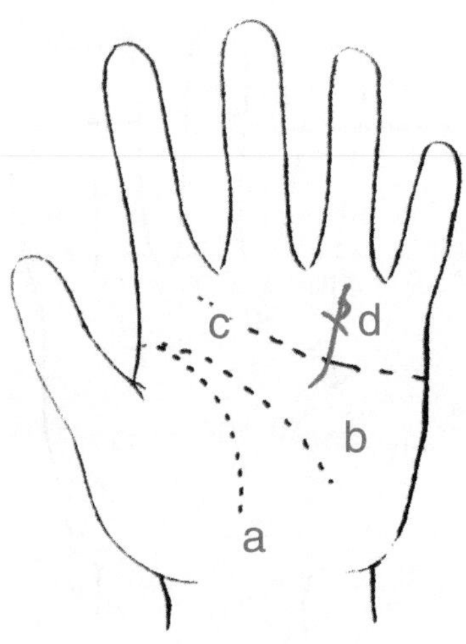


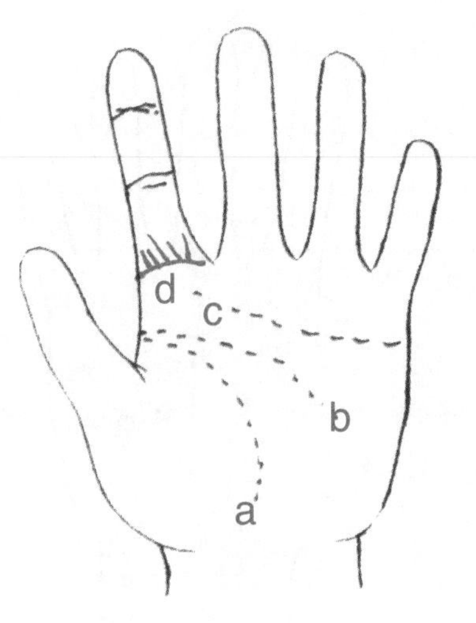


## 一、歪七扭八的成功線

歪七扭八的成功線，就是成功線彎曲像波浪，或是斷斷續續的形狀，表示事業運不理想，常遭人暗中破壞，而有不少的損失，通常是因為處事不公，缺乏心胸雅量，愛佔他人的便宜，所以遭人唾棄，惹上糾紛麻煩。

## 二、食指根部紋路雜亂

食指根部紋路雜亂，就是食指的第三指節上，出現許多雜亂紋路，表示家庭氣氛不和樂，跟兄弟姊妹有爭吵，出外的人際關係顯得緊張，經常與人觀念不合、發生衝突，常常得罪他人而不知，事後惹來別人的報復。

## 三、橫紋破壞的事業線

橫紋破壞的事業線，就是事業線中途被橫紋劃過，表示事業剛起步的時候，一切都進行得很順利，但卻遭人眼紅妒忌，而想辦法搞破壞，讓事業受到阻礙拖累，有時還可能惹上官非，而必須花錢消災。

## 四、長度過短的小拇指

長度過短的小拇指，就是小拇指的頂端，沒有到達無名指第二個指節，表示人際關係不理想，缺乏貴人的幫助，還容易因為心直口快，無形當中與人結怨，而遭到他人的阻擾、妨礙，使得事情無法順利進行。

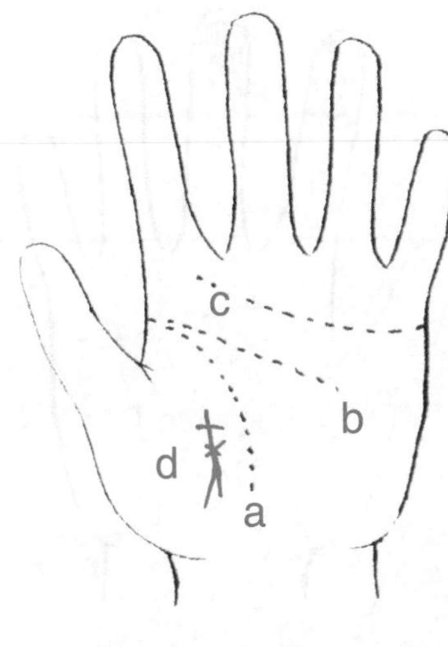


## 五、橫紋劃過的貴人線

橫紋劃過的貴人線，就是生命線內的貴人紋，被橫紋給劃過穿越，表示原本貴人幫助的情況，卻反而變成牽連拖累，而有金錢方面的損失，人際關係上，由於不懂得謹慎交友，經常輕信他人讒言，而產生不良的影響。

## 肆、太座強勢凶悍的手相

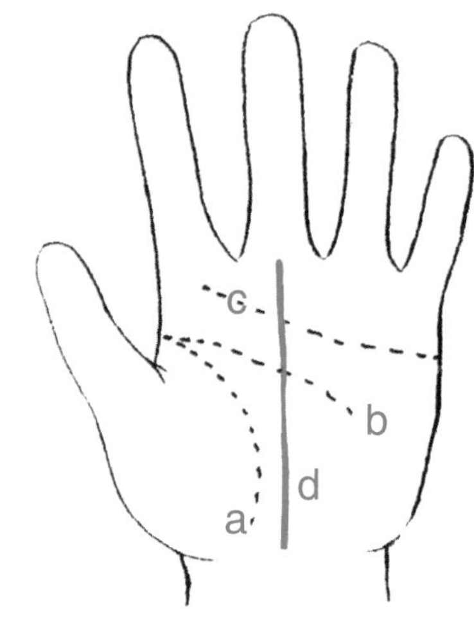


### 一、筆直沖天的事業線

筆直沖天的事業線，在女性掌紋中特別有影響，表示自我的意識強烈、勇於反抗權威，由於企圖心強烈，會想要創造事業，在婚姻上，對另一半要求高，但又想掌控對方，經常出現爭執，丈夫會不堪其擾。

### 二、十指的指紋呈現羅紋

十指的指紋呈現羅紋(d)，而不是箕紋(e)，表示女性的心態強勢，喜歡掌權發號師令，為人非常的固執，不好溝通協調，丈夫由於無法說服，態度便會日趨冷淡，情緒容易隱藏壓抑，彼此會有爆發衝突的可能。

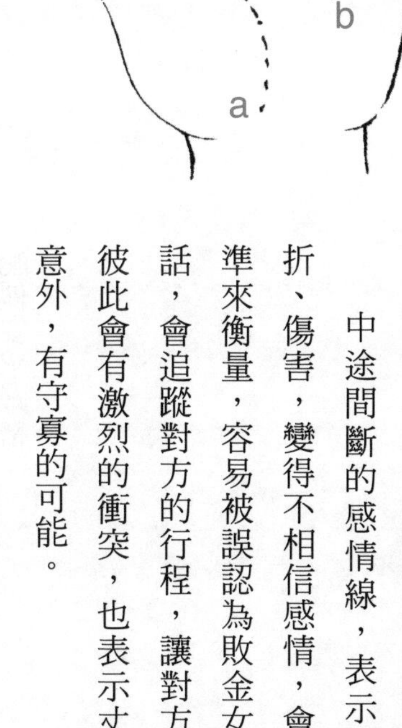


## 三、中途間斷的感情線

中途間斷的感情線，表示女性有過挫折、傷害，變得不相信感情，會用實際的標準來衡量，容易被誤認為敗金女，若結婚的話，會追蹤對方的行程，讓對方很不自在，彼此會有激烈的衝突，也表示丈夫容易發生意外，有守寡的可能。

## 四、斷斷續續的智慧線

斷斷續續的智慧線，表示女性的事業企圖心很重、對權勢的慾望強烈，感情生活不太重視，挑選對象時，會依經濟條件為考量，而不是考慮彼此個性，因此常出現婚姻問題，無形中帶給配偶沉重的壓力。

## 五、橫越手掌的斷掌紋

橫越手掌的斷掌紋，就是智慧線跟感情線合一，並起橫越至手掌邊，古早社會多半視為剋夫的特徵，是由於個性強勢、喜做主張，會希望別人遵照自己的意見，有奪取夫權的可能，而現代的說法，是事業心重，對配偶要求嚴格。

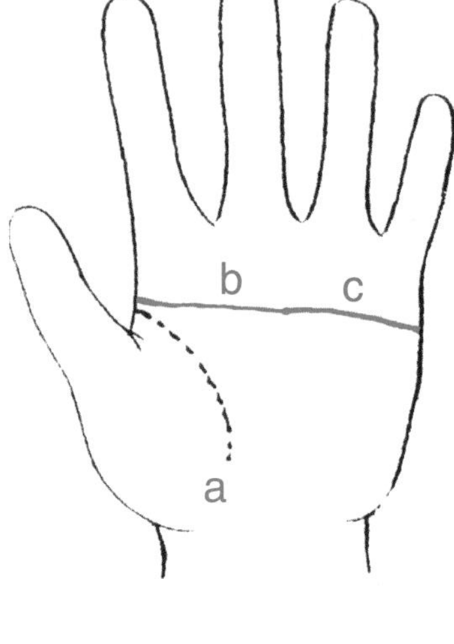

# 伍、貧窮卻有轉機的手相

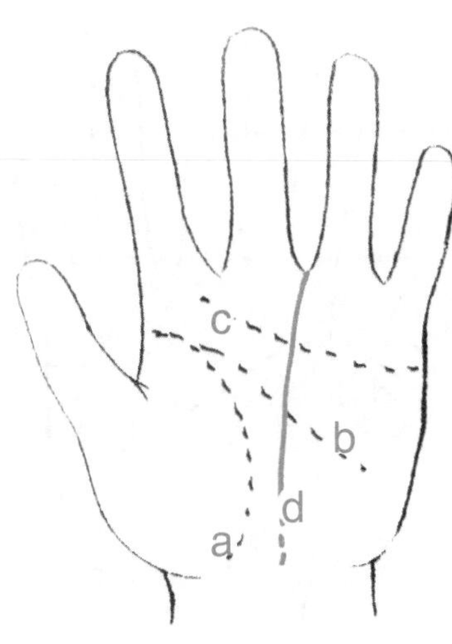


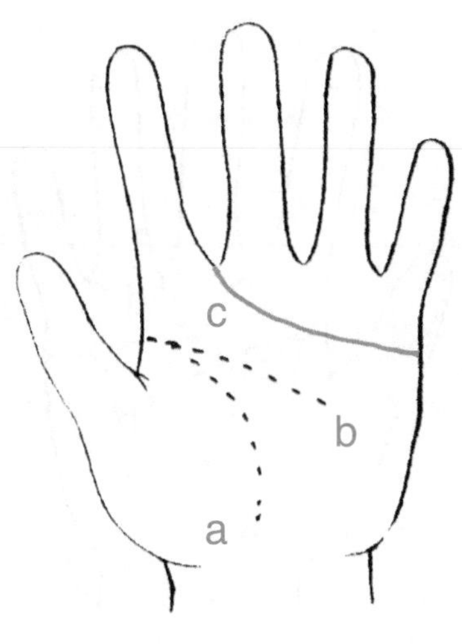


## 一、止於指間的事業線

止於指間的事業線，就是事業線頂端止於中指跟無名指之間，又剛好這個部分出現縫隙的話，表示雖然事業很努力打拚，會有很豐碩的成果，但由於不懂得理財投資、妥善的運用金錢，使得財富嚴重縮水，很可能付諸流水。

## 二、止於指間的感情線

止於指間的感情線，就是感情線頂端止於食指跟中指之間，又剛好這個部分出現縫隙的話，表示很重視人際關係，通常會因為感情的因素，像是家人、朋友、伴侶等等，而受到牽連拖累，而有損失金錢的情況。

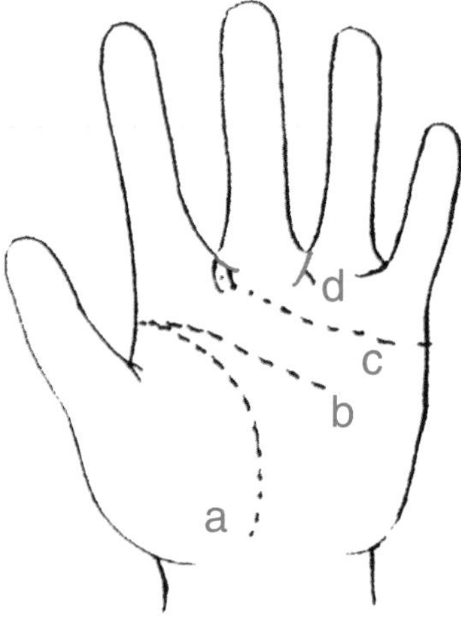


## 三、無名指下的漏失紋

無名指下的漏失紋，就是無名指下的環狀紋，若有缺口的話，表示對物質生活很渴求，會有奢侈享受的情況，不太會節約控制花費，容易出現透支的情況，或者因為情緒化的因素，有胡亂花錢的傾向，而不懂理財之道。

## 四、財庫紋路出現缺口

財庫紋路出現缺口，就是拇指第二節當中出現的橫紋，表示為人不精打細算，憑感覺購物花費，所以不善於理財，有可能透支或負債的現象，必須要把錢託付給家人或配偶，不然就是專業的機構代為管理。

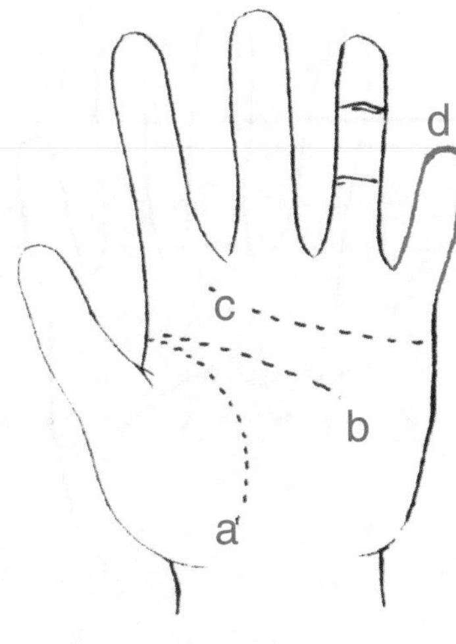


## 五、小指的長度太過短

小指的長度太過短，就是沒達到無名指第二指節的頂端，表示人際關係緊張，對人的警戒心鬆懈，容易遭到他人的設計，而有不良的影響與結果，特別是在財運方面，常有破財的現象，可以帶尾戒來改善情況。

# 陸、易有重婚外遇的手相

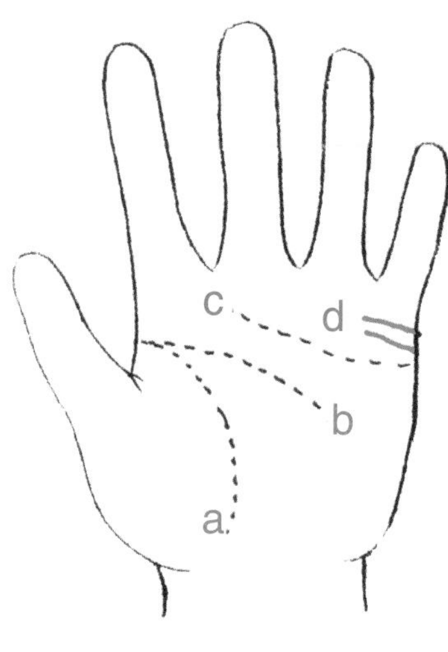


## 一、兩條平行的婚姻線

兩條平行的婚姻線，表示感情運勢良好，但容易產生困擾，會有同時出現兩個對象，而陷入兩難的選擇，婚姻上，容易有金屋藏嬌的現象，享受齊人之福，女性也是如此，會有共事二夫的可能。

## 二、尾端分岔的智慧線

智慧線尾端出現分岔，如果分岔越大的話，表示感情生活波動越大，智慧線別名叫做配偶線，表示會希望接觸不同類型的異性，但卻難以下定決心選擇，會跟兩位以上的異性交往，但卻容易產生麻煩、困擾。

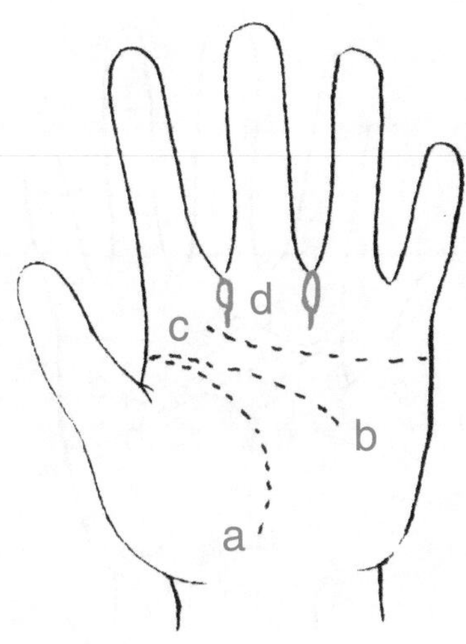


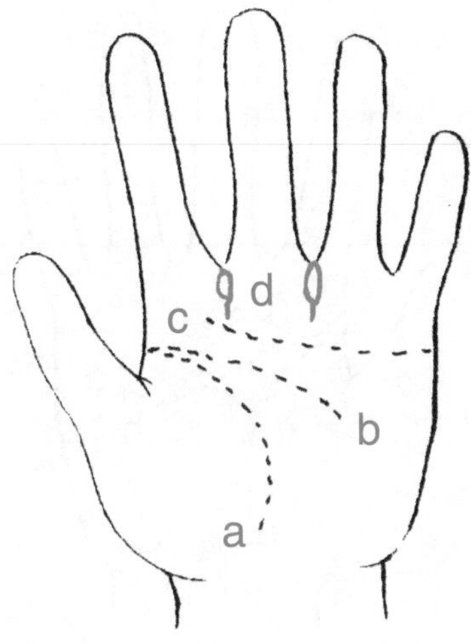

## 三、斷續但平行的感情線

斷續但平行的感情線，表示為人三心二意、對感情不專注，很容易馬上著迷，也很容易冷淡疏遠，有喜新厭舊的現象，所以會不斷的更換交往對象，在結婚以後，會慢慢疏遠配偶，出外尋求刺激，有婚外情的可能。

## 四、漏失紋呈現島形狀

漏失紋呈現島形狀，表示錢財不容易存守，有胡亂花費的現象，為人愛排場、好面子，容易成為付帳的冤大頭，在感情方面，會喜歡新鮮感，不停更換對象交往，有追求異性、包二奶，或養小白臉而破財的可能。

## 五、手掌兌宮有交叉紋路

手掌兌宮有交叉紋路，就是俗稱的第二火星丘，表示為人性好漁色，不滿足固定的伴侶關係，會向外尋求其他對象，會有包養小老婆、小老公的心態，經濟情況不理想，很容易有桃色糾紛，經常需要花錢消災。

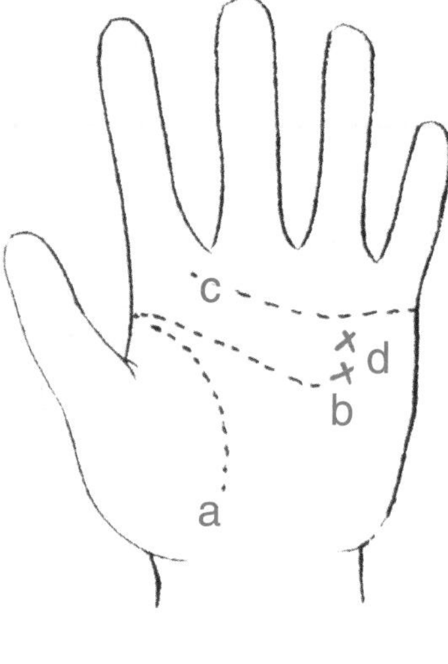

# 柒、濫桃花朵朵開的手相

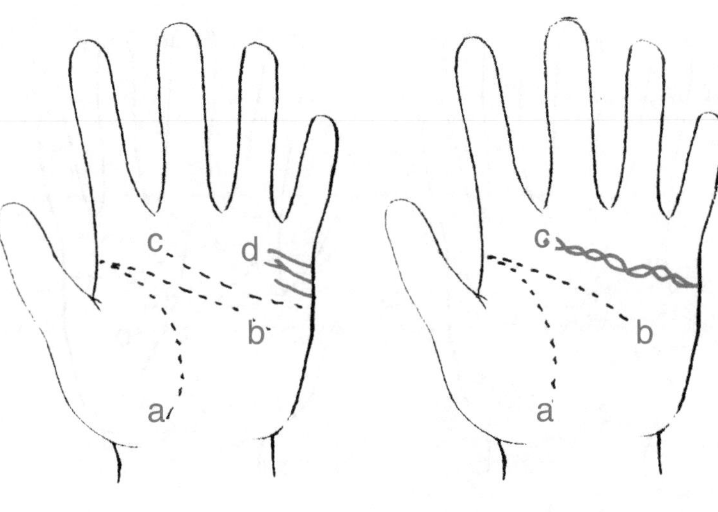


## 一、鎖鏈形狀的感情線

鎖鏈形狀的感情線，表示為人重視感覺、懂得浪漫氣氛，追求異性很有一套，但卻也容易受異性影響，而顯得有點心煩意亂，帶有神經質的傾向，但由於才華出眾，能吸引眾多異性，是個充滿魅力的人。

## 二、數條雜亂的婚姻線

數條雜亂的婚姻線，表示感情方面很早熟，很早就跟異性交往，會有早婚的傾向，而本身情感細膩、感情豐富，很懂得跟異性溝通，深獲異性的青睞，婚後多半仍有困擾，容易有第三者介入的情形。

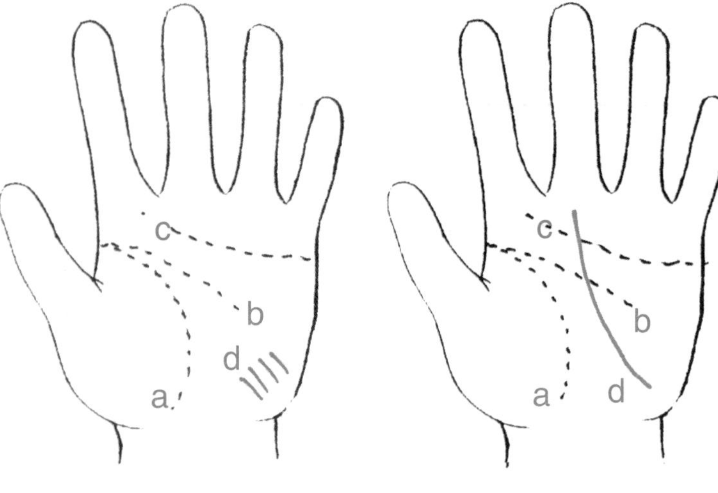


## 三、太陰丘延伸的事業線

太陰丘延伸的事業線，表示人際關係不錯，事業上可獲得他人幫助，大多是異性的朋友，也因此身邊的桃花不斷，經常有誹聞傳出，但不至於影響工作，反而有助於知名度的提升，但還是要自我節制才好。

## 四、多重平行的人緣線

多重平行的人緣線，就是在手掌底部旁邊的紋路，表示為人幽默風趣、善於表達，跟人家很好溝通相處，所以在外人緣顯得很好，很適合從事政治公眾的事務，但在感情方面，容易有爭風吃醋的現象。

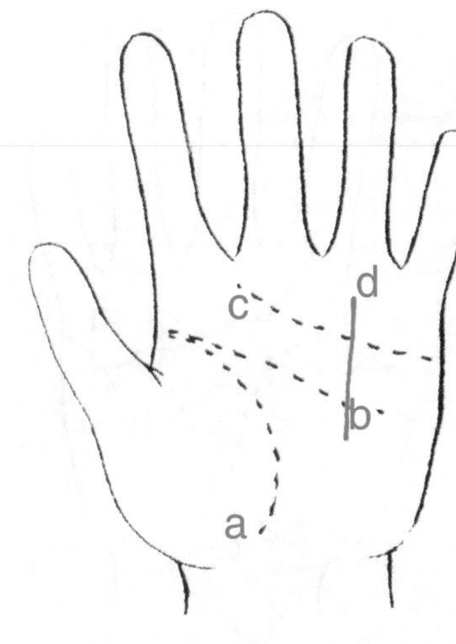


## 五、深長明顯的太陽線

深長明顯的太陽線，表示個性開朗、懂得分享，不會斤斤計較，想佔人家便宜，反而能夠仗義執言，替朋友解決困難，這讓周遭的異性十分欣賞，會願意親近交往，感情生活多采多姿，將來配偶條件多半很優秀。

# 捌、易淪為第三者的手相

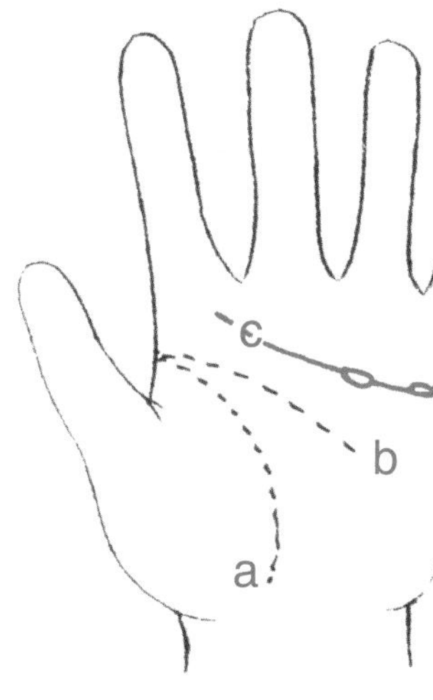


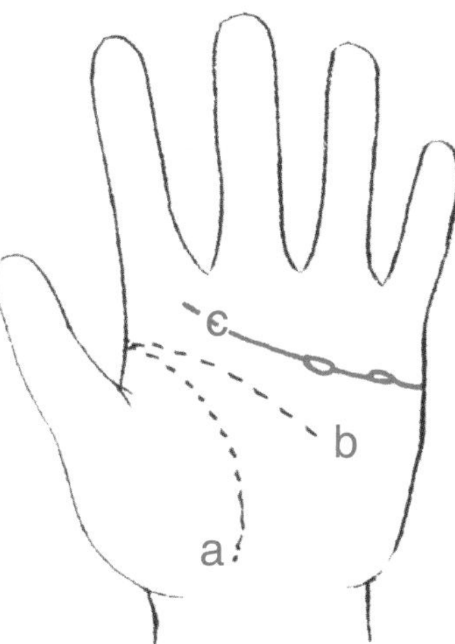


## 一、出現島紋的感情線

出現島紋的感情線，如果島紋越多的話，那麼次數跟情況越明顯，表示感情的判斷有問題，經常選錯對象，會愛上不該愛的人，通常會破壞別人的家庭，成為別人的第三者，還一直執迷不悟，不願承認錯誤。

## 二、結婚線跟感情線交叉

結婚線跟感情線交叉，表示感情方面不夠理性，容易產生不倫的戀情，而影響到自己的聲譽，進而讓事業受阻、家庭受害，如果又出現島紋的話，表示情況難以收拾，不太容易處理，恐怕會發生嚴重的後果。

## 三、結婚線尾端出現分岔

結婚線尾端出現分岔，表示婚姻情況不理想，夫妻雙方感情會疏遠，由親密變成冷淡，導致有一方出軌產生婚外情，而破壞家庭的和諧，或是自己受到誘惑，介入他人的家庭婚姻，造成別人的不幸、創傷。

## 四、金星丘延伸的事業線

金星丘延伸的事業線，會穿過生命線跟理智線，表示經常跌破他人的眼鏡，會有出乎意料的驚人舉動，像是感情方面，容易會有婚外情，常常是上司跟下屬的關係，或是跟年紀差很多的對象交往。

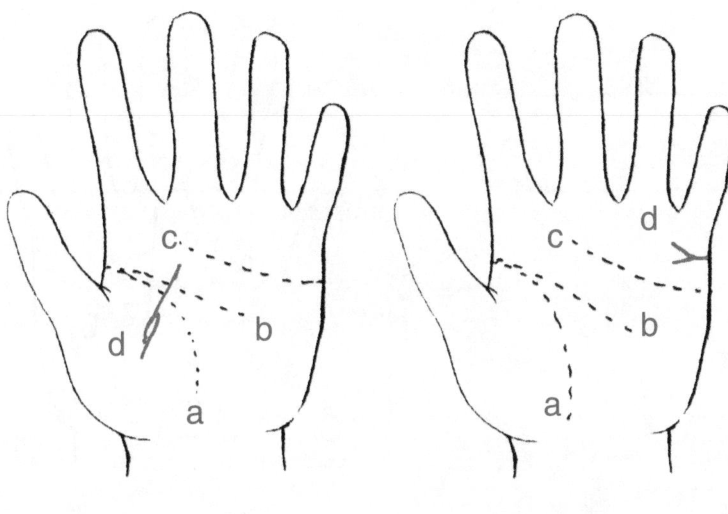

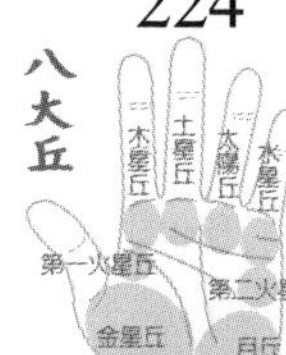


## 五、橫紋中斷的事業線

橫紋中斷的事業線，就是事業線被橫紋劃過，而導致中斷的情況，表示感情原本順利，但卻發生變故，使得關係逐漸疏遠，會喜歡上別人的伴侶，雖然往往能搶奪成功，但也可能要付出代價，名譽、事業將會受到影響。

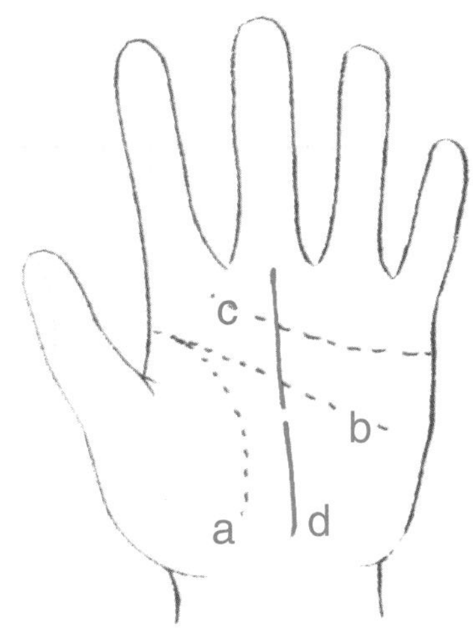

# 玖、感情一再被騙的手相

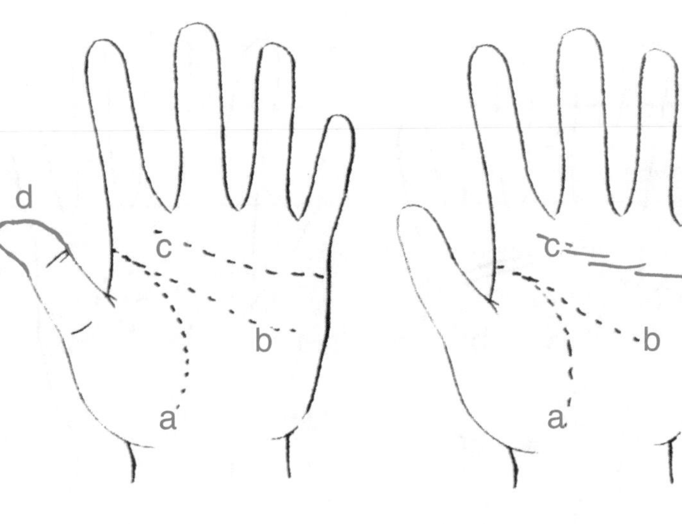


## 一、呈現階梯的感情線

呈現階梯的感情線，表示感情方面，由於缺乏主見，不懂得選擇伴侶，只是憑感覺而已，很容易遇到愛情的騙子，加上自己依賴心強，容易相信對方的甜言蜜語，所以常常被謊言遮蔽，看不清楚真相為何。

## 二、拇指柔軟向後翻轉

拇指柔軟向後翻轉，就是拇指的關節柔軟，可以往後彎曲，表示個性喜怒無常，有情緒化的情況，對於感情交往相當重視，會希望對方關心、照顧自己，但由於耳根子軟，容易被對方欺騙，而有傷心、難過的情況。

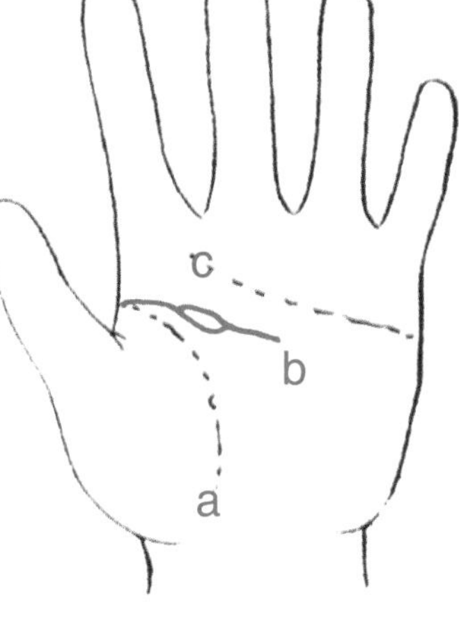


## 三、智慧線的長度太短

智慧線的長度太短，表示做事容易衝動，不懂深思熟慮，常因此而出問題，感情方面，由於天真單純，沒有什麼防備心，所以容易被伴侶蒙在鼓裡，不知道對方私下在搞鬼作怪，等到驚覺才發現為時已晚。

## 四、分開的雙重感情線

分開的雙重感情線，表示為人很重感情，不喜歡強迫別人，對於別人的要求會答應，有濫好人的傾向，在感情方面，判斷能力較差，就算知道真相也會心軟，一再原諒對方的行為舉止，而造成自己的感情傷害。

## 五、軟弱無力的小指頭

軟弱無力的小指頭，表示感情運勢不佳，經常遇到負心的人，而有許多陰影傷害，但是總是學不會教訓，對於他人的誘惑無法抵擋，陷入對方的溫柔的圈套，而顯得執迷不悟，造成人財兩失的局面。

# 拾、天生奔波勞碌的手相

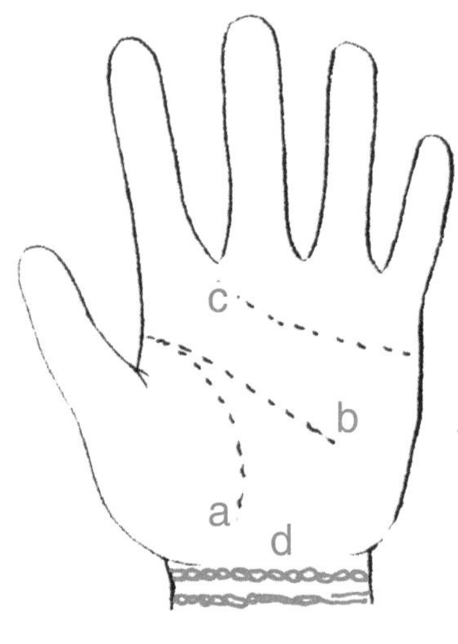


## 一、手腕線有如鎖鏈

手腕線有如鎖鏈，就是手腕上的三條紋路，呈現鎖鏈的形狀，表示為人沉迷物質、喜歡享受，經常需要錢來花用，但收入總是不夠支出，所以必須到處奔波，努力拚命的賺錢，所以有操勞的傾向，而且不善於理財投資。

## 二、金星丘網狀紋路深刻

金星丘網狀紋路深刻，就是生命線內的區域，若網狀紋路遍佈，表示大小事情都事必躬親，不喜歡假手他人來處理，但是由於缺乏目標計畫，顯得有點無頭蒼蠅的感覺，不太能夠有效率的執行，隨著成就感越低而越忙碌。

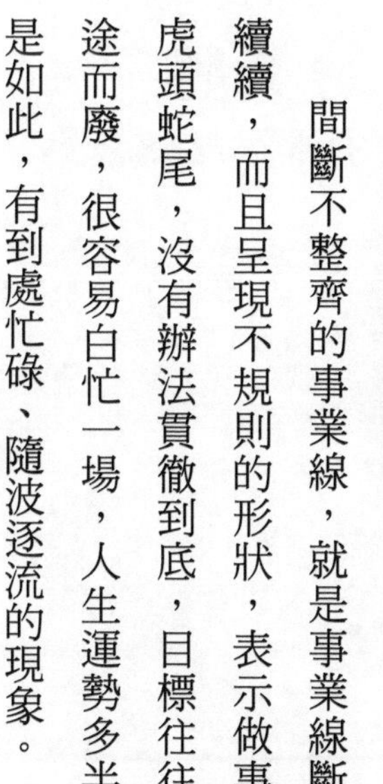


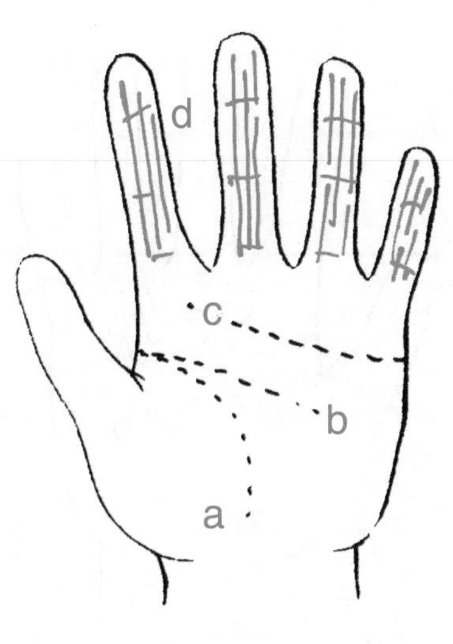


## 三、間斷不整齊的事業線

間斷不整齊的事業線，就是事業線斷斷續續，而且呈現不規則的形狀，表示做事情虎頭蛇尾，沒有辦法貫徹到底，目標往往半途而廢，很容易白忙一場，人生運勢多半也是如此，有到處忙碌、隨波逐流的現象。

## 四、手指頭直紋眾多

手指頭直紋眾多，就是除了拇指之外，其他的手指頭有如此的現象，表示為人操心勞累，但是收穫卻很少，自己比較缺乏遠見，只見到眼前的利益，而整日拚命追逐的結果，卻沒有長久的成效可言，晚年會比較辛苦。

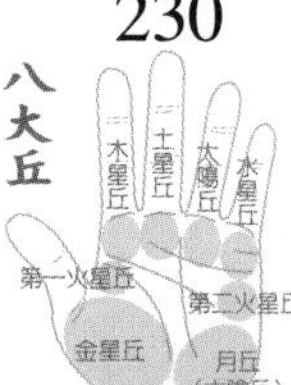


## 五、太陽線眾多且有分岔

太陽線眾多且有分岔，就是太陽線支線眾多，而且底部有許多分岔，表示興趣很廣泛、學習意願高，但是往往三分鐘熱度，缺乏耐性貫徹到底，看起來什麼都會，具有嘗試冒險的精神，但卻僅僅懂得皮毛而已。

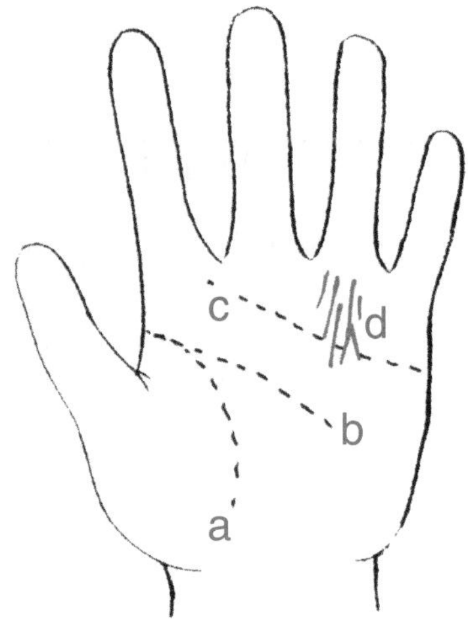

# 拾壹、情場獵豔得意的手相

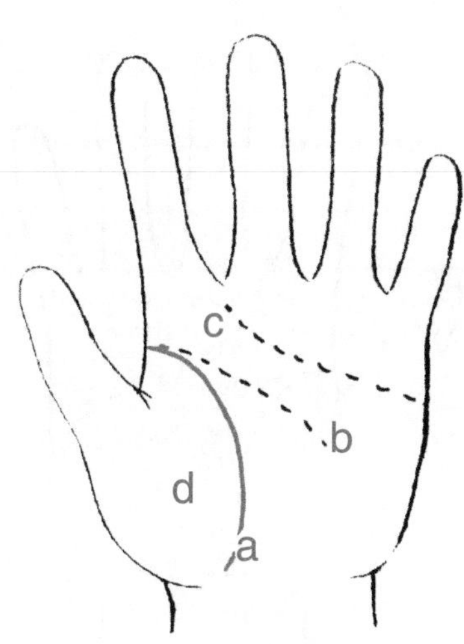


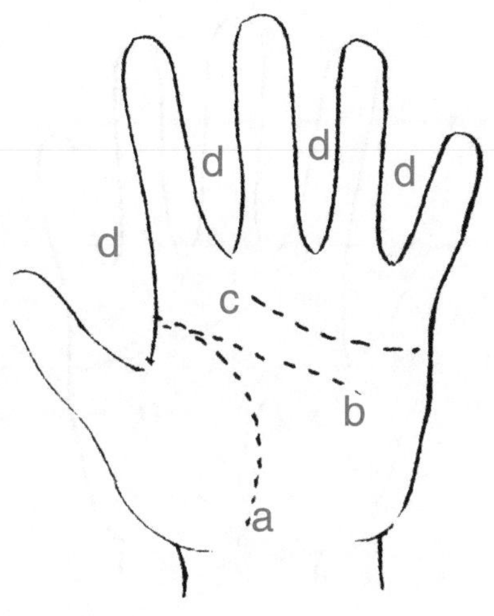


## 一、深刻的生命線與發達的金星丘

深刻的生命線表示健康良好、體能旺盛，人生態度比較積極，對自己充滿自信心，加上金星丘發達，表示感情路上，會勇往直前，不怕困難，會克服障礙跟難關，而虜獲對方的歡心。

## 二、手指頭能順利伸展張開

手指頭能順利伸展張開，而且幅度張得越大的話，表示為人爽快大方、熱情而有活力，對於異性會主動認識搭訕，來增加對方的好印象，並等待適當的時機進攻，常常能出奇不意，突破對方的心防。

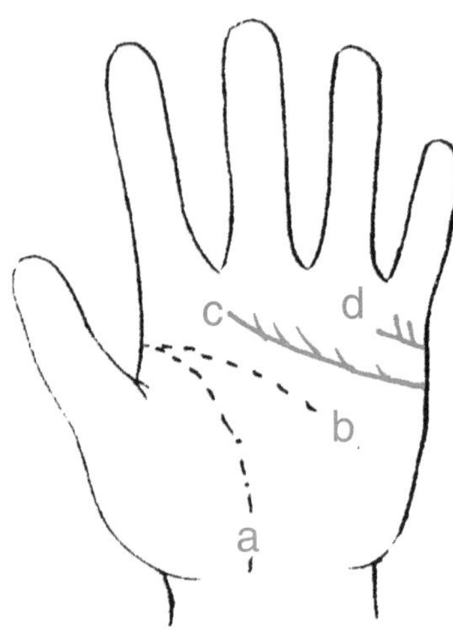


## 三、有支線向上的感情線

有支線向上的感情線，表示對於感情很重視，會積極尋找伴侶，若婚姻線也有支線朝上的話，那麼態度會更堅決，對於喜歡的異性，會拚命纏著對方，直到對方點頭答應為止，過程雖然略有波折，但結果是愉快的。

## 四、漂亮優美的小指頭

漂亮優美的小指頭，就是小指頭長且不見關節突出，表示為人口才犀利、能言善道，能運用手段來討好對方，主動讓對方產生好感，所以情場上無往不利，感情生活多采多姿，是懂得享受戀愛情趣的人。

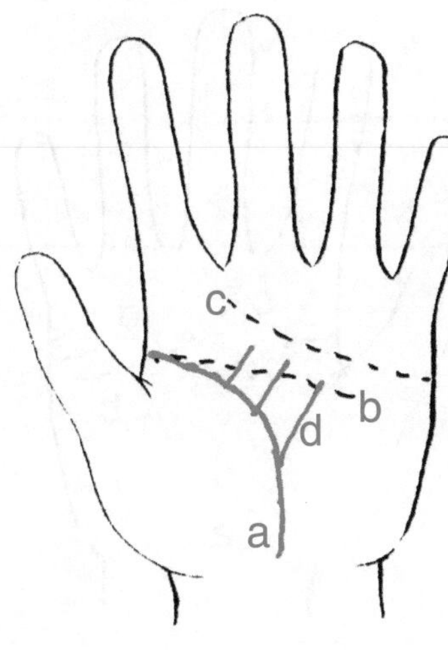


## 五、生命線的支線朝上

生命線的支線朝上，就是生命線長出許多紋路，但方向是朝上的，表示為人雖然遭遇挫折，但意志力非常堅定，不會輕易灰心喪志，在感情方面，能勇敢面對逆境，去爭取摯愛的認同，通常能有好的結果。

# 拾貳、孤家不易成雙的手相

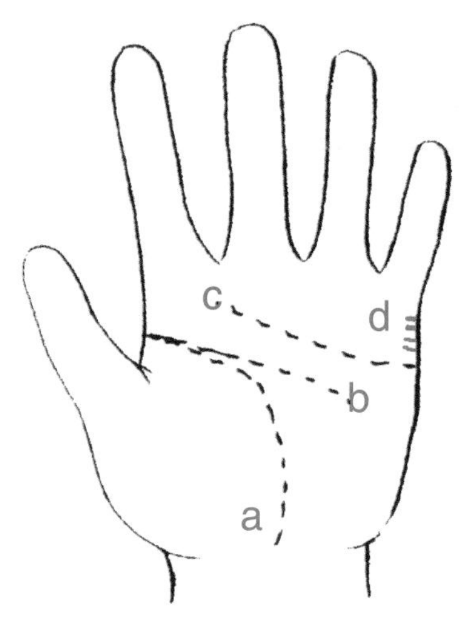


## 一、微弱不明顯的結婚線

微弱不明顯的結婚線，就是看不見結婚線，或是紋路不明顯，表示感情方面，因身邊環境的關係，以致於機會很少，或是異性緣較差，沒辦法找到合適伴侶，通常只能等待時機，或是透過他人介紹或相親。

## 二、複雜錯亂的結婚線

複雜錯亂的結婚線，就是結婚線非常多，但有點雜亂的情況，表示談戀愛的機會多，很容易遇到異性，相處溝通不是問題，但是心態上比較浮動，比較不懂如此選擇，經常跟許多異性交往，但卻不太想結婚安定下來。

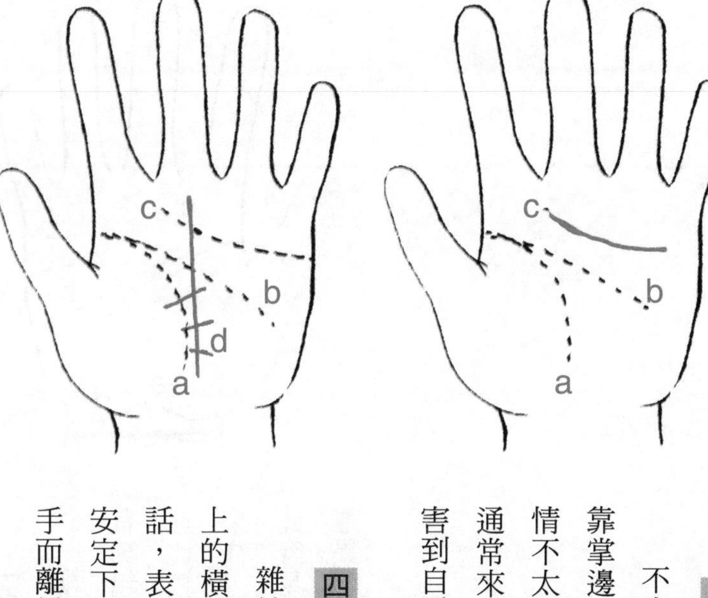


## 三、不牢靠穩固的感情線

不牢靠穩固的感情線，就是前後端都不靠掌邊，而且有斷斷續續的情況，表示對感情不太相信，有遊戲人間的心態，對於異性通常來者不拒，有濫情的現象，有時候會傷害到自己，而變得孤獨、封閉起來。

## 四、雜紋劃過的事業線

雜紋劃過的事業線，就是出現在事業線上的橫紋，表示一次戀愛的紀錄，若越多的話，表示感情生活越複雜頻繁，但通常無法安定下來，只是短暫的擦出火花，很容易分手而離異，一直沒有開花結果。

## 五、雜亂且突起的手腕線

雜亂且突起的手腕線，就是手腕線中間有突起，且紋路顯得雜亂或鎖鏈紋，表示個性比較孤僻，不太容易相處，平常很少跟人來往，感情方面，跟對方欠缺溝通橋樑，彼此容易觀念不合，而無法長久結合，有中途離異的可能。

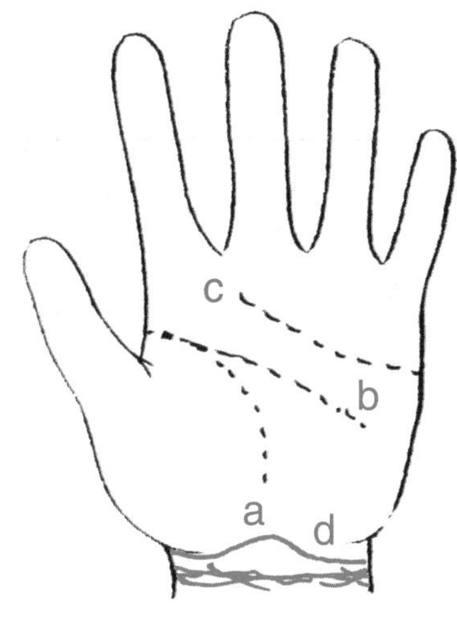

# 拾參、從事玄學領域的手相

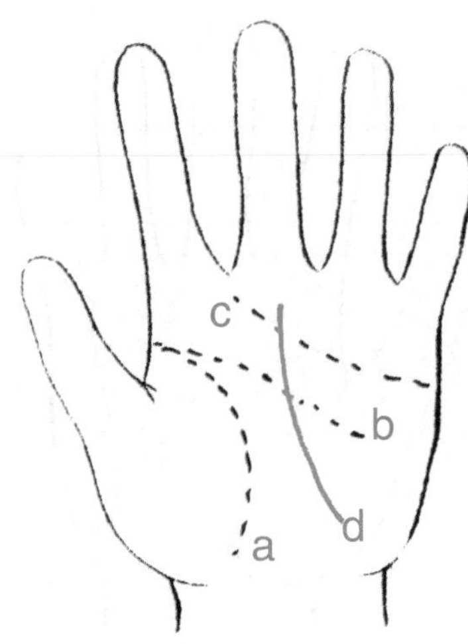


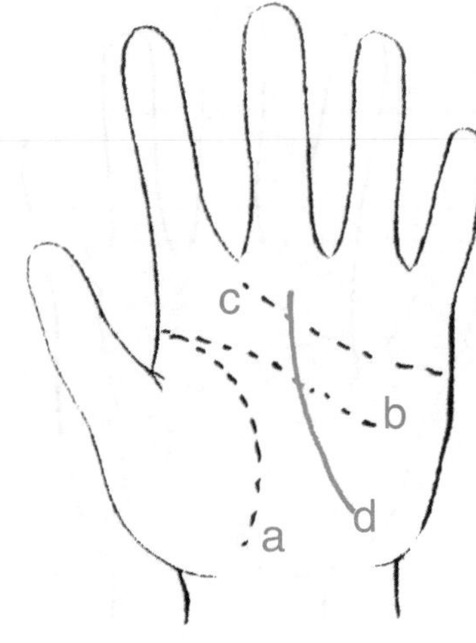


## 一、太陰丘延伸的事業線

太陰丘延伸的事業線，就是紋路從太陰丘延伸至中指，表示人際關係良好，特別是跟異性朋友，往往能夠得到實質幫助，再者，也代表頭腦聰穎、悟性較高，很適合從事宗教、玄學或神秘事物的研究，將會有不錯的成果。

## 二、橫長但下垂的理智線

橫長但下垂的理智線，就是理智線延伸很長，但尾端部分卻往下垂，表示腦筋靈活、反應靈敏，不喜歡現實的人、事、物，但對神秘事物有高度興趣，想像力特別的豐富，若深入研究的話，會有驚人的發現與成就。

## 三、手指頭出現陰陽指紋

手指頭出現陰陽指紋，就是指紋出現兩個羅紋，或是兩個箕紋，或是一羅一箕的紋路，表示天生對宗教、玄學有興趣，能受感應到不同的磁場，擁有過人的直覺反應，若加以開發的話，能帶來很大的成就。

## 四、手掌邊出現的直覺紋

手掌邊出現的直覺紋，就是在太陰丘跟小指之間有直紋出現，表示神經反應相當敏感，可以跟無形事物有所溝通，並且對於未來的趨勢，能有預告的能力，很適合學習玄學，或是親近宗教、專心修道。

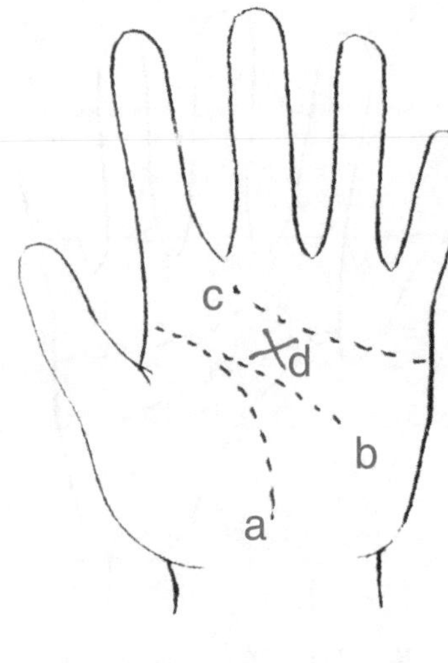


## 五、手掌心有十字紋出現

手掌心有十字紋出現，就是在掌心中間有十字紋路出現，表示為人喜歡神秘事物，而且有濃厚的研究興趣，本身的靈感直覺也相當發達，很適合從事命理、宗教方面的服務事業，學起來將特別有心得。

# 拾肆、夫妻聚少離多的手相

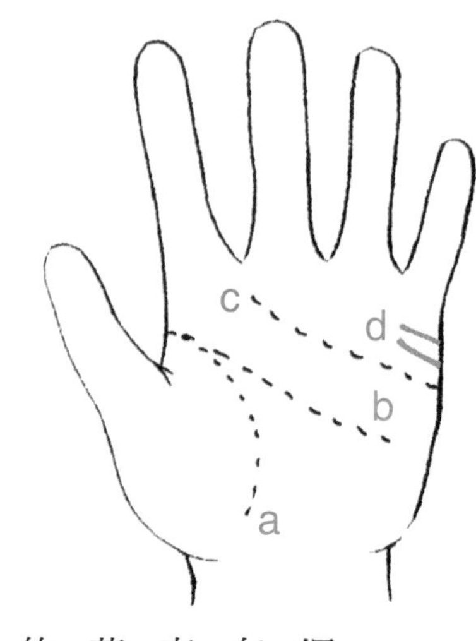


## 一、平行但相隔的結婚線

平行但相隔的結婚線，就是兩條平行的婚姻線，表示會因為外在環境的影響，使得夫妻有聚少離多的現象，很少能在一起吃飯、過夜，感情會逐漸疏遠冷淡，導致破裂的可能，若是有相連的情況，則表示有大小老婆（老公）的情況。

## 二、尾端翹起的生命線

尾端翹起的生命線，表示個性外向活潑，不喜歡待在家裡，整天在外面遊蕩，尋求新鮮跟刺激感，常常因此忽略了另一半，或是因為事業工作忙碌，需要到處出差洽商，使得回家的次數減少，而讓配偶獨守空閨。

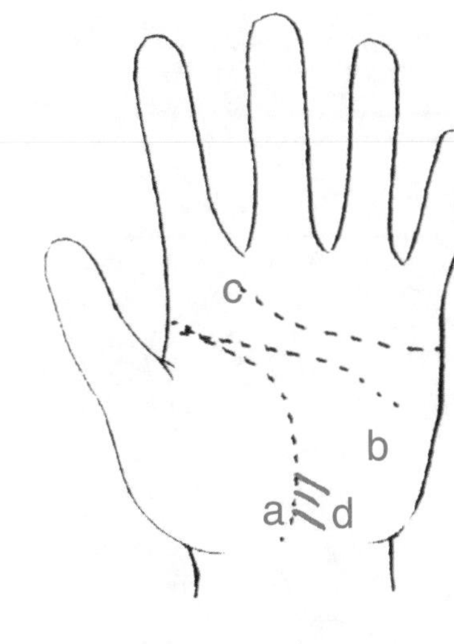


## 三、手掌出現多條的旅行線

手掌出現多條的旅行線，表示本身交友廣闊、經常出門在外，跟人交際應酬，很少有空閒的機會，對另一半態度比較冷淡，會讓對方不太高興，彼此會有溝通的問題，就算見面也不一定能親密。

## 四、中指跟無名指間距過大

中指跟無名指間距過大，就是張開或併攏的時候，產生較大的縫隙或距離，表示彼此的緣分薄弱，很勉強才能在一起，就算結婚的話，由於種種的因素，讓彼此很少見面，親密感情培養不易，會有出現怨偶的情況。

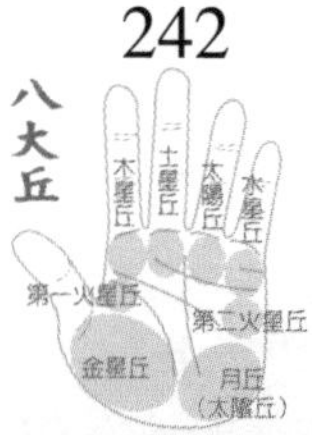

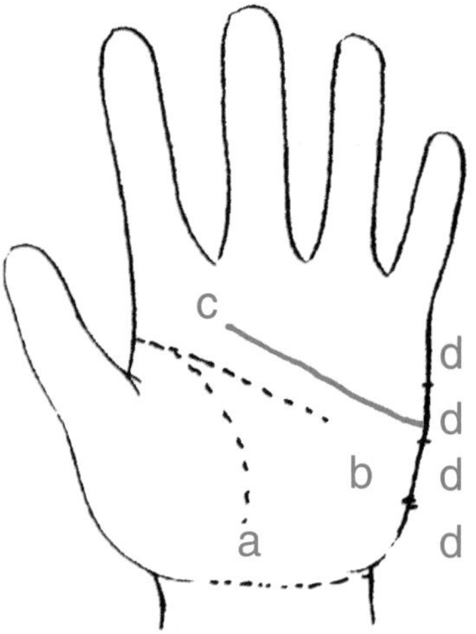

## 五、感情線的位置過低

感情線的位置過低，就是偏向於手掌的中線，表示異性緣較差，跟對方相處溝通有問題，需要花許多時間協調，或是事業心較重，全心全意投入工作當中，卻忽略了婚姻跟家庭，跟配偶或家人容易產生隔閡。

# 拾伍、深情反轉恨意的手相

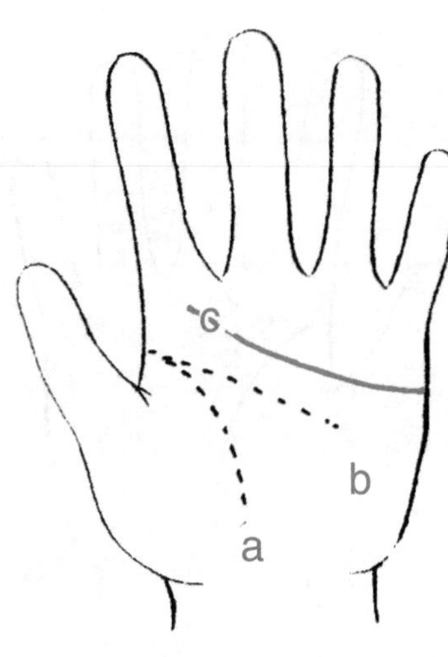


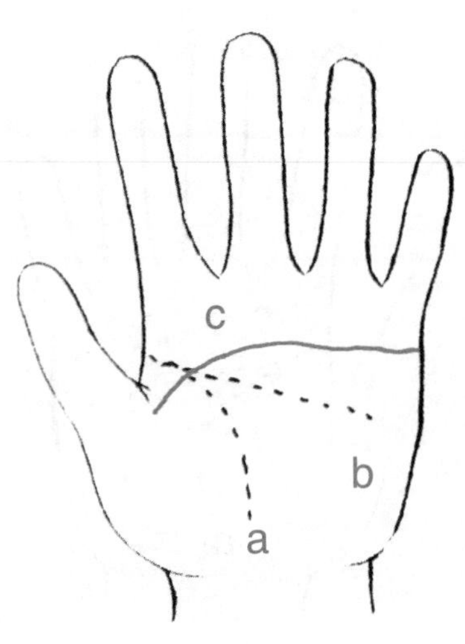


## 一、延伸到掌邊的感情線

延伸到掌邊的感情線，表示為人很重視感情，而且有執著、頑固的現象，旁人的勸導聽不進去，容易為了小事情而吵鬧，弄得氣氛十分尷尬，另一半若受不了的話，很可能另尋新歡交往，造成感情的嚴重破裂。

## 二、尾端部分下垂的感情線

尾端部分下垂的感情線，而且長度也顯得較長，表示忌妒心態強，對於感情十分執著，充滿了佔有慾，如果對方有一絲風吹草動，或是實際的出軌舉動的話，將會鬧得死去活來，甚至不惜和對方玉石俱焚。

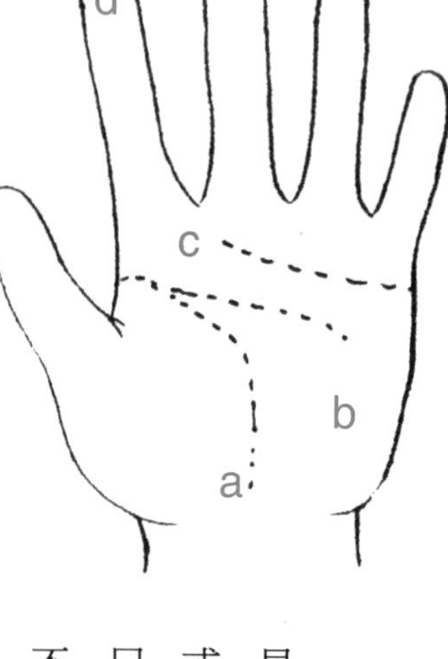


## 三、手指頭當中食指較長

手指頭當中食指較長，表示非常有主見，自我意識強烈，不容許對方外遇出軌，或是跟其他人有曖昧的關係，常常喜歡指揮另一半，並且相當的堅持己見，讓對方覺得不堪其擾，會有想分手的念頭，但卻不太敢說出口。

## 四、生命線的位置較高

生命線的位置較高，就是開頭部分接近食指下方，表示為人作風強勢，有好勝的心態，對於感情不容許瑕疵，會有嚴重吃醋的情況，絕不容許其他人介入，對方會因為威嚴而屈就，不太敢當面反抗辯駁。

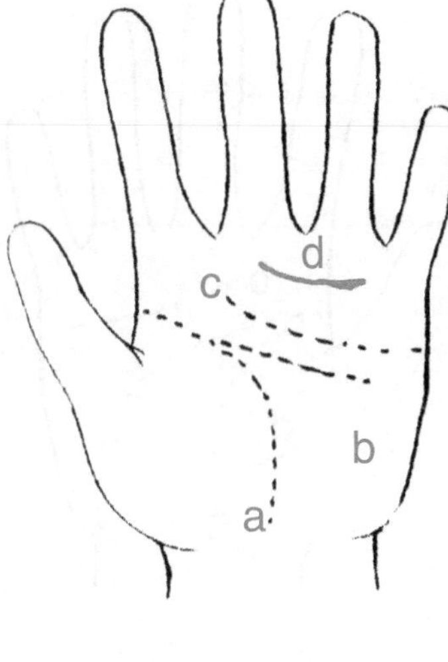


## 五、完整且清晰的金星帶

完整且清晰的金星帶，一般人的金星帶較不清晰完整，表示對感情不是很執著，反之，則對感情的態度極端，不容許第三者介入分享，會採取極端的報復手段，愛之令其生、惡之令其死。

# 拾陸、容易想不開而輕生的手相

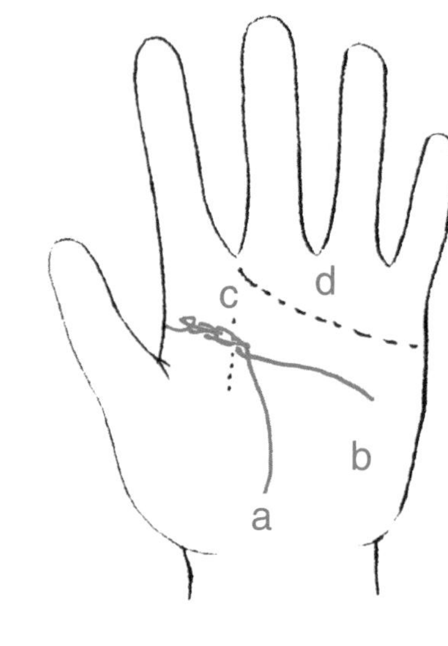


## 一、生命線跟理智線連結交錯

生命線跟理智線連結交錯，就是兩者開頭相連且紋路交錯，表示個性比較保守，凡事容易猶豫，在人際關係上，有孤僻的傾向，凡事會悲觀看待，有鑽牛角尖的現象，如果遭受意外打擊的話，很可能會有衝動的行為。

## 二、彎曲且過長的智慧線

彎曲且過長的智慧線，就是尾端部分有偏向生命線的情況，表示為人想像力豐富，但有點不切實際，比較沉迷虛幻的事物，往往會搞不清楚跟現實的差別，很容易遇到挫折失敗，就有自尋煩惱的現象。

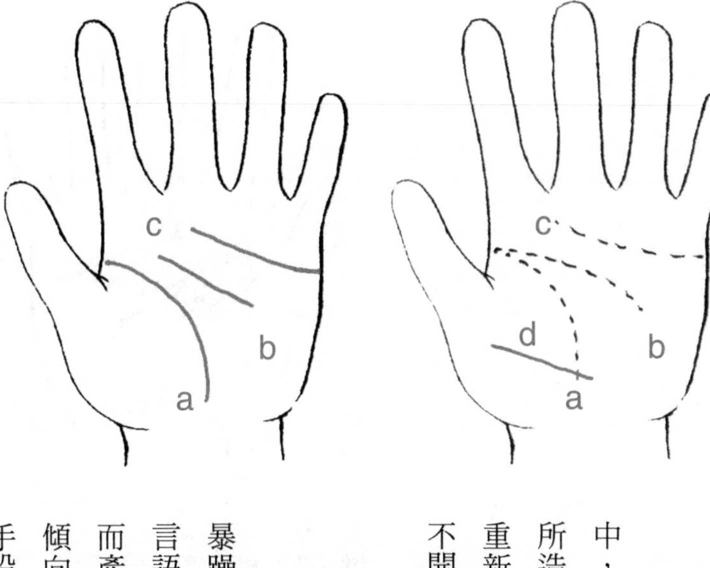


## 三、生命線上有橫紋劃過

生命線上有橫紋劃過，表示在現實生活中，發生很多不如意的事，特別是環境改變所造成的影響，情緒常常顯得低落，沒辦法重新振作，若人際關係又糟糕的話，那麼想不開的機會就大增，需要有人從旁關照。

## 四、掌中主線呈現川字紋

掌中主線呈現川字紋，就表示個性比較暴躁，凡事容易衝動，跟別人相處的時候，言語比較直來直往，很容易無形中傷到人，而產生糾紛、煩惱，在感情方面，有任性的傾向，會藉著要輕生的戲碼，來當作要脅的手段，不是真的想不開。

五、感情線與理智線分岔雜亂

感情線與理智線分岔雜亂，就是兩條線出現許多分岔支線，表示個性比較浮動，不太容易安定，情緒起伏變化快，若遇到困難不能解決，有逃避現實的傾向，不喜歡接受他人的幫助，若鬱卒痛苦的話，將會有厭倦人世的念頭。

## 拾柒、聲色犬馬燈紅酒綠的手相

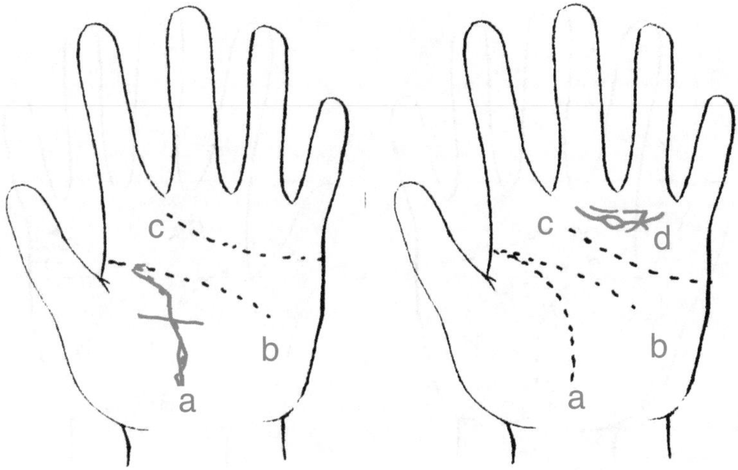

c
d
b
a
c
b
a

### 一、手掌中出現縱慾紋

手掌中出現縱慾紋，就是在手掌的下方處，有一道圓弧形紋路，表示意志力較不堅定，容易受到環境影響，對於是非對錯的觀念薄弱，有縱情聲色、沉迷物慾的現象，如果不加以檢點節制，恐怕會因此身敗名裂、傾家當產。

### 二、紋路雜亂的金星帶

紋路雜亂的金星帶，就是金星帶有雜紋交錯，或是有島紋出現，表示行事不腳踏實地，有作白日夢的傾向，會喜歡虛幻不實的事物，不懂得努力求取上進，容易被物質給迷惑，特別是感情方面，有好色淫亂的可能。

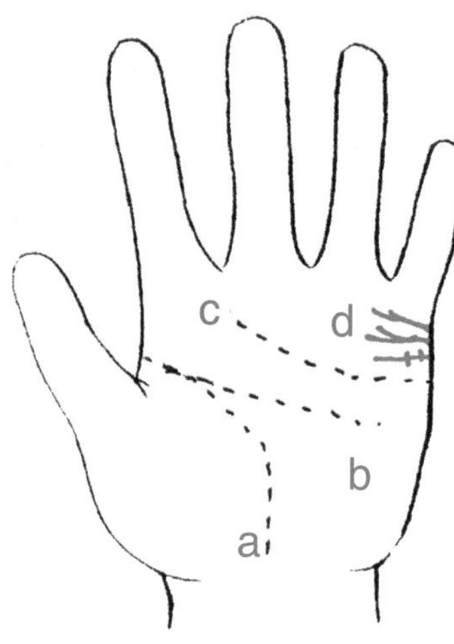


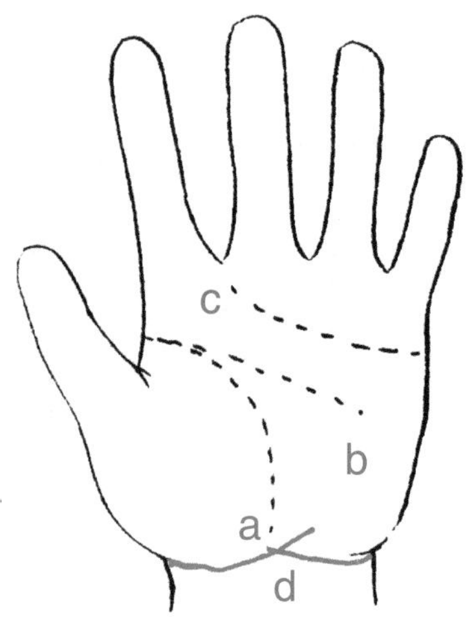

## 三、雜亂無章的結婚線

雜亂無章的結婚線，就是有數條結婚線，可是卻顯得雜亂不整齊，表示為人不重視忠貞，感情方面流於隨便，男女的交往關係複雜，通常會因此惹上桃色糾紛，結婚後，婚姻生活多半不理想，有中途離異的可能。

## 四、呈現交叉的手腕線

呈現交叉的手腕線，就是手腕線中間有交叉的現象，表示個性比較浪蕩，不喜歡受約束，態度不成熟穩重，對於感情不能專一，有遊戲人間的心態，而身體方面，會有隱疾的可能，尤其是生殖系統方面。

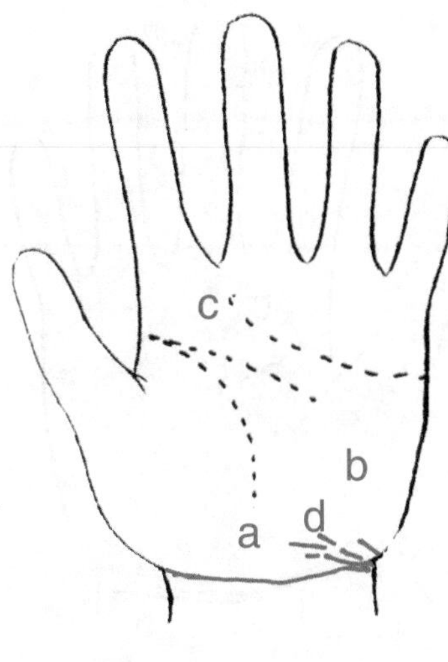


## 五、斷續不整的桃花紋

斷續不整的桃花紋，就是手腕線上方的細橫紋，表示感情生活複雜，交往關係浮濫，經常更換伴侶，有一夜情的傾向，由於沉迷酒色，喜歡夜生活，身體狀況往往不太理想，機能有加速老化的現象。

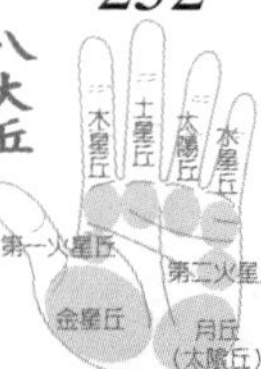


# 拾捌、溫柔殷勤的新好男人的手相

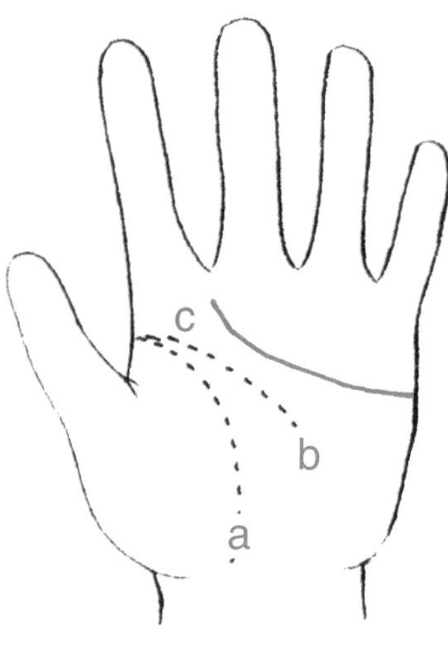


## 一、完整且彎曲的感情線

完整且彎曲的感情線，就是形狀沒有缺損破壞，而且尾端部分朝上彎曲，表示個性溫和、態度體貼，為人很重視感情，尊重另一半的想法，什麼事情會忍耐寬容，是個充滿責任感的人，會好好照顧顧配偶及家庭。

## 二、深長而明顯的手腕線

深長而明顯的手腕線，就是手腕線形狀很整齊，沒有島紋或鎖鏈的缺損，表示頭腦清晰、充滿魄力，做事情有條有理，能按部就班完成，婚姻方面，配偶的條件不錯，可以有幫夫運，本身對配偶跟家庭也會付出照顧。

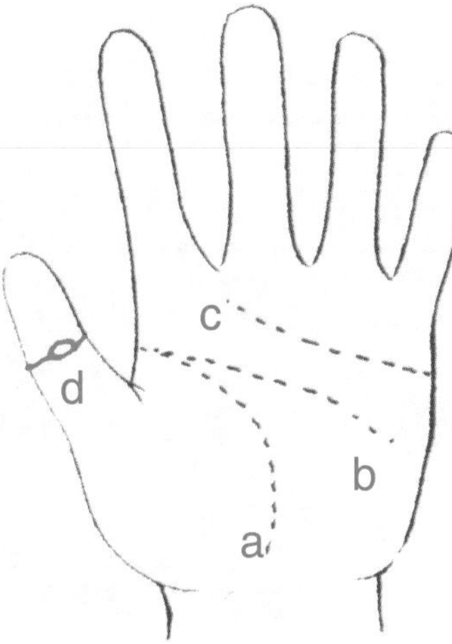

## 三、拇指上頭的鳳眼紋

拇指上頭的鳳眼紋，就是拇指上頭的分節線，出現了鳳眼的形狀，表示自己能有主見，懂得掌握規畫，事業上能開創一片天地，婚姻方面，夫妻能夠恩愛，共同維持家庭和樂，是人人稱羨的神仙眷屬。

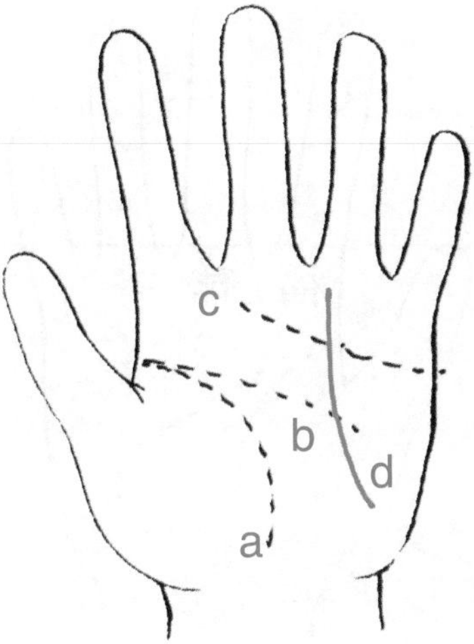

## 四、太陰丘延伸的太陽線

太陰丘延伸的太陽線，表示懂得替人著想，不會太自私自利，人際關係非常良好，感情方面，會遇到條件不錯，各方面都能配合的伴侶，彼此能夠長相廝守，自己會無怨無悔的付出，關心照顧另一半與家庭。

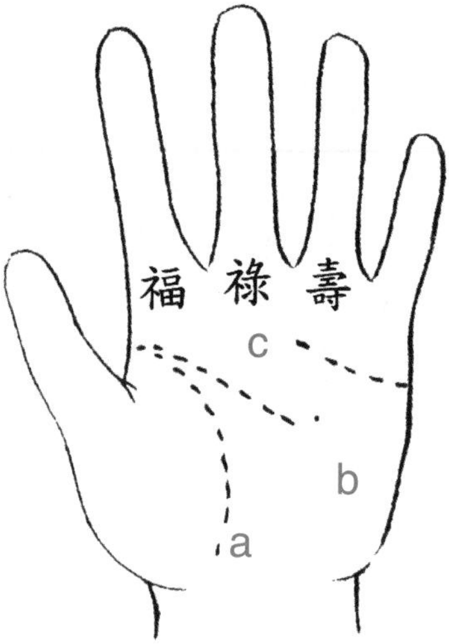

福　祿　壽
c
b
a

## 五、手掌的丘位飽厚實

手掌的丘位飽厚實，就是福祿壽的三個丘位，沒有受到任何損傷，形狀隆起且飽滿，表示人生運勢平順，家庭背景安康，能夠立下良好基礎，將來事業的發展不錯，婚姻能得到好伴侶，彼此能夠互相恩愛。

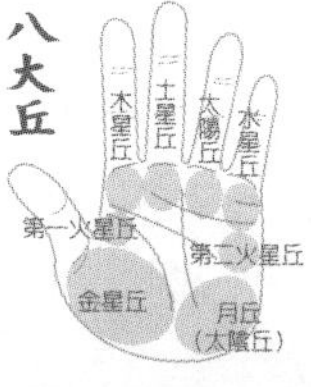

# 拾玖、縱橫職場的天王天后的手相

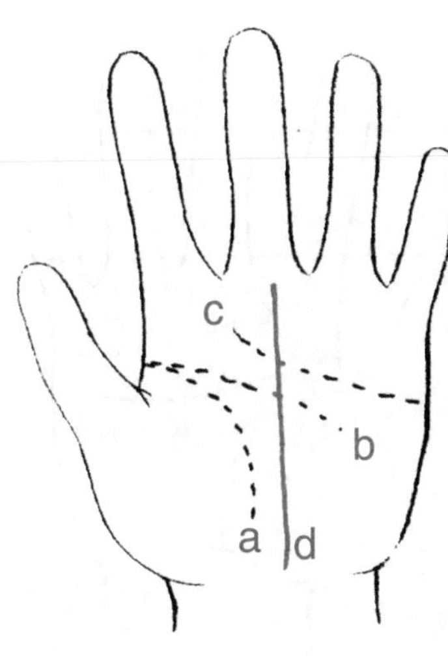


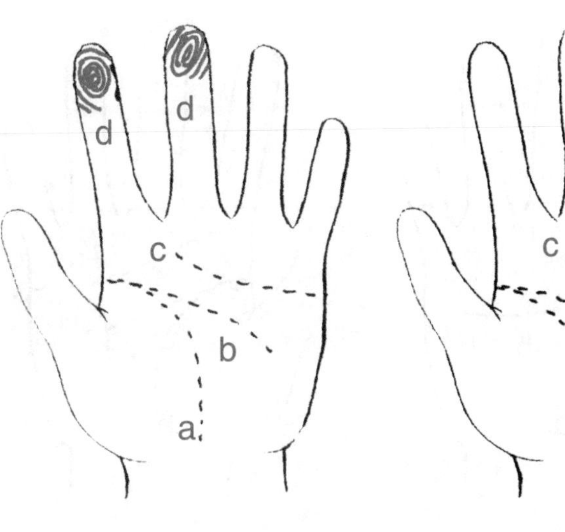


## 一、一柱擎天的事業線

一柱擎天的事業線，就是形狀完整沒缺損，筆直清晰的事業線，表示意志力堅強，能勇往直前，不怕任何阻礙，會盡全力克服，由於不甘願屈就仁厚，往往有自行創業的可能，企圖心非常明顯，是職場的常勝軍。

## 二、指頭紋路皆為羅紋

指頭紋路皆為羅紋，表示為人很有企圖心，會想爭取機會表現，很在意工作效率，會盡心盡力投入，賣命的達成目標，有時甚至忘記要休息，造成身體很大的負擔，但職場成果往往豐碩，能替公司帶來許多利益。

## 三、明顯清晰的太陽線

明顯清晰的太陽線，就是在無名指下方的直紋，表示為人大方開朗、個性樂觀，懂得交際手腕，出外人緣良好，事業能有所進展，就算中途遭遇阻礙困難，也會有人從旁幫忙協助，讓一切問題能迎刃而解。

## 四、尾端上翹的理智線

尾端上翹的理智線，就是尾端部分朝上指頭彎曲，表示腦筋優秀、精明能幹，凡事精打細算，能有良好績效，但是有時因為太重視事業，而忽略了人情的考量，容易有人際糾紛產生，這是需要改善的地方。

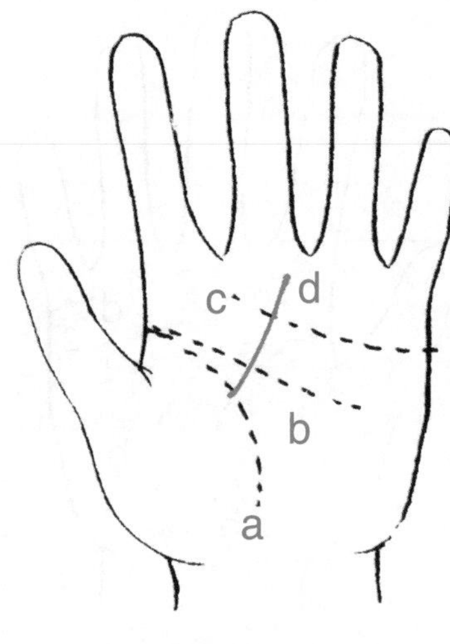


## 五、生命線的支線朝上

生命線的支線朝上，就是生命線有支線朝上，往中指跟無名指方面延伸，別名叫做努力線，表示為人適應力強，懂得危機應變，在事業方面，能事先規畫妥當，採取必要的措施，業績通常長紅掛帥。

# 貳拾、愛之船總是觸礁沈沒的手相

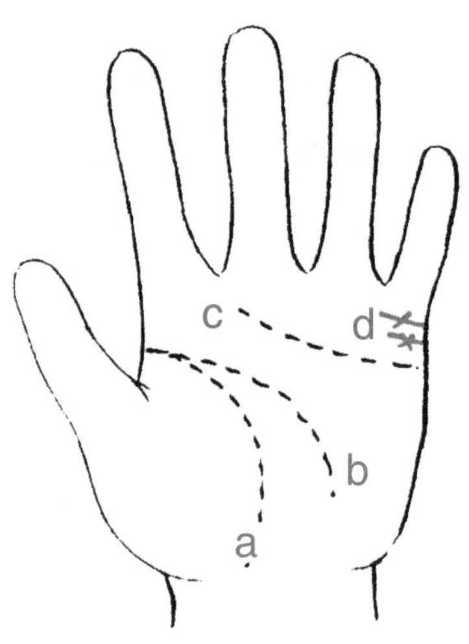


## 一、感情線的支線朝下

感情線的支線朝下，就是許多延伸支線朝下，表示經歷過許多次的戀愛，是留下紀錄的痕跡，表示感情方面，往往一見鍾情，但來得快去得也快，結果經常是傷心難過，心情不愉快的收場。

## 二、雜紋劃過的婚姻線

雜紋劃過的婚姻線，就是婚姻線有紋路劃過，顯得雜亂無章，表示感情方面，雖然真心真意的付出，但是中途卻出現阻礙，換得欺騙、背叛的下場，婚姻上，彼此的觀念不合，感情會慢慢變淡，會有離異的可能。

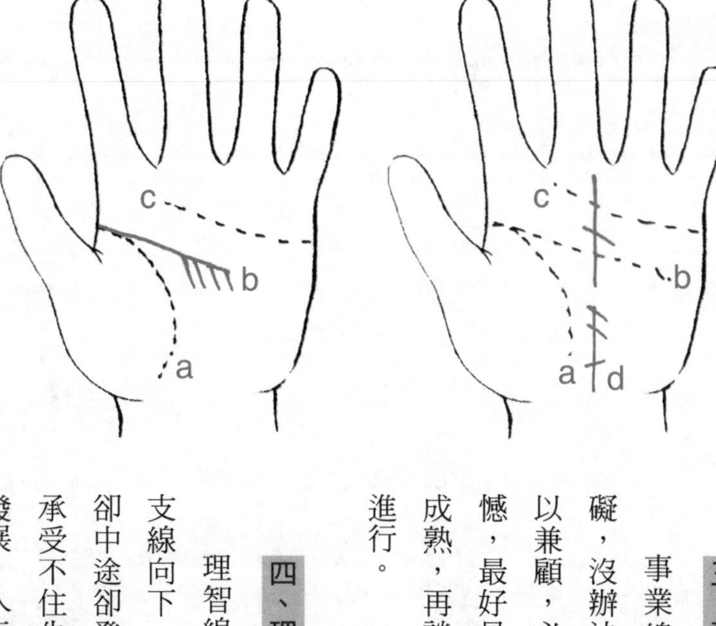


## 三、事業線有雜紋劃過

事業線有雜紋劃過，表示運勢遭受阻礙，沒辦法順心如意，在感情跟事業方面難以兼顧，必須忍痛做出抉擇，而造成許多遺憾，最好是能夠先專心事業，等待時機條件成熟，再談感情婚姻的話，就會比較順利的進行。

## 四、理智線的支線朝下

理智線的支線朝下，就是理智線有許多支線向下，表示談戀愛剛開始很順利，不過卻中途卻發生變故，整個人變得悲觀消極，承受不住失戀的打擊，往往而影響到事業的發展，人生運勢從此走下坡。

# （手掌心中斷事業）

掌心三線，露玄機
兩手一攤，現禍福

# 壹、優秀良好、筆挺直聳的手相

優秀良好的事業線，就是事業線筆直清晰，沒有明顯的彎曲，或是中途出現缺口的情況，也少有橫紋雜紋劃過，表示事業心重，企圖旺盛，做事腳踏實地，不會想速成，如果能夠參考理智線、感情線的話，就更可以看出心態的差別，以下就舉兩組實例來對照。

## 一、理智線平穩有力、感情線完整清晰

理智線平穩有力，加上筆直清晰的事業線，就有如虎添翼的效果，在事業方面能刻苦耐勞，等待良好時機出現，而且掌中紋路較少，顯得不那麼雜亂，行事比較有條有理，傾向於公正無私，很適合自行創業，營運通常能夠蒸蒸日上。又感情線完整清晰，表示配偶的條件不錯，能夠從旁輔助自己，因此就算發生問題，也可以得到配偶全力支持，共同攜手來度過難關。

**案例一**

李先生、三十六歲男性，早年較為辛苦勤勞，而後自行創業當老闆，剛開始很辛苦，欠缺資金的援助，所幸得到配偶的幫助，家庭沒有後顧之憂，太太從親戚朋友哪籌錢，因此度過事業難關，自己也四處交際應酬，業務從此蒸蒸日上，經營的非常成功。

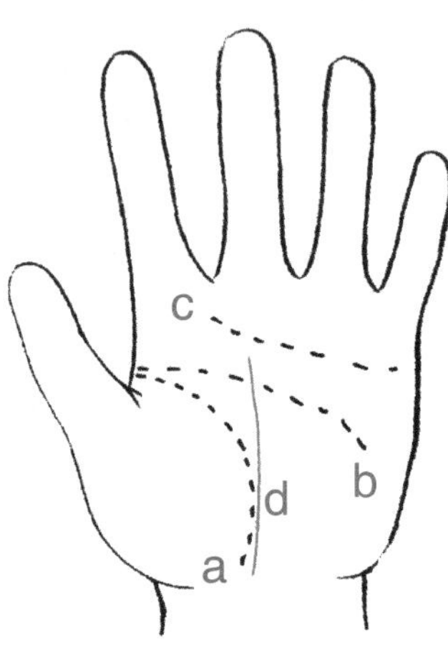


## 二、理智線彎曲下垂、感情線開岔雜亂

理智線彎曲下垂，加上筆直清晰的事業線，就好像空中的樓閣一般，整天追逐白日夢，行事不切實際，雖然有不錯的點子，但卻無法執行貫徹，顯得心有餘而力不足，對於環境的適應力較差，若創業的話，恐怕會草率結束、關門大吉。又感情線開岔雜亂，容易有人情的包袱，常因感情問題而煩惱，特別是對身邊的配偶，有爭風吃醋的現象，影響到工作的投入。

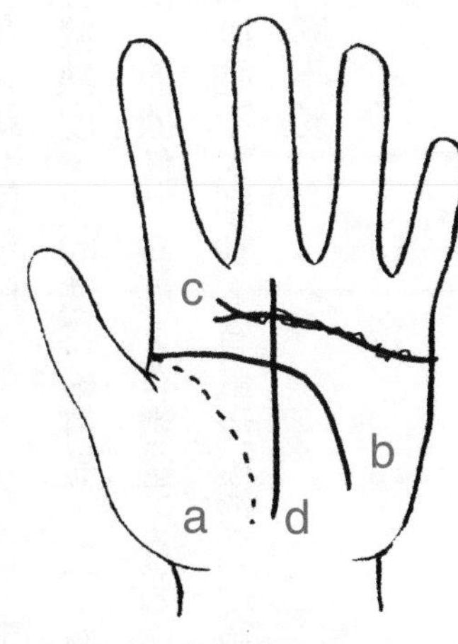


## 案例二

王先生、四十歲男性，每次工作升遷的時候，機會總是拱手讓別人，因此憤而跳槽換公司，但情形依舊存在，沒有任何改善，感情婚姻方面，在三角戀情當中，最後抱得美人歸，但太太跟舊情人仍有來往，造成自己疑神疑鬼，經常情緒化影響工作表現，導致升遷無望。

## 貳、軟弱無力、搖擺不定的手相

軟弱無力、搖擺不定的事業線，事業線至少要穿過感情線，才顯得出為人公正無私的心胸，否則的話，容易為了感情問題而失去理性判斷，做出不當的行為舉止，影響到本身的事業前途，那可就得不償失了，以下舉兩組實例來對照。

### 一、事業線有頭無尾、感情線有島紋

事業線有頭無尾，就是起頭很明顯清晰，到尾端卻顯得細微無力，表示做事情往往三分鐘熱度，沒辦法持續貫徹下去，有半途而廢的傾向，或是遭遇困難阻礙，不加思索解決，而放任其發展，有逃避現實的情況，特別是在中晚年以後，加上感情線有島紋，感情婚姻不太順利，有風流縱慾的現象，事業將會逐漸走下坡，不適合繼續擴展，能守成已屬不易。

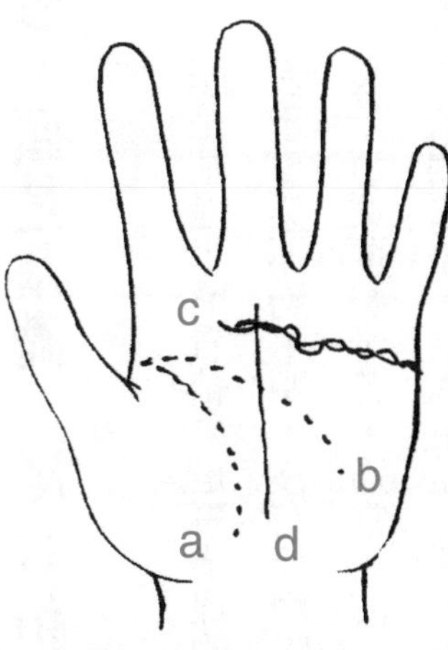


**案例一**

陳先生、六十歲男性，早年冒險心強，隻身到海外發展生意，開了間酒店，有不錯的成績，由於曾經有重大的感情挫折，本身離過一次婚，因而沉迷酒色、風月場所，到處一夜風流，直到年老體力衰退，才想要退休頤養天年，最後頂出酒店，回到故鄉定居。

## 二、事業線彎曲波折、手掌有川字紋

事業線彎曲波折，就是事業線雖然朝上延伸，但形狀並不是筆直的，而是有點波浪的情況，表示剛開始很認真，事業的進展迅速，但卻後繼無力，只想趕快速成，無法累積實際的成果，很容易一個人自怨自艾，無法自我檢討反省，突破目前的困境，加上手掌是川字紋，行事往往衝動、欠缺冷靜思慮，經常惹出麻煩糾紛，需要別人善後收拾，人生運勢起起伏伏。

**案例二**

金小姐、三十一歲女性，早年本來想創業，但是最後卻不了了之，欠缺堅定的意志，又判斷上容易受影響，所以第一次真正創業時，投入大筆的資金運作，但結果慘澹經營、週轉不靈，因而倒閉收場，又感情方面，戀愛過程不順利，有三角戀情的困擾，但都沒有好結果，目前仍是單身一人。

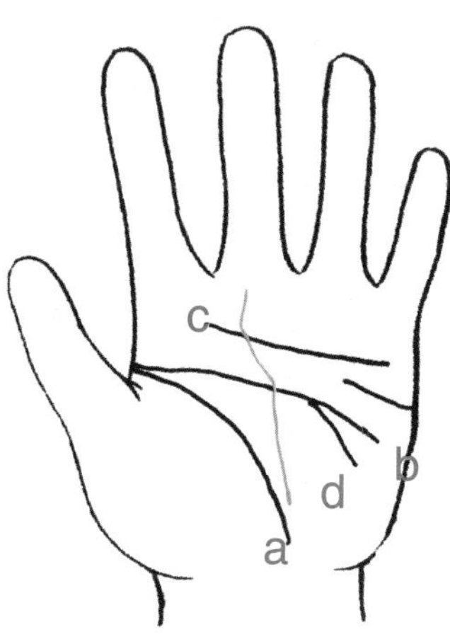


## 參、頭是基礎、尾看結果的手相

頭是基礎、尾看結果是事業線的看法，也是分辨結果好壞的依據，若開頭好、結尾好，表示事業運勢平順，沒有什麼阻礙，能夠平步青雲、飛黃騰達，但若開頭差，結尾好，表示事業運勢辛苦，通常一波三折，但只要持續努力，還是能有收穫，可以享受成果，但若開頭差、結尾也差的話，表示事業運勢不佳，無法獲得貴人幫助，缺乏企圖鬥志，僅為三餐糊口而已，以下舉兩組實例來對照。

## 一、事業線結尾偏斜、婚姻線微弱不現

事業線結尾偏斜，就是事業線沒有朝中指延伸，反而朝向食指方向發展，表示事業基礎良好，有旺盛的企圖心，做事刻苦耐勞，懂得掌握時機，往往能夠創業致富，享有地位名聲，但是事業線卻偏斜收尾，表示為人自私自利、有不擇手段的情況，很容易心術不正，而走向極端偏激，特別是婚姻線微弱不現，表示習慣自由無拘束的生活，因此較無家庭責任感，對人會比較冷漠對待。

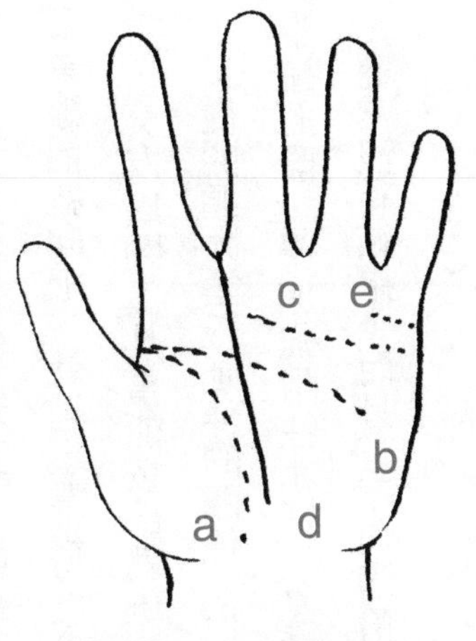


**案例一**

陳先生、四十四歲男性，早年投身房屋銷售，逢景氣成長的關係，業績十分的驚人，成交賺取的佣金不少，但由於心態不正確，選擇走險路一途，用各種手段炒股票、炒房市，還到處跟銀行或金主借貸週轉，最後股票套牢、房價慘跌，欠下巨額的債務，不得已連夜搬遷。

## 二、事業線偏斜向上、婚姻線尾端開岔

事業線偏斜向上，就是事業線從太陰丘往上，由掌邊延伸至中指下方，表示為人正直大方、交友廣闊，凡事能按部就班，不會想偷雞摸狗，往往能達成目標，享有豐碩成果，又從開頭太陰丘延伸的關係，很適合到遠方打拚事業，頗有異鄉發達的格局，但切記半途而廢，要加強耐性才好。又婚姻線尾端開岔，表示容易遇人不淑，感情交往波折，經常沒有結果，而且有三角戀情的現象，很容易影響到事業的發展。

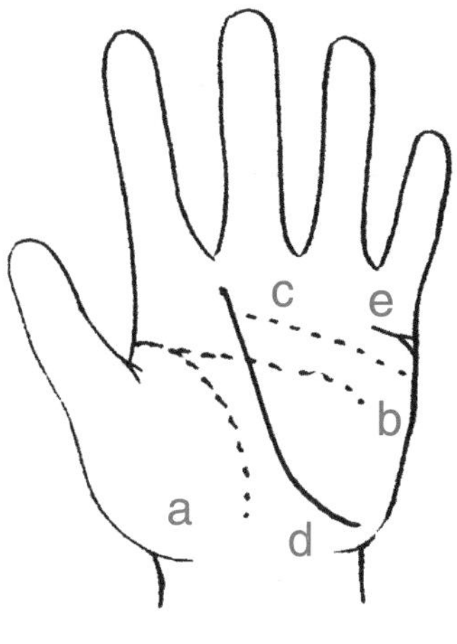


**案例二**

梁小姐、二十九歲女性，從事演藝事業，桃花異性緣非常好，時常有緋聞傳出，但男女關係複雜，至今仍然沒有歸宿，理財投資上，很容易輕信別人，花了大筆錢投資，不加以詳細考慮，但結果卻不如預期理想，全數金額都血本無歸。

## 肆、投機主義、悔不當初的手相

投機主義往往有兩種，一種是經過詳細的考慮，而一種是衝動的決定，前者會按部就班來執行，顯得有詳細規劃，後者，僅僅是貪圖利益，而忽略背後危機，這點可以從事業線的長度來看出，不過仍然要參照其他主線的變化，方能決定趨勢如何，不可以一味的來論斷，特別是事業線跟理智線與感情線有關，兩者會造成不同的影響，這是必須要區分清楚的，以下舉兩組實例來對照。

### 一、事業線遭遇阻礙、理智線下垂中斷

事業線遭遇阻礙，就是事業線往上延伸，但是碰到感情線後就停止，表示事業剛開始順利，有進步的空間，但是隨著時間增長，趨勢會越走下坡，有中途出現瓶頸卻無法突破的情況，又理智線下垂至太陰丘，而有折斷的現象，表示凡事太過於理想化，有投機取巧的可能，而不腳踏實地工作，表面上看起來很風光，其實很容易因為決策錯誤，在財運方面遭遇到嚴重損失，又手掌中呈現川字紋，比較會衝動行事，學不會寶貴教訓，

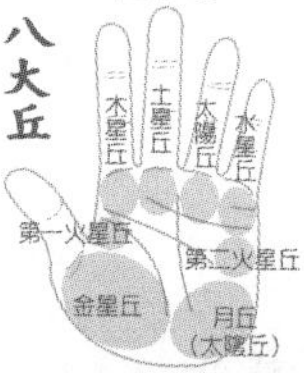

事業經常起伏不定。

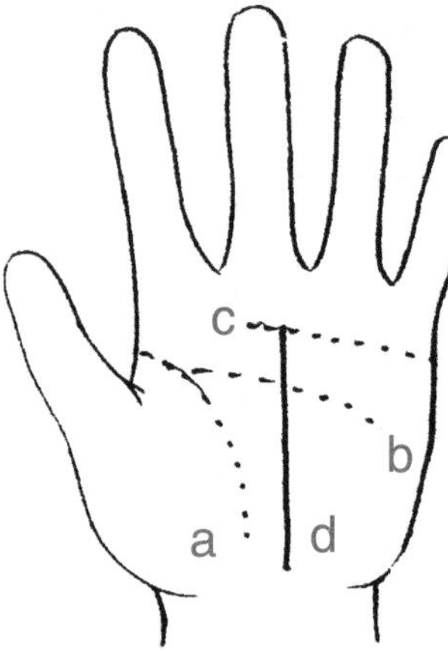

**案例一**

翁先生、五十一歲男性，待過金融行業，專門處理外匯，腦筋十分的靈活，但喜歡投機取巧，所以有操作股市、貨幣的習慣，剛開始嚐到甜頭，最後就加碼賭注，不幸碰上金融風暴，不但要賤價賣出，還得賣房子抵債，但卻不懂得反省，還想要東山再起，標準的賭徒心態。

## 二、事業線筆直有力、感情線雜紋分岔

事業線筆直有力，但遇到感情線就停止，不過卻另有紋路從感情線往上延伸，表示原本事業做得不錯，很努力上進打拚，但是中途卻遇到困難，使得情況有所改變，必須採取其他的行動，從感情線分岔出的支線可以看出，事業有轉行的現象或是兼差的可能，而且往往有人情世故的考量，特別是男女感情方面，由於感情線雜亂無章，恐造成負擔

包袱，影響到事業的發展，無法繼續擴大，人際方面，較聽信朋友的話，容易感情用事，錢財也比較守不住。

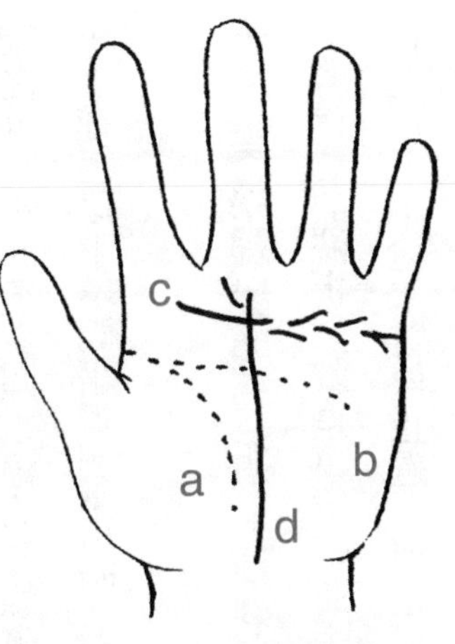


案例二

周太太、五十八歲女性，經營店面的生意，早年四處奔波、無以為家，感情方面，是奉子成婚，夫妻兩人最後決定做生意，頂下一間店鋪，老伴已經去世，僅有一個出嫁的女兒，經常體弱多病，需要人照顧，但自己也需要工作，顯得有點分身乏術，感嘆晚年仍操勞憂心，為兒女奔波勞碌。

# 伍、愁眉深鎖、灰心喪志的手相

愁眉深鎖、灰心喪志是事業不順或失敗時，常出現的心情寫照，不過情形略有不同，一是因為自己的因素造成，可以從紋路的粗線來判別，推斷事業過程的歷程變化，配合主線來參照的話，更能掌握為人的心態，另外則是環境因素的影響，這除了紋路的粗細之外，也必須參照主線的形態來斷定是否有志難申、無法突破，或根本就是懶散、不求上進，以下舉兩組實例來對照。

## 一、事業線彎曲波折、運勢看粗細有別

事業線彎曲波折，就是事業線並不是筆直向上，反倒是彎曲的延伸發展，表示事業雖然在進行，中途未曾停止過，但是可以明顯看出，有遭受外在因素影響阻礙，而改變原本發展的情況，特別是事業線粗細不一，頭腦線以下的部分，紋路開頭細小不明顯，慢慢的稍粗了起來，等越過頭腦線後，又非常的細小，越過感情線以後，紋路又粗了起來，這表示心態上的歷程，粗就是勤勞進取，細就是懶散逃避，粗細不一的情況，也就象徵事業運的坎坷。

**案例一**

沈先生、五十五歲男性，目前從事殯葬業，個性急躁、脾氣火爆，對客戶的服務很不好，經常被抱怨投訴，人際關係不是很理想，業績慢慢下滑，但自己卻又無法改善，想找別的工作謀生，卻又考慮安穩以及收入的現實問題，態度一直猶豫不決，不知道該怎麼辦，對未來顯得徬徨無助。

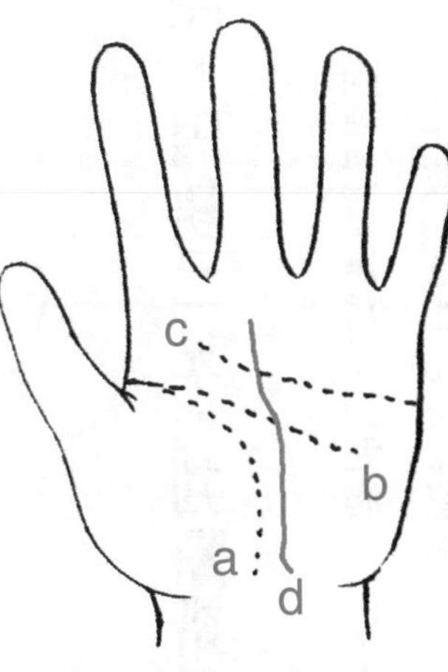


## 二、事業線頭粗尾細、掌中主線頭相連

事業線頭粗尾細就是事業線雖然筆直沒有彎曲，但是整體的紋路來看，有越來越細的現象，表示事業的基礎很穩固，但隨著時間的經過，業績有走下坡的情況，這除了環境的因素之外，大部分是企圖心減少，不負當年的理想抱負，因為歲月的關係而顯得力不從心，又掌中主線的部分，生命線、理智線開頭相連，凡事謹慎小心，步調傳統保守，心胸比較狹窄，容易執著、煩惱，有放不開的傾向，因此適應環境的能力較差，面對時

代潮流的挑戰，自然是有志難伸。

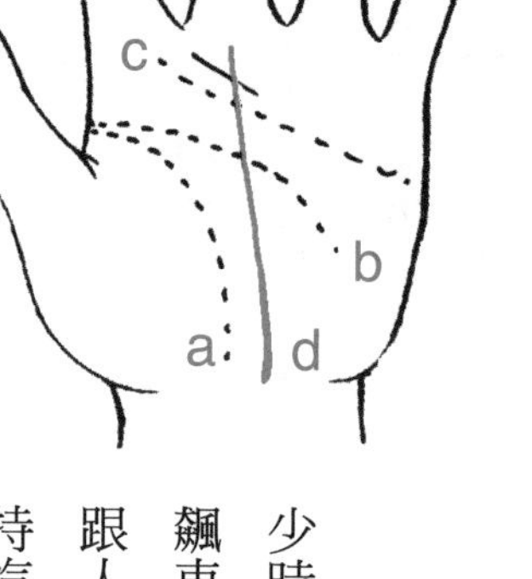


**案例二**

蔡先生，五十三歲男性，職業是汽車修護，年少時叛逆，不喜歡父母管教，整天在外遊蕩，曾有飆車的行為，因而迷上車子，投入這個行業，但卻跟人無法溝通協調，一直更換工作地點，但還是維持汽車修護的本行，直到結婚生子以後，才慢慢安定下來，對工作得過且過，等待退休的到來。

## 陸、固執己見、判斷錯誤的手相

固執己見是常見的毛病，也是事業上的失敗因素，特別是腦筋不佳、判斷較差的人，往往會因為如此而深陷困境當中，這通常可從事業線的長度是否超過理智線來衡量，若未超過理智線的話，多半事業的基礎有限，往往後繼無力，沒有貴人幫助或資源供應，造成事業困頓的局面，若主線的形態又不佳的話，那情況很可能明顯加劇，而有一敗塗地的可能，以下舉兩組實例來對照。

## 一、事業線止於理智、三心二意失良機

事業線止於理智線，而不能繼續往上發展，表示事業受到了阻礙，多半是本身見識有限或觀念偏差的問題，所以對於工作的表現往往會積極爭取，但方式卻不懂變通，無法增加工作效率，而有事倍功半的現象，又事業線有由粗變細的變化，表示遭遇挫折之後，不但不懂得反省，反倒自怨自艾，心態上有懶散、消極的念頭，很容易猶豫不決，而錯失眼前大好機會，特別是投資理財上，若旁邊沒有顧問的話，很可能會孤注一擲，敗個精光而不剩。

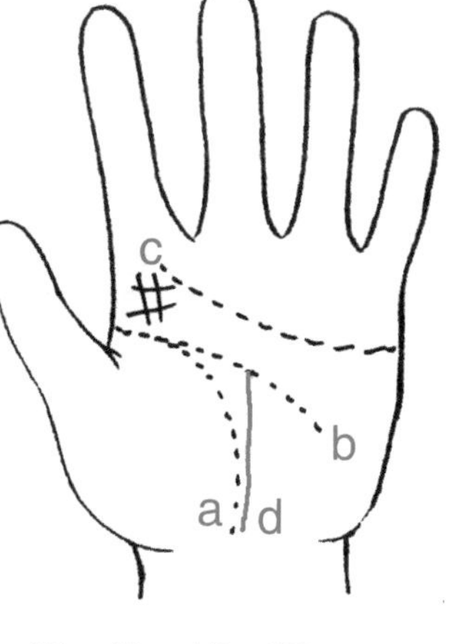


**案例一**

林先生、三十七歲男性，服務於證券投資部門，幫客戶分析市場趨勢，提供良好的諮詢，通常都能夠獲利，贏得不少客戶的掌聲與信賴，酬勞相當優渥，但由於個性缺乏魄力與勇氣，面臨投資時卻不敢當機立斷，自己反而慘賠不少錢，情緒上大受打擊影響，而有鬱卒難解的現象。

## 二、事業線微曲斷裂、心煩意亂茫茫然

事業線微曲斷裂，就是指事業線開頭微曲，表示早年心思不定，求學的過程散漫，成績不盡理想，以致於進入社會以後，事業的基礎薄弱，發展上備受艱辛，又事業線多斷裂，形狀上不完整，也沒超過理智線，表示受外力因素干擾，會經常更換工作，沒辦法穩定下來，當遭遇到問題的時候，卻沒有貴人幫助解決，導致心態上比較惶恐，久了之後反倒麻木不仁，認為自己沒有潛力，心煩意亂茫茫然，事業沒有出色表現，僅僅庸庸碌碌，平平凡凡過一生。

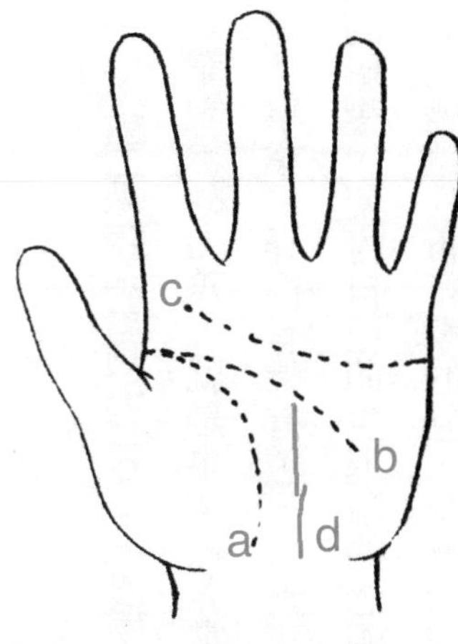


## 案例二

李太太、二十七歲女性，是負責賣場的銷售員，平常負責管理物品，還要點貨記帳，甚至於要服務客人，顯得非常忙碌不堪，加上口才不流利，不善於交際應酬，老闆看不下去，會站出來指責其不是，自己覺得很委屈，工作前途受到影響，對未來沒有想法，所幸婚姻生活幸福，丈夫還頗為疼愛。

# 柒、線短運短、浮沉隨浪的手相

線短運短，是指事業線的長度而言，一般來說，事業線越長越深刻，表示事業運勢旺盛，有貴人相助，比較容易成功，若事業線越短越不明顯，表示事業運勢衰敗，容易遭遇麻煩，而造成失敗挫折，由這點就可以來判別，不過仍然要配合其他的主線參照，判斷上會比較客觀，不至於出現偏差，而這裡是利用感情線的區別來決定不同的事業發展，以下舉兩組實例來對照。

## 一、事業短線耐力差、環境變遷不由人

事業短線耐力差，就是事業線非常的短，向上延伸未能達到感情線，表示為人雖然善於經營事業，弄得有聲有色，但到了一定的時間就會有變動的情況，通常是由於環境因素的影響，使得自己萌生退隱的念頭，對於事業企圖心降低，未能尋求突破的契機，若此時又遭遇挫折打擊的話，那麼情況會更加的明顯，所幸感情線非常優良，可以彌補如此的缺點，會有貴人前來幫助，不會顯得那麼操心勞累，但過程仍然有反覆的現象。

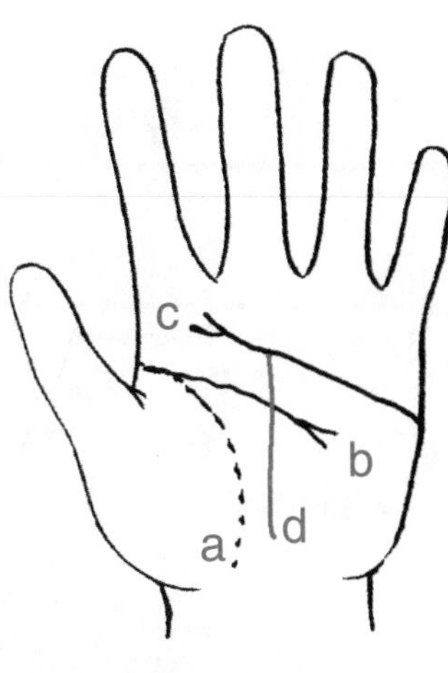


**案例一**

葉先生、四十三歲男性，販賣水果、蔬菜維生，給人家當夥計，由於能力不錯，辦事牢靠，所以很得老闆的歡心，老闆曾鼓勵其創業，獨立開店經營，但是由於三心二意，拿不定主意，所以一直屈就而沒有行動，這是因為欠缺信心的緣故，必須要拖磨一段時間，反反覆覆難以成就，現在已經獨自創業。

## 二、事業線短志不短、突破困境另創天

事業線短志不短，就是事業線雖然短，未能直接突破感情線，但紋路還算深刻明顯，表示基礎相當穩固，企圖心顯得旺盛，會願意打拚努力，但運勢不是相當順利，會有很多阻礙出現，但感情線上又延伸出支線，是事業線的輔助線，象徵事業能有所突破，多半是經歷過困境，但卻能夠冷靜反省，從中找到新的契機，有東山再起的盛況，不過手

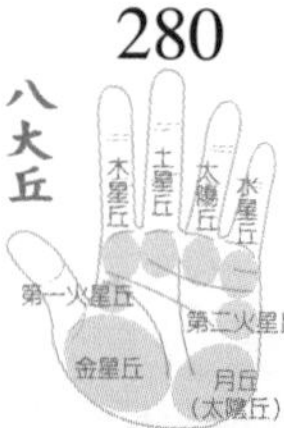


掌的食指過短，要注意朋友的拖累，最好不要輕信朋友的話，以免損失金錢財物。

## 案例二

張先生、五十六歲男性，從小在異鄉長大，有豐富的閱歷見識，回故鄉發展，投靠親戚尋求發展，後來自行創業，開設貿易公司，由於人際關係良好，所以日見壯大，因此投資也逐漸擴大，但由於遭遇金融風暴，一下子損失慘重，陷入煩惱憂愁中，希望能突破僵局。

# 捌、破裂微弱、懶散怠惰的手相

以破裂微弱來說，這紋路非常不利於事業的發展，通常出現於懶散、怠惰的人掌中，不過卻有好幾種不同的情況，有的是因為基礎不良、環境背景的關係，所造成的現象，有的則是後天思慮不周、經營不善，所導致的事業危機，這點是必須要分別的，這裡是用事業線的開端，配合掌中主線的變化來加以論述兩者的心路歷程，讓讀者可以深入了解，以下舉兩組實例來對照。

## 一、事業線開端破裂、基礎動搖心懶散

事業線開端破裂，就是事業線的起點紋路出現破碎的現象，呈現出許多雜紋，表示早年求學過程不順，整天只想遊玩玩樂，所處的環境不太理想，造成人格的培養有問題，又加上是川字紋的影響，行事固執衝動，規勸聽不進去，因此會惹出煩痲，通常難以收拾，年長時，由於心思不定、基礎薄弱，做什麼行業都耐不住性子，總是不斷更換工作，難有出頭天的機會，生命線的部分也有斷裂的情況，若一直這樣下去，那天恐怕會因為不如意，而有輕生想不開的舉動。

**案例一**

尹小姐、三十歲女性，從小生活環境複雜，身邊三教九流都有，本身腦筋聰穎靈活，但對學業不是很認真，成績非常不理想，加上感情思想早熟，亂搞男女關係，一度為情所困，有自殺輕生的舉動，命雖然救了回來，但整個人的態度轉變，顯得懶散無鬥志，工作方面敷衍了事，沒有任何成就可言。

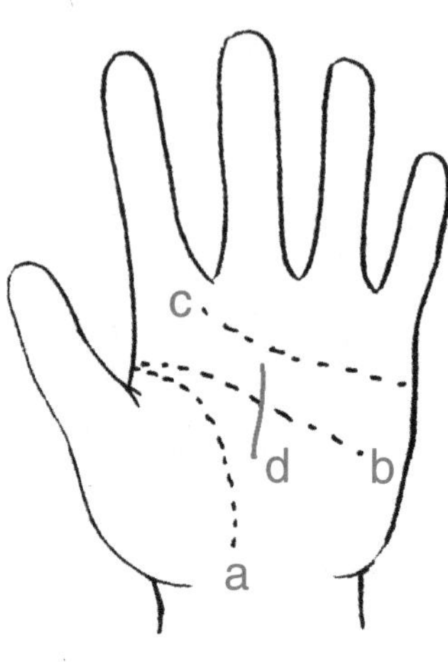


## 二、事業線短中途斷、身不由己隨風飄

事業線短中途斷，就是事業線不完整，有斷斷續續的情況，而且也未能達到感情線，僅止於掌中名堂的位置，又事業線多分岔細紋，表示為人缺乏恆心、毅力，有半途而廢的傾向，心思浮躁不安定，什麼事情都想做，但卻沒辦法專心投入，總是期待越大失望越大，加上環境變遷的因素，往往獨自哀怨感嘆，提不起精神振作，又婚姻線不太理

想，有紋路穿越的現象，表示感情婚姻不順遂，男女交往關係複雜，就算能結了婚，恐怕也不能長久維持。

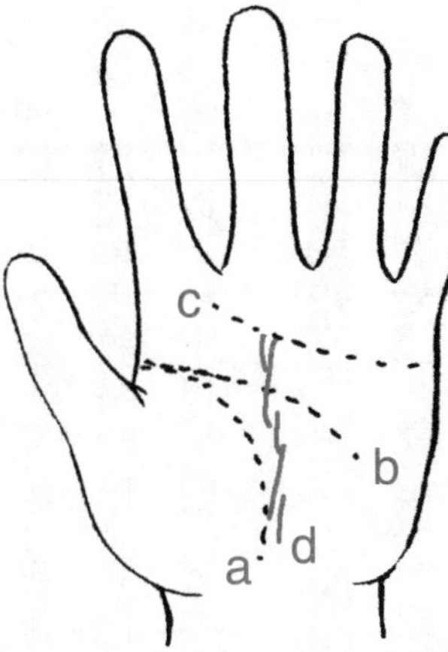

**案例二**

洪小姐、三十二歲女性，是做文書處理的工作，在青少年時期，生活不是很如意，有許多煩惱產生，不是家庭就是感情方面，靠著放縱自己來抒發苦悶，感情交往如同兒戲，到出社會的時候，身邊的桃花更多，經常有多角戀情，但卻不以為意，不過時日一久，反而影響到工作表現，有被主管解僱的可能。

# 玖、紋路轉淺、諸事難成的手相

紋路轉淺的現象，通常是代表一種轉變，如果在主紋的話，大多表示不利的因素影響，運勢有逐漸走下坡的趨勢，在事業線上而言，表示事業企圖心減弱，或遭遇到環境變遷，使得心思煩悶，無法抒發排解，若長期如此，事業恐怕難以突破成就，而顯得庸庸碌碌，這裡是用紋路的粗淺變化，配合事業線的長度來看，指出兩者的區別，讓讀者有個參考，以下舉兩組實例來對照。

## 一、事業線粗闊變淺、龍困淺灘難翻身

事業線粗闊變淺，就是事業線的開端紋路很粗闊明顯，但越往上的時候卻細微，表示早年意氣風發，充滿了自信心，會拚命投入事業當中，成果績效還算不錯，但是環境卻不如預期，受到相當大的限制，使得作風由激進轉保守，又不曉得該如何解決，身邊也沒有貴人幫助，頗有龍困淺灘的窘境，但由於事業線未突破理智線，表示為人膽小無擔當、缺乏判斷的能力，就算遇到好的機緣，也不敢勇往直前爭取，只能坐困愁城，中晚年事業，有逐漸走下坡的趨勢。

## 案例一

徐先生、三十七歲男性，目前擔任店員，早年生活顛沛流離，沒辦法獲得良好照顧，接受教育的機會不多，只能從事勞力的工作，平常沉默寡言，不喜與人接觸，而結婚以後，配偶雖然極力開導，幫助自己創業開店，但個性優柔寡斷，沒有判斷能力，最後還是失敗，結束店面經營。

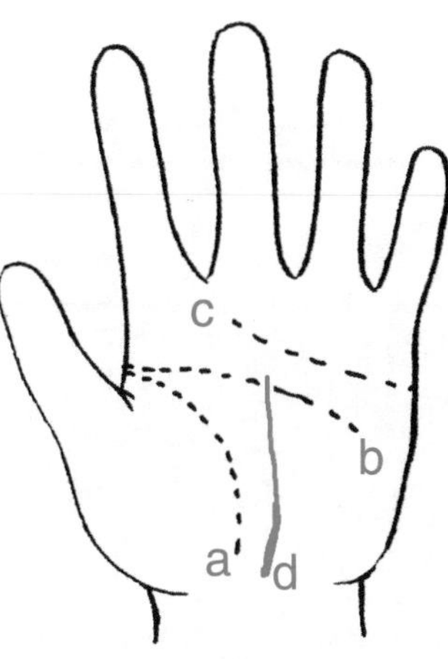


## 二、事業線挺直清秀、可惜無力衝上天

事業線挺直清秀，就是事業線筆直沒有彎曲，而且也沒有雜紋干擾，原本是應該不錯的情況，但可惜卻未能突破理智線，表示雖然有些才華，但卻是繡花枕頭，只是中看不重用，事業的基礎不穩固，又理智線向下彎曲破裂，行事有急躁衝動的現象，所以容易與人爭執起口角，造成不愉快的糾紛，影響到身旁人事關係，事業必須自立自強，會顯得坎坷辛苦，若是面臨失敗的話，恐怕會拖累許多人，事業很難東山再起，會有退隱歸去的念頭。

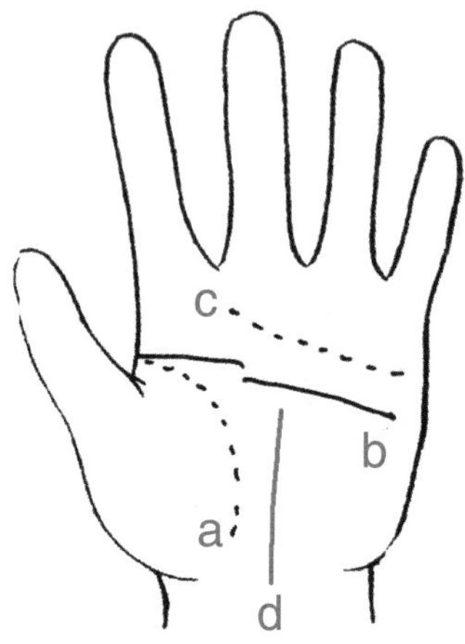


## 案例二

呂先生、四十八歲男性，繼承父親的生意，原本想有一番作為，卻處處受到員工、幹部，以及家人方面的阻擾，要他不要冒險擴大投資，以免毀了原有的事業基礎，因此一直很鬱悶，沒有辦法發揮才幹，不過情勢突然有了改觀，自己能當家做主，一度有好轉的跡象，但由於遭人拖累牽連，隨即又宣告失敗。

# 拾、開端不同、結局相異的手相

開端不同的事業線，自然背景基礎也就不同，塑造出的個性當然也有差異，不一樣的個性來主導事業發展，遭遇情況也有天壤之別，有些人固執己見，缺乏貴人幫助，一直原地踏步，有些則是貴人不斷，卻耳根子軟，到處隨波逐流，這可以從事業線的起點，以及長度、方向來判別，配合主線的影響，那麼事業的狀態將一目了然，以下舉兩組實例來對照。

## 一、生命線上事業線、固執己見導失敗

生命線上事業線，表示事業線起點是由生命線出發，看似生命線的支線，但其實是事業線的延伸，這裡的事業線雖然挺直，但是紋路過短，僅止於掌中明堂，表示無法持續努力，欠缺恆心、毅力，加上尾端彎曲，表示容易受影響、心思搖擺不定，事業多半徒勞無功，創業往往會失敗，必須要有人從旁協助，並且要增廣見聞才能彌補本身的缺點，盡量不要隨便做重大決策，要從長計議會比較理想，若是勉強去執行，只會落得淒慘的結局。

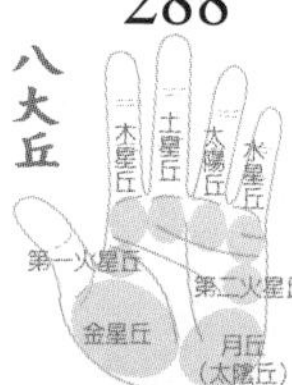


**案例一**

謝先生、三十九歲男性，由於不愛唸書上進，很早就出社會打滾，雖然家庭環境不錯，但卻沒有實際幫助，凡事喜歡靠自己，不愛欠別人的人情，堅持努力的結果，終於創出一番名堂，但由於不善理財，守不住金錢，會有被拖累的可能，所幸太太從旁協助，經濟勉強穩定下來。

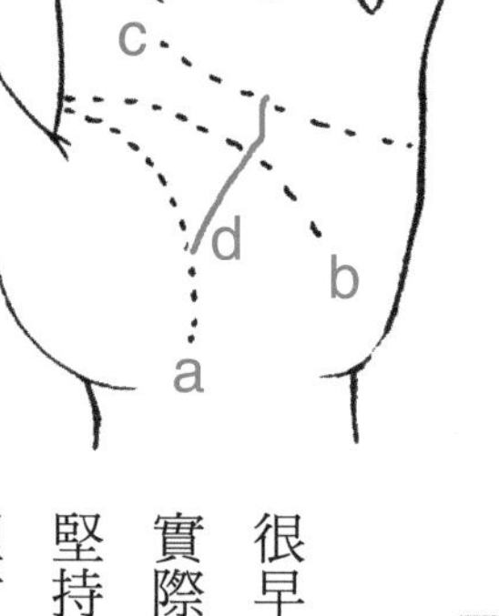


## 二、月丘延伸事業線、貴人相助性被動

月丘延伸的事業線，就是事業線起點從太陰丘往上延伸，表示為人交友廣闊，能得到眾人的幫助，對事業有一定的幫助，特別是異性的朋友，會給予某種程度的支持，不過由於紋路細微，表示個性較缺乏主見，容易受別人的影響，事業不敢放手去做，總是會擔心、猶豫，而延誤了最佳時機，又事業線尾有掃把紋，表示什麼都想做，但卻較不專一，成效不是很好，所幸理智線明顯稍長，情況不至於那麼嚴重，不過婚姻線有開岔，

婚姻多半不理想，有出軌離異的可能。

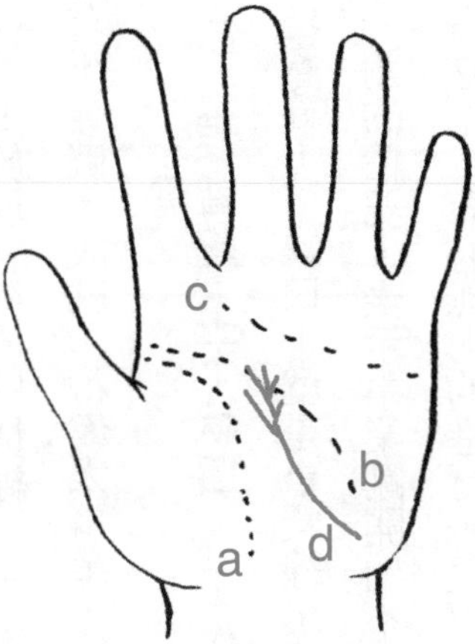

## 案例二

許小姐、二十四歲女性，朝九晚五的上班族，個性非常的主觀，脾氣不是很好，有情緒化的傾向，在感情方面，想法太過天真夢幻，有點不切實際，經常被人欺騙而吃虧，雖然後來結婚，但卻難掩本性，最後外遇偷情，被丈夫發現，結果只好以離婚收場，從此工作不停更換，最近才有想安定的念頭。

# 拾壹、出現缺口、眞假有別的手相

掌中紋路同樣出現缺口，但是情況卻不一定相同，這是因為缺口真假有別的緣故，真的缺口就是紋路中斷，而且長度跟位置都不理想，表示事業運勢衰敗下坡，問題接二連三的發生，而顯得無力乏天，而假的缺口就是紋路雖然有缺口，但卻分岔往上發展，不曾受阻於理智線或感情線，表示雖然一時之間受到阻礙，有迂迴前進的現象，但終究能有所突破，成就一番偉大事業，以下舉兩組實例來對照。

## 一、理智線上下缺口、工作吃緊運勢衰

理智線上下缺口，就是事業線出現有缺口，剛好都在理智線的附近，看起來像被理智線分割的情況，表示事業剛開始不錯，但卻後繼無力，有發生劇烈改變的情況，工作上顯得吃緊，有心無力的進行，又紋路不夠明顯，表示容易受環境影響，有屋漏偏逢連夜雨的現象，總是遭遇不良的時機，而事業線止於感情線，表示受感情牽絆，特別是親朋好友，導致錢財容易損失，造成工作勞累，壓力十分沉重，有勞碌命的傾向。

## 案例一

方先生、四十歲男性，在酒店當員工，人際關係不協調，特別是跟上司的關係，顯得緊張而有摩擦，總是無緣無故被盯上，情緒因而忿忿不平，工作氣氛相當不愉快，幾乎要辭職不幹，但經過一段時間適應，想法已經調整改觀，事業沒有什麼問題，但感情方面需要注意，才不會因此而誤事。

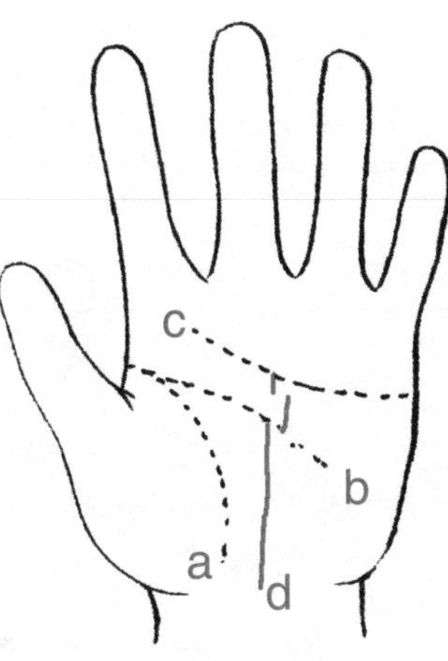


## 二、事業線缺口分岔、轉變方向得生機

事業線缺口分岔，看起來是不利的影響，但是紋路卻是分岔向上，可視為絕地逢生，事業有轉變的情況，多半是轉換跑道，不過由於紋路相連的關係，跟以前的舊業有一定程度的關聯，經驗上都能獲得助益，人脈上也比較廣闊豐富，雖然是如此，但轉變當中難免有波折，這是由於紋路不完整的影響，必須有一段過渡時期，才能夠脫胎換骨、浴火重生，而且財富線不理想，事業線也未超過感情線，跟親朋好友的借貸關係，要特別

小心謹慎，以免被拖累牽連。

## 案例二

黃先生、六十一歲男性，從事製造業多年，由於個性專注、企圖心強，事業剛起步的時候，就奠定了良好的基礎，業績一直維持得不錯，但由於心態的關係，做事情非常果斷，速度非常急促，欠缺長遠的考慮，終於因為決策的失誤，而有損失的情況，目前事業讓兒女繼承，退休到海外去了。



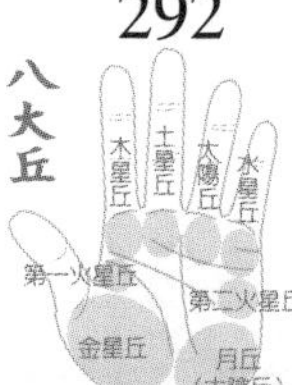

# 拾貳、多變詭譎、等級有分的手相

多變詭譎的事業線，非常難論斷的原因，最主要是缺口的判斷，以及紋路的發展方向，若是出現缺口，但仍有紋路向上延伸，表示事業雖然中斷，但未曾想過放棄，只是換個跑道而已，但若是紋路顯得微弱，那麼頗有力不從心的感覺，對於事業就不會全心全意投入，若配合理智線跟感情線參照，便會發現不同因素的阻擾，使得同樣的結果，原因卻是大不相同，以下舉兩組實例來對照。

## 一、事業線斷口過多、紋路深淺探虛實

事業線斷口過多，就是應該筆直完整的事業線有多處間斷的情況，表示受到環境改變的因素，而導致工作情況不穩定，也可解釋為更換工作，另謀出路來發展，但由於紋路越來越細，表示雖然轉換跑道，但不如預期中順利，反而煩惱叢生，以致於有意志消沉的現象，又理智線尾端有缺損，表示不善於思慮規劃，是隨著眼前情勢起伏，不懂得累積實力、逆勢操作，難有出人頭地的一日，在金錢方面，要注意朋友的惡意侵占，盡量要想辦法推託，才不會有所損失。

**案例一**

游先生、三十三歲男性，從事貨運搬家的工作，工作態度懶散，經常辦不好事情，只得不停更換工作，剛開始很賣力投入，但過段時間就冷卻，提不起勁來，對朋友雖然講義氣，但不懂分辨是非，有被拖累的經驗，但還是學不會教訓，事業上如果不痛定思痛，好好的反省檢討，恐怕會落入惡性的循環當中。

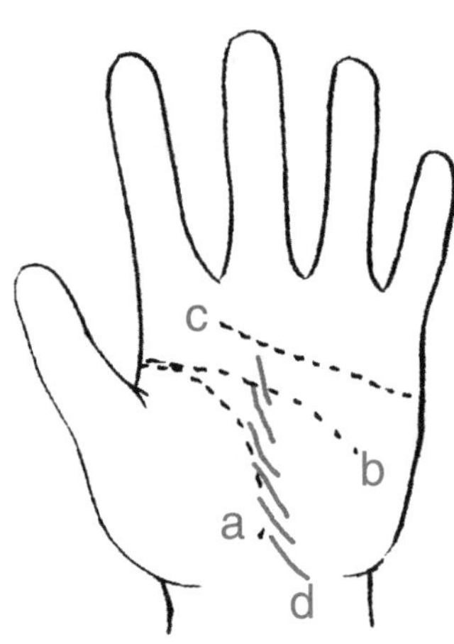


## 二、事業線微弱無力、斷口呈現坎坷路

事業線微弱無力，就是事業線不夠明顯，表示運勢不夠旺盛，為人企圖心不夠強，總是隨波逐流的盲從，導致不少無謂的損失，事業上缺乏耐性，會挑剔環境，人際關係不夠圓融，又缺口過多的關係，表示經常轉換行業，顯得奔波勞碌，而事業線未能超過感情線，也表示受感情的牽絆，以致於無法穩固事業基礎，甚至有因此被拖累的情況，所

幸中指下有一條紋路，是事業線的浮現延伸，晚年若能痛定思痛，按部就班來行事，應該另有一番風光可言。

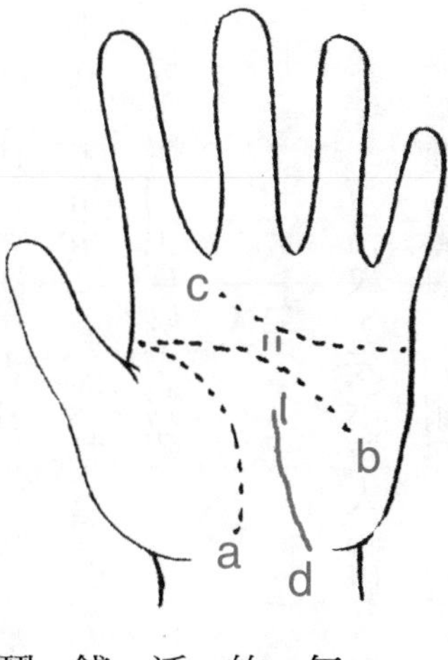


**案例二**

簡小姐、三十六歲女性，現在是門市銷售員，年輕異性緣佳，很小就談戀愛，畢業後什麼都不懂的情況下，就跟富有的男友結婚，但嫌少奶奶的生活苦悶，又因為事業心的關係，便去尋找工作賺錢，期間認識新歡情夫，不久便發生婚外情，婚姻鬧得以離婚收場，但情夫也捲款潛逃，只留下大筆的債務。

# 拾參、缺口有損、天差地別的手相

缺口有損的事業線，當然不是很好的現象，表示事業一定遭遇到阻礙，雖然無法直接斷定原因，但大多不是來自於環境的因素，就是自己的心態使然，但還要參照掌中其他主線會比較客觀，尤其是同樣是缺口的情況，往後紋路的發展方向不同，運勢自然也就不同，不可以一概而論，有的是由好轉壞，有的是由壞轉好，這點是需要詳加斟酌的，以下舉兩組實例來對照。

## 一、事業線上方格紋、脫胎換骨大不同

事業線上方格紋，表示為人心思散漫，不懂得努力上進，所以事業的進展有限，不過也代表某種的轉變，如剛好在頭腦線以下，表示早年的時候，大多是在求學階段，所以成績並不會很理想，讓父母親相當操心，加上理智線起點出現島紋，更是確定其人判斷偏差，很容易逞兇鬥狠，跟人發生嚴重衝突，又感情線開端也是破裂，因此一直滿孤僻，總是得不到溫暖呵護，所幸婚姻線出現許多直線，表示姻緣相當旺盛，事業線經過

頭腦線以後，非常的筆直挺立，表示後來運勢看好，會有貴人出現幫助，只要全心打拚事業，成功的機率就很高。

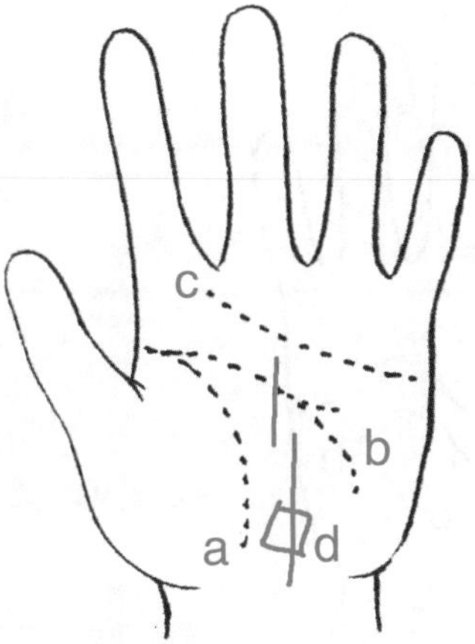

**案例一**

呂先生、三十三歲男性，負責印刷作業員，童年生活貧苦，欠缺家庭溫暖，很早就出社會打滾，有暴力逞兇的傾向，感情生活複雜，跟不少女友同居過，但卻都沒有結果，工作也是過一天算一天，最後遇到了現任老婆，從旁協助自己，恢復了些許的信心，但卻對未來感到徬徨，不知道何去何從。

c
b
a
d

## 二、事業線多處斷裂、不務正業到晚年

事業線多處斷裂，表示事業運勢不理想，為人缺乏抱負理想，生活顯得散漫無目標，

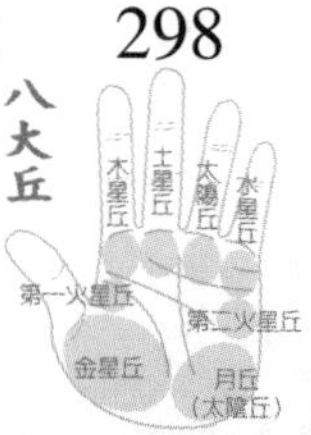

做事情經常虎頭蛇尾，不能夠堅持到底，各方面的基礎較差，將來在工作上會比較辛苦，很容易不停更換環境，又感情線有島紋出現，表示情緒不穩定，會有起伏的現象，遇到挫折的時候，若不好好處理的話，恐怕會造成問題，又掌中有雙重婚姻線，表示結婚早、離婚也早，事業上容易被男性拖累，所以生活難免有不如意，要晚點結婚，仔細挑選對象才行。

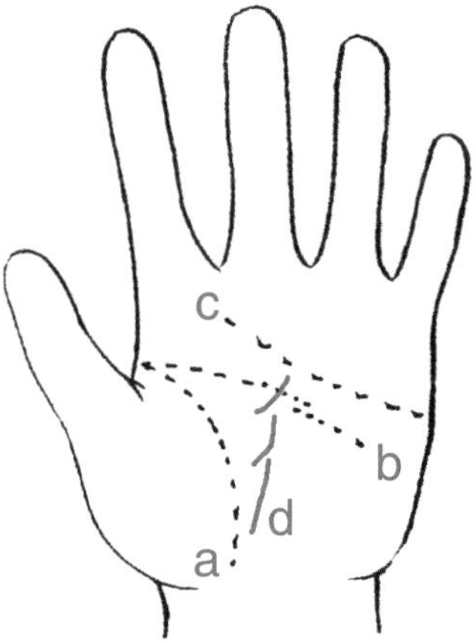

**案例二**

尤女士、四十三歲女性，早年家庭環境差，受到的照顧較少，很早就離家出走，跟男友奉子成婚，但婚後個性不合，因此雙方協議離婚，接下來整天遊手好閒，缺錢才想要去工作，又跟不同的男性同居，生活非常的糜爛，但最後認識現任丈夫，覺得對方老實可靠，便決心下嫁，現共同經營店面。

# 拾肆、福祿深厚、萌芽在發的手相

福祿深厚的人，就是說身旁人脈及資源較充沛，所以當面對失敗挫折的時候，還可以東山再起、重新振作起來，不過重點還是取決於個人的心態，因此對於事業線的說法，特別要重視個性的發展，所以要參照理智線、感情線，因為個性影響運勢的發展，同樣的情況，若應對的方式不同，結局自然也就不同，以下舉兩組實例來對照。

## 一、雙重事業線缺口、創業之路坎坷行

雙重事業線缺口，表示為人有兩條事業線，表示企圖心非常強烈，擁有過於執著的意念，會想要自己創一番事業，而不希望屈就於他人之下，但是兩條事業線都出現缺口的情況，表示創業容易遭遇到阻礙，有到處奔波勞碌的現象，配上理智線尾端的三角紋，知道其人好說話，經常被朋友欺騙，生活當中的變化起伏很大，又婚姻線成波浪狀，金星丘有多條細紋，象徵感情不順利，過程刻苦銘心，不太適合早婚，否則會造成負擔甚至被拖累，所幸感情線上，有事業支線向上，表示晚年風光不錯，可以順利行事。

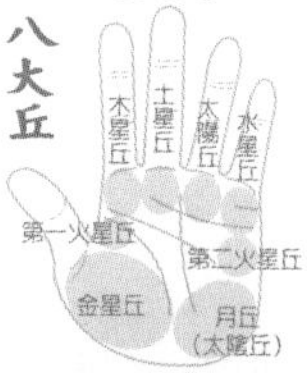

**案例一**

錢先生、四十九歲男性，從小很有理財觀念，對生意很有興趣，因此畢業後就自行創業，而且還不停的開發，經營多種的商品，但是期間遭遇過挫折，而有感情用事的現象，還一度危及生命，但幸好本身意志堅定，不怕眼前挫折失敗，馬上又重新站起來，咬牙撐過去之後，現在事業經營得很成功。

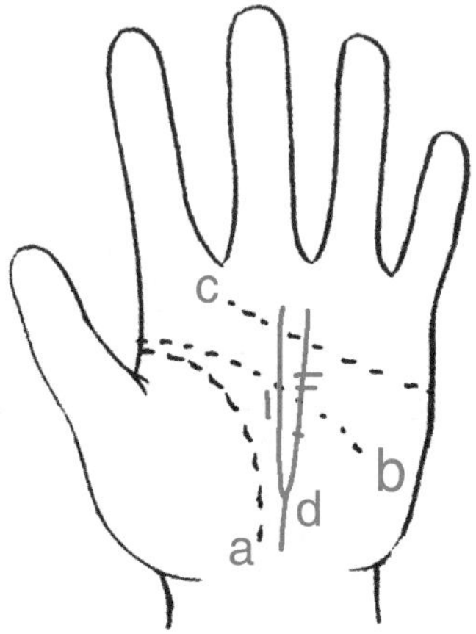

## 二、事業線開端粗闊、斷口阻礙前途展

事業線開端粗闊，表示事業的基礎穩固，顯得很有氣勢，但是卻好景不常，紋路逐漸的變細小微弱，以致於出現斷口的情況，表示遭遇到環境的限制，使得自己有志難申，加上中途出現斷口，很可能有創業失敗，或是工作被裁員的情況，顯得相當的辛苦無助，而婚姻線向下彎曲，表示婚姻生活不順利，恐怕有出軌外遇的可能，也連帶影響到

事業發展，所以理智線之下，感情線以上，此段的事業線清秀良好，表示中年運勢大有可為，只要懂得積極進取，晚年有守成的話，還能勉強保住安康的生活。

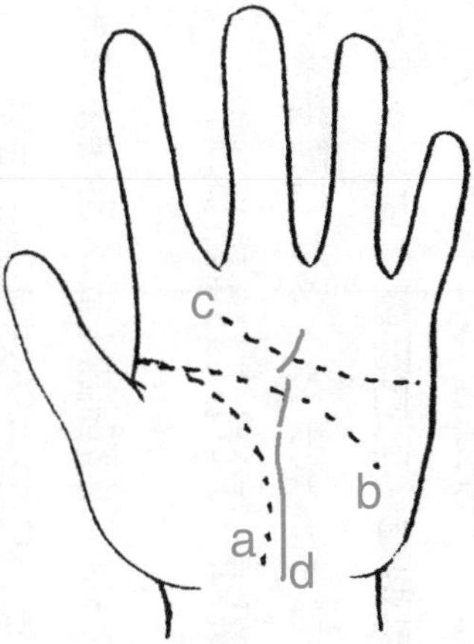

### 案例二

蔣先生、五十三歲男性，也是企圖心強，很早就出來創業，過程幾番起起伏伏，通常都能夠化險為夷，不過由於感情不倫的因素，直接影響到事業發展，無法自拔的結果，導致最後人財兩失，只好四處舉債度日，生活相當貧苦，但自己痛定思痛、逆流而上，頂下別人的商店經營，現在已經還清債務。

# 拾伍、片斷線紋、慘澹經營的手相

片段線紋就是說，事業線是斷斷續續，看似拼湊起來的一樣，表示說事業發展不順利，有許多的挫折失敗，也象徵為人意志浮動，有懶散怠惰的傾向，想到什麼就做什麼，一點也不考慮現況和自己的條件，還會怪罪他人不支持，這種鴕鳥心態的人，事業註定是失敗的，但一種固執己見，另一種則是缺乏主見，以下舉兩組實例來對照。

## 一、事業線缺口分岔、反覆無常遭挫折

事業線缺口分岔，表示事業運勢不佳，經常有阻礙產生，而且為人心思浮動，意志不堅定，有反反覆覆的傾向，以致於工作無法專注，整天變換來變換去，累積的成果有限，又事業線停止於感情線下，表示容易自怨自艾，不懂得檢討反省，常被人情世故給拖累，造成事業上的負擔，特別是金錢方面的問題，會喜歡佔人家便宜，有過河拆橋的舉動，讓人家心生反感，不願繼續往來交易，若不能腳踏實地的話，中晚年以後，經濟將拮据困頓。

**案例一**

徐先生、三十四歲男性，擔任觀光導遊的工作，也是擔任保險的業務員，只希望趕快賺到錢，其他的都不太理睬，因此人際關係上，會有勢利的心態，做朋友都是有所企圖的，等到沒有利用價值，就跟對方疏遠、形同陌路，因此大家都害怕他，在背後指指點點，自覺遭受小人構陷，其實是自作自受。

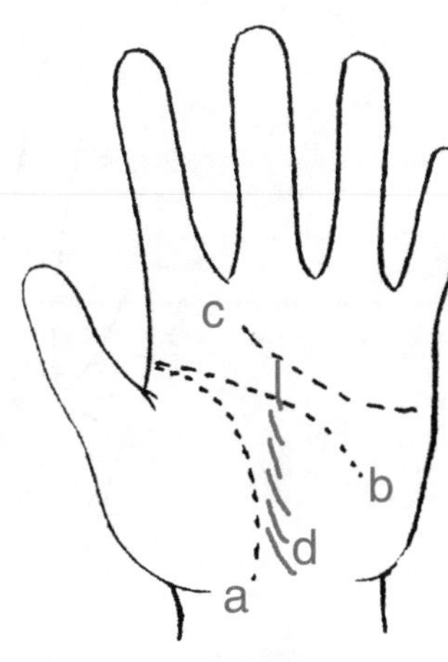


## 二、事業線細紋群聚、缺乏主見惹麻煩

事業線細紋群聚，就是事業線不止一條，而是無數條的細線，看起來像聚集的煙絲一般，表示心思雖然細密，但是太過憂慮煩惱，總是牽掛放不下，所以有多頭馬車的現象，事業總是一事無成，無法固定下來發展，如空中樓閣般不切實際，又事業線尾端彎曲，心態上有偏差的可能，會為了功成名就，而有誤入歧途的可能，又感情線紋路雜

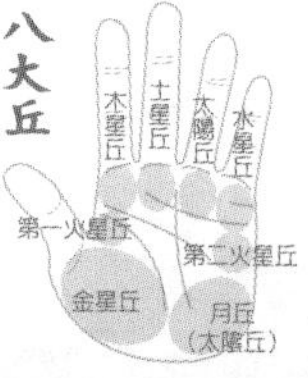

亂，表示感情生活放蕩，男女交往關係複雜，有神經質的傾向，帶有嫉妒的心態，事業上不適合呆板的工作，比較適合藝術或創意的工作，會比較自在有彈性。

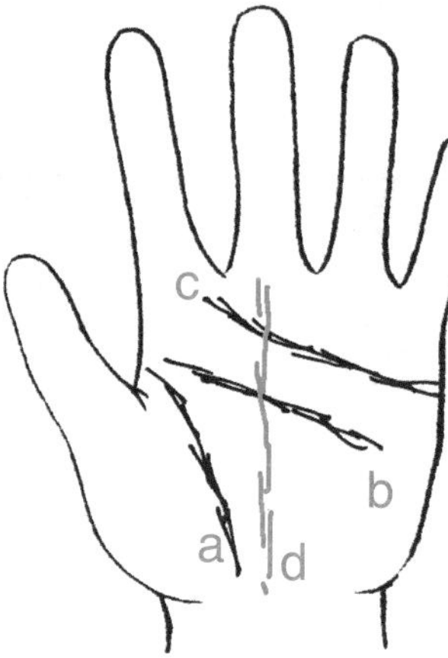

**案例二**

白小姐、三十歲女性，是某公司的公關經理，專門負責招待客戶，雖然是單身未婚，但感情世界複雜，跟不同的男性往來，多半還有利益的牽扯，靠這種關係來維持工作表現，但好景不常，最後東窗事發，只好乖乖辭職另找出路，但過程都不是很順利，求職一直四處碰壁，目前仍舉債度日。

# 拾陸、紋路彎曲、前景堪慮的手相

紋路彎曲的事業線，表示事業有波動的現象，但過程是好是壞，還必須詳加判斷，不是說曲折是不好的，但多半會有延遲困頓的情況，讓人焦慮不安、徬徨無助，這時候就要看有沒有智慧，或者是勇氣魄力來化解，若掌中主線不佳的話，那麼代表個性不佳，運勢就沒有轉機可言，以下舉兩組實例來對照。

## 一、事業線彎曲不定、開頭結尾說分明

事業線彎曲不定，就是事業線的部分出現曲折的情況，而且還有兩處的地方，表示對自己缺乏信心，容易左右搖擺，受到環境或他人的影響，而想要改變方向發展，不過配合掌中主紋來看，理智線有開岔的現象，表示疑心病重，做事情猶豫不決，恐怕延誤了時機，而導致失敗的局面，又是事業線的起點，在生命線的內部，因此個性上、行事上，會比較傳統保守，很怕受到挫折傷害，因此無法冒險放手一搏，大刀闊斧的進取，前途自然而然會受阻礙，加上感情線有島紋，表示對異性很執著，感情交往容易受傷，更加拖累事業的發展。

**案例一**

劉先生、二十六歲男性，現在經營園藝的生意，年輕的時候，就不願意當上班族，所以畢業後，尚未二十歲就自行創業，跟女朋友從事精品的生意，但兩人欠缺默契，老是爭執吵鬧，生意也明顯不好，所以就結束營業，彼此也協議分手，後來又重新做生意，但過段時間後，新女友仍另結新歡，重蹈以前的覆轍。

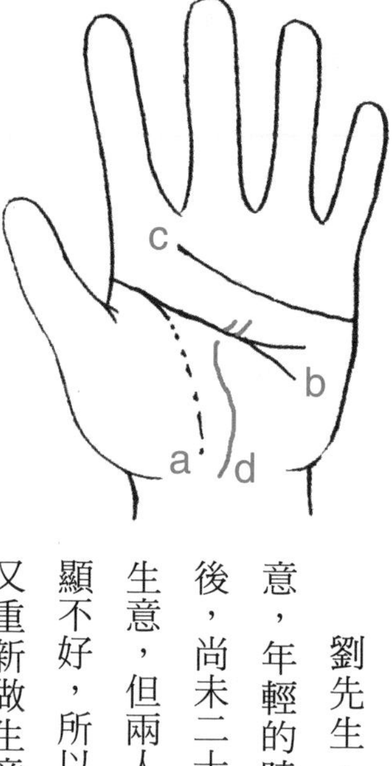


## 二、事業線尾端分岔、失去奮鬥上進心

事業線尾端分岔，就是說事業線的尾端分岔成為兩條支線，但由於形狀過於細微，而中段卻明顯清晰，表示早年企圖心旺盛，全心全意投入工作，隨著時間的增長，雖然一樣很重視事業，但卻有力不從心的感覺，漸漸失去奮鬥的意志，行事上會比較保守低調，不願意再創事業顛峰，晚年恐怕風光不再，又理智線跟生命線部分，開端相連過

長，一直到中指下才分開發展，表示受到過分的照顧，如同溫室般的花朵一樣，又理智線下垂，表示容易滿足現況，不求更好的發展，所以綜合論之，事業整體的發展，僅是靠著早期優越的條件，並非個人持續的努力所致，所以一旦環境有變就無法維持好光景，還可能連累到親朋好友。

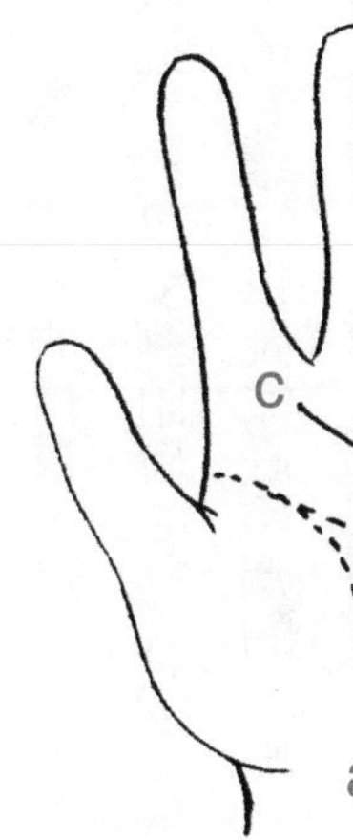


**案例二**

金先生、二十八歲男性，從小受父母親呵護，比較不能獨立自主，有強烈依賴的心態，因此缺乏上進心，畢業後原本要繼承家業，但自己卻不願意接受，想要跟同學合夥開電腦公司，但結果不如預期，只好賠錢關門，走投無路的情況下，只好回到父親身邊，但鬥志卻不如從前，充滿了無奈的感嘆。

# 拾柒、掌中明堂、難掩心態的手相

掌中明堂的位置，是看手相中重要的一環，因為許多重要的紋路在此處形成交錯的局面，若是受到阻礙的話，那麼很可能就產生阻礙，特別是事業線的發展，關係個人際遇的好壞，以及家庭婚姻的維持，所以必須抽絲剝繭，方能窺探其中奧秘，一種是有轉機的情況，一種是死胡同的局面，以下舉兩組實例來對照。

## 一、事業線明堂曲折、所幸突破有化解

事業線明堂曲折，就是在掌中明堂的部分，事業線出現了曲折的情況，使得方向稍微有改變，表示事業的發展有變化，不是自己的心態有問題，就是環境的影響導致，而參照掌中主線的理智線，形狀筆直而非常長，就是說個性上有主見，但容易自以為是，而顯得急躁衝動，因此可以斷定，是心態上的成分居多，使得事業遇到了阻礙，而感情線相當的粗短，表示做法容易偏激，影響到人際關係的協調，所幸事業線有突破感情線，代表懂得檢討反省，修正不好的缺點。

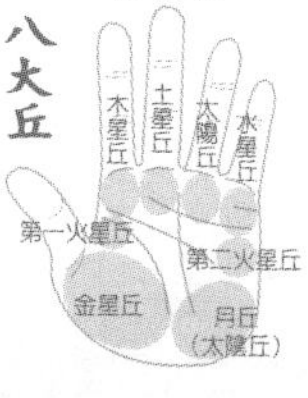

**案例一**

王小姐、二十八歲女性，從事化妝品的銷售，也是專業的美容師，本身的能力很好，事業心也很強，為了要賺取更高額的利潤，因此跟同夥合作，直接從國外進口化妝品，成本雖然降低許多，但一段時間後，客戶發覺化妝品有問題，要求損害賠償，害她只好關門大吉，心情一直很低落，遠赴異國居住來散心。

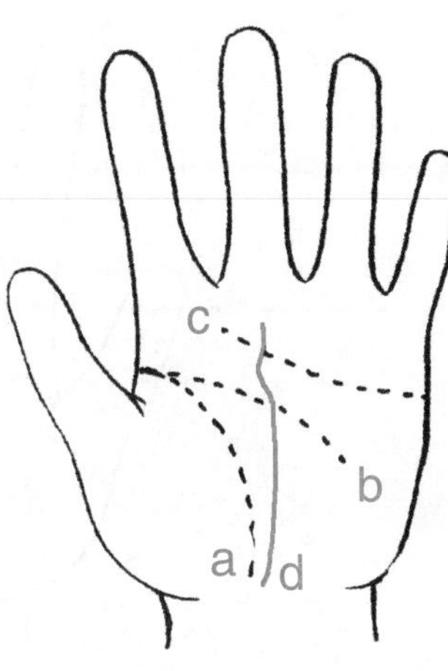


## 二、事業線一波三折、無奈感情捉弄人

事業線一波三折，就是事業線有許多處的曲折，特別是在掌中明堂的部分，如果彎曲的情況越嚴重，那麼表示變化越劇烈，本身心態跟週遭環境都有某種程度的轉變，導致事業出現嚴重挫折，又參照掌中主線來看，理智線尾端下垂入月丘，表示創造力豐富，但不容易面對失敗，有逃避現實的傾向，而感情線有端口開岔，表示人際關係有問

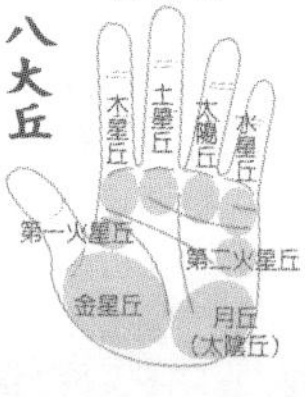

題，特別是感情婚姻，恐怕會有變數產生，多半是夫妻會離異，又財富線出現裂縫，對於投資理財不擅長，會有損失的情況，要特別的當心，不要從事賭博或投機性的行業。

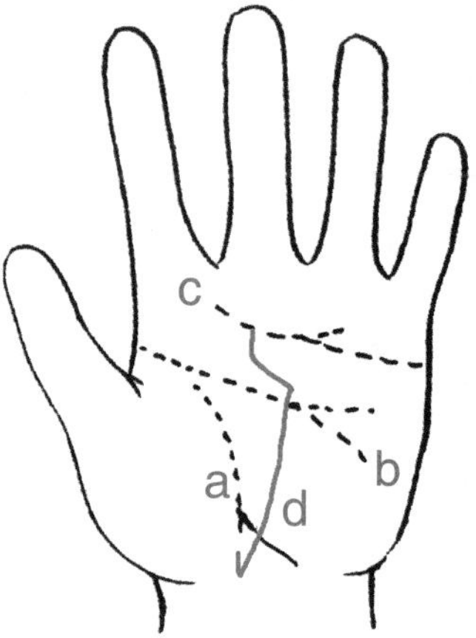

## 案例二

江先生、四十六歲男性，經營貨運行生意，個性非常主觀，勸告通常不聽，喜歡獨自做主，因此屬於自行創業的類型，由於刻苦耐勞，剛開始不怕辛苦，所以很快就有起色，事業發展得很順利，但是後來受朋友慫恿，將錢投資於房地產，結果卻慘跌虧損，付不出利息，只好將公司結束經營。

# 拾捌、理智受制、短視近利的手相

理智受制的情況，就是理智線受到感情線壓制，事業線又被理智線壓迫，所以其人多愁善感，很容易情緒化，無法當機立斷，所以事業的發展上，往往劃地自限，沒有冒險的精神，自然也就無法開展，遭受環境變遷的考驗，但其中有保守型跟衝動型兩種區別，以下舉兩組實例來對照。

## 一、事業線月丘延伸、紋路過短受牽制

事業線月丘延伸，就是事業線的起點源自月丘，表示能得到眾人的幫助，而成就一番豐功偉業，特別是異性的幫助，以及身旁的另一半，不過參照掌中的主線，理智線被感情線所壓制，形成假斷掌的情況，表示事業的心態保守，不敢採取激烈手段，總是等到問題發生了，才趕著想要去解決，缺乏深遠的眼光，所以不容易親近，對人事會有警戒心，被欺騙或損失的機會較少，但相對的，遇到貴人或好機緣的情況也不多，事業的進展顯得緩慢，若合夥創業投資，必須要挑選精明能幹的對象。

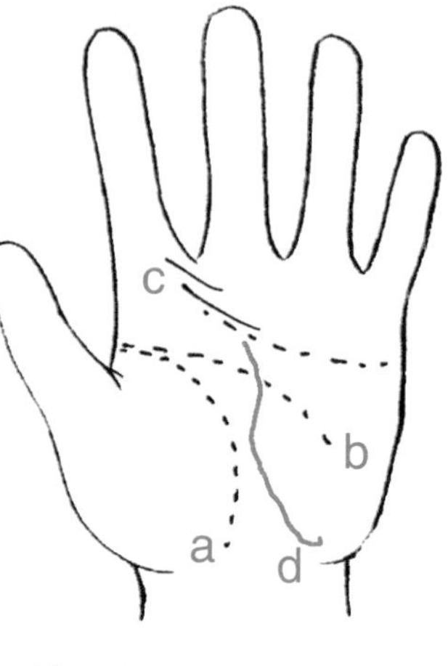


**案例一**

蔡先生、三十七歲男性，早期擔任銷售員，代理商品的販賣，等到有些資金後，便跟異性商量，一起合夥開店，店面的生意原本不錯，但在經營理念上有差異，本身缺乏遠見、膽小怕事，所以最後彼此拆夥，自己不肯死心，跟另一男士合作，但也是不了了之，只好安分守己，重回老本行謀生。

## 二、事業線粗闊曲折、主線開岔大不妙

事業線粗闊曲折，就是事業線的開端粗闊，但紋路卻越來越細微，表示自信心強、非常有主見，不過做事方面不牢靠，容易虎頭蛇尾，只會用嘴巴說得很漂亮，實際上卻辦不好事情，會引起旁邊人的不高興，甚至會在背後說閒話，人際是非的糾紛很多，當然會影響到事業的發展，又參照掌中主線來看，頭腦線跟感情線都有嚴重的開岔，表示個性反覆無常，有情緒化的可能，無法運用身邊的資源，反而會被旁邊的人牽連拖累，特

別是男女關係方面，會有輕浮的舉動，嚴重的話，恐怕會有牢獄之災。

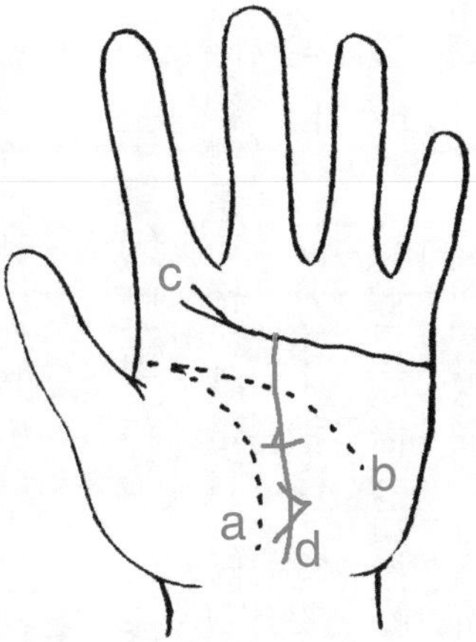

案例二

孫先生、三十歲男性，經營連鎖補教的行業，原本出國去唸書，但是不夠專心投入，只是混了個文憑畢業，回國之後，頗有生意的頭腦，於是跟幾個同學聯絡，合夥開了間補習班，名義上是打著教人子弟，實際只是想賺取暴利而已，由於心術不正，誘姦了好幾位女學生，而惹上官司纏身，最後散盡家財。

## 拾玖、方格紋路、糾纏不清的手相

方格紋路一般出現的時候表示停頓的意思，事情常會改變，但是轉好或轉壞的話，還是必須參照掌中主線的走勢，才能夠做出判斷依據，特別是事業線方格，一則表示受到阻礙，一則是反省磨練，這是不盡相同的說法，所以心態才是決定事業發展的關鍵，而這裡是從理智線作為依據，來分析不同的事業運勢，以下舉兩組實例來對照。

### 一、事業線雙重方格、矛盾疑惑自欺人

事業線雙重方格，就是有兩條的事業線，而在兩條線之間，出現雙重方格的情況，表示缺乏自主性，凡事不積極，需要人催促，工作不愉快，總是喜歡作白日夢，雖然有兩條事業線，可以像是兩倍的負擔壓力，受到環境的逼迫以及週遭人的影響，事業沒有什麼起色可言。又理智線受到方格所困，觀念比較保守，不敢突破創新，不少事情一拖再拖，無法當機立斷的決策，以致於喪失先機，未來的前途堪慮，最好不要勉強自行創業，以免遭遇到挫折失敗。

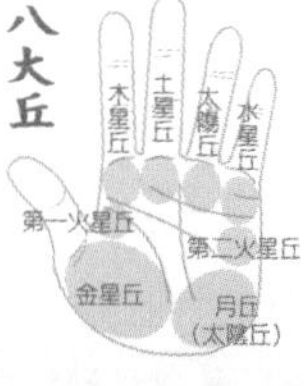

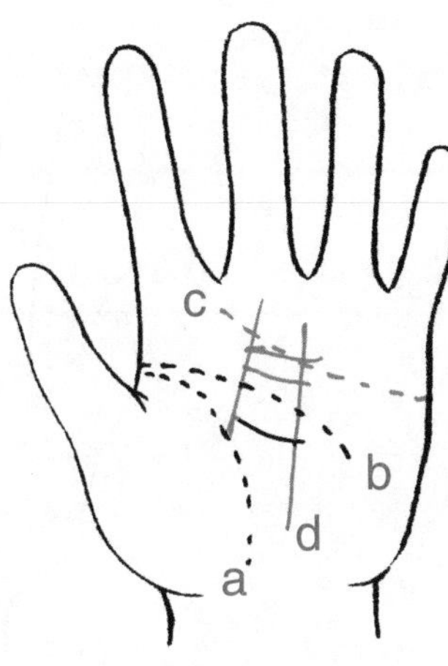


**案例一**

吳先生、四十五歲男性，從事雕刻的行業，但景氣不是很理想，只好到木材行工作，雕刻就成了兼差，原本是想暫時安身，等待時機好轉以後，再另外尋找工作，不料老闆滿關心照顧，讓自己產生猶豫，從此待著不走，雖然勉強可以過生活，但喪失了以往的鬥志，也因此跟老婆吵架，彼此走上離婚一途。

## 二、事業線出現方格、方格大小有差異

事業線出現方格，就是事業線的位置有方格紋，表示事業受到限制，有阻礙困頓的情況，又理智線跟感情線都有方格紋，表示容易是非不分，對現況不滿，經常批評抱怨他人，引起不必要的糾紛，人際關係顯得惡劣，使自己走進死胡同的感覺，又做事情不切實際、流於幻想，老是想做些超乎能力的事情，但卻又無法實現，而有懷才不遇的感

嘆，但這都只是自欺欺人而已，根本無助於事業的改變，所幸感情線清秀有力，表示能得到另一半的幫助，減少部分的辛勞、麻煩。

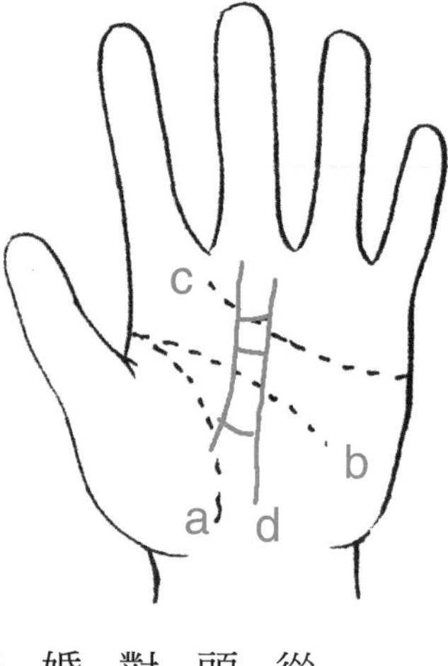


## 案例二

黃女士、三十九歲女性，從事美容業的工作，從小出身貧苦環境，所以渴望物質享受，才二十出頭，就隨便嫁給認識不久的中年人，只是為了貪圖對方的財富，由於沒有感情的基礎，後來還是離了婚，在缺錢的情況下，只好跑去做舞小姐，卻不幸得罪客人，只好銷聲匿跡，靜待時機、重出江湖。

# 貳拾、太陰丘位、艷遇不斷的手相

太陰丘位的事業線不同於一般的事業線，一般的事業線是有單打獨鬥的味道，表示是自己努力打拚而成就一番事業，但太陰丘位則是遇到良好時機，有貴人從旁幫助，自己順水推舟，而慢慢做出成績出來，特別是異性的支持，跟另一半也有關聯，但起點雖然一樣，不過若尾端方向或是搭配的主線不同，情況也是有所差異的，以下舉兩組實例來對照。

## 一、事業線源自太陰、頭腦精明能搭配

事業線源自太陰，就是事業線從太陰丘出發，或是事業線有分岔支線，是從太陰丘發展的，表示事業方面能得到眾人幫助，貴人特別多，尤其是異性的朋友，再者，事業有可能遠走他鄉發展，或是在異國投資而成就，特別有經商的天賦，可以觀察到市場的趨勢走向，而正確的做出選擇與判斷，又頭腦線清晰深刻，表示為人意志堅定，有不服輸的精神，對環境變化有適應力，不會被競爭淘汰，所以事業的成功發達，是指日可待的。

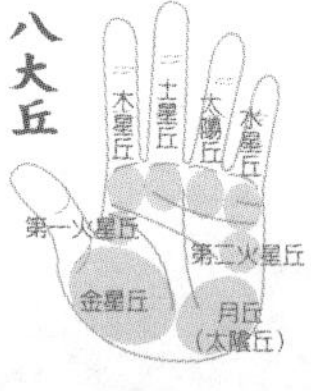

**案例一**

賴小姐、四十一歲女性、經營快遞的工作，從小很有主見，懂得爭取權益，所以企圖心很早就展現，畢業後馬上就集資創業，但感情世界，卻如同兒戲般草率，早結婚也早離婚，後來跟現任丈夫努力打拚的結果，而當上管理階層，自己卻受到誘惑，跟異性發生關係，陷入痛苦煩惱當中，想尋求解決之道。

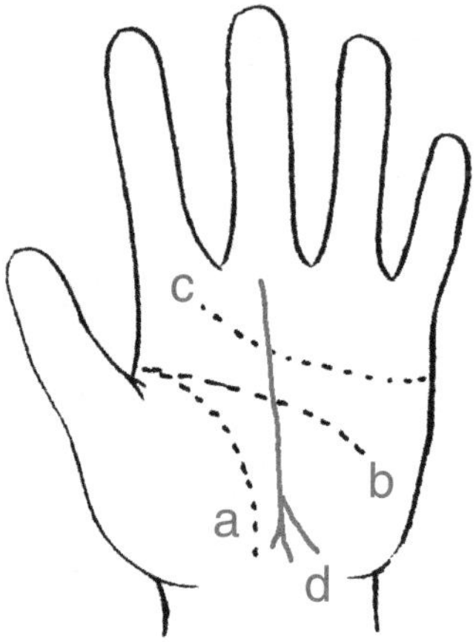

## 二、事業線開端分岔、遠方得財有艷遇

事業線開端分岔，就是事業線從太陰丘出發，或是事業線有分岔支線，是從太陰丘發展的，表示事業方面能得到眾人幫助，貴人特別多，尤其是異性的朋友，不過，參照掌中主線來看，感情線長度過短，有自私自利的傾向，不懂得愛護身邊的人，雖然有人幫助自己，但往往忠言逆耳，勸告聽不太進去，有剛愎自用的情況，而在遠方異國的發

展，感情方面容易有艷遇產生，若未婚的話，倒還無所謂，僅表示感情複雜而已，但若已婚的話，很可能產生不倫之戀，反而影響到事業的進展。

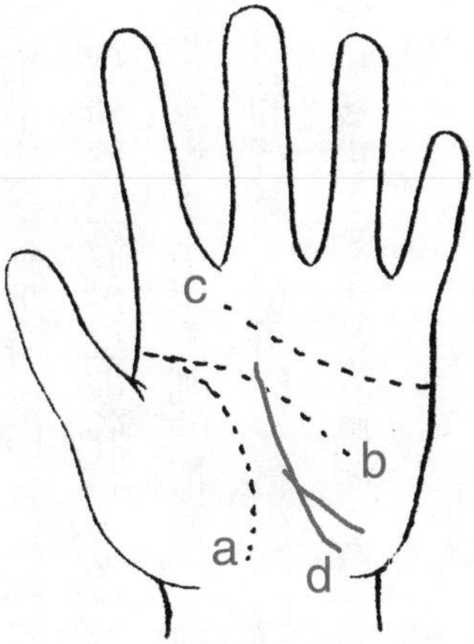

## 案例二

羅先生、五十三歲男性，是製造玩具的廠商，年輕時就非常打拚努力，由員工一路做到主管，得到老闆的賞識，把女兒嫁給他，由於直覺敏感，投資很有一套，總是能避開危機，又大陸改革開放，經過冷靜的思考以後，自己到大陸投資玩具業，訂單逐漸增加，業績蒸蒸日上。

# 貳拾壹、島紋所困、情感累贅的手相

## 一、事業線止於感情、感情破碎受拖累

事業線止於感情線，表示事業線的尾端未能突破感情線，而且有稍微彎曲的現象，表示事業中途受到阻礙，而且意志有動搖的現象，恐怕是有難言之隱，參照掌中主線來看，感情線整體呈現破碎狀，總是尋尋覓覓真愛，卻都無法如願以償，成為心中沉重的負擔，影響到事業衝刺的情緒，又理智線的部分紋路短淺，有衝動行事的傾向，難以克制自己的行為，很可能在青少年時期，就渴望著男女戀情，而不顧慮到求學發展，婚姻線密集多重，表示為人風流，有一夜情的可能。

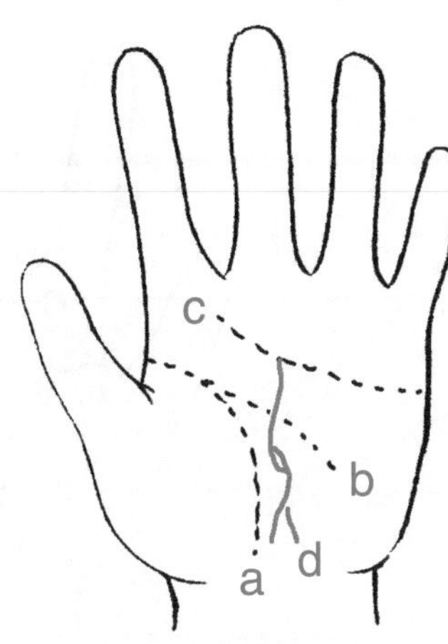


**案例一**

夏先生、三十一歲男性，從事酒品的販賣，認識不少的人脈，其中有很多是異性，年輕時便成為萬人迷，跟許多單身女性發生關係，或是到舞廳、酒吧有一夜情的行為，但也因此影響到工作表現，沒有很明顯的動力上進，只求安穩的過日子而已，到現在仍然是單身，表面上很風光，實則心靈空虛。

## 二、事業線出現島紋、起點不同運不同

事業線出現島紋，就是事業發展受到阻礙，又尾端沒有突破感情線，表示事業不如意、情場也失意，很可能遭遇雙重的打擊，但所幸事業線從生命線內出發，表示受到家庭的照顧很深，影響自己的所作所為，因此就算出現問題，也是會有家人來支持，加上手掌紋路清秀，沒有太多雜紋，所以不太會胡思亂想，願腳踏實地的專注工作，所以往

往會有轉機出現，但事業線粗闊不一，要注意環境的變化因素，採取適當的應變措施，才能夠避免嚴重損失。

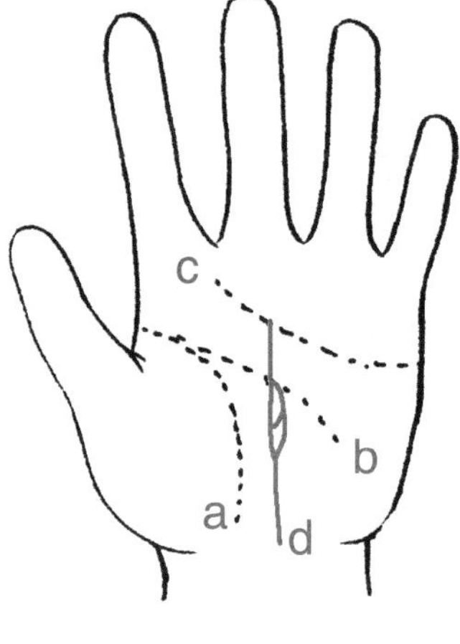


**案例二**

鍾先生、三十四歲男性，從事直銷的事業，還沒結婚以前，是做家具的師父，但認識了現任太太，由於對方父母要求轉業，否則不答應嫁女兒，只好加入直銷的行業，但適應力差、口才欠佳，所以業績不是很理想，收入比以前還要少，又經常被主管刁難，以致於鬱鬱寡歡，不知道該如何改變現況。

# 貳拾貳、相不獨論、情況有別的手相

## 一、事業線島紋破壞、木星丘痕紋阻礙

事業線島紋破壞，就是事業線的開頭有島紋，島紋一般來說表示阻礙，或是有外力因素介入破壞，導致本身的煩惱、憂慮的情況，但是也必須參照掌中的主線，特別是三大主線，在此理智線開端分岔，表示物質慾望重，很喜好享受，木星丘的部分有痕紋出現，因此會爭取名利而出鋒頭，但也因此招惹禍端，又感情線呈現破碎形狀，有多層重疊的現象，表示感情不順利，男女關係不正常，恐有風流艷遇或搭訕出軌的情況，而不懂得自我節制，又掌形多見筋骨，而沒有肉包覆，行事會比較極端偏激，產生執著的意念。

### 案例一

高先生、四十七歲男性，擔任警員的工作，表現得還算不錯，有過幾次的嘉獎，但要升遷的時候，結果卻出乎意料，而沒有順利成功，這是因為自己的行為不檢點，有貪污舞弊的現象，但真相是金屋藏嬌，在包養另一個女人，所以帳戶有不正常的出入，而影響到事業前途。

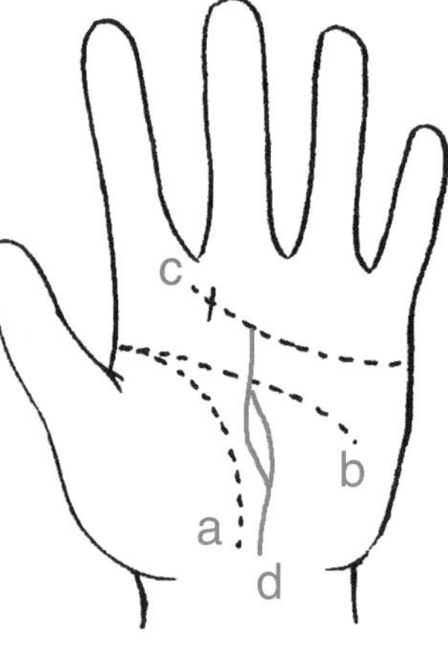


## 二、事業線從生命出、金星島紋惹麻煩

事業線從生命線出，表示事業線從生命線延伸向上，表示從小備受呵護關心，因此求學發展很順利，應該無後顧之憂，無奈島紋插入金星丘，表示容易沉迷某樣事物而無法自拔，或者是替他人出頭而拖累到自己，參照掌中主線來看，事業線停止於感情線下方，表示感情容易出問題，特別是異性交往方面，將會有嚴重爭執麻煩，多半跟桃色糾紛有關，無名指下有漏財線，對於財富掌握不順遂，投資理財操作要注意。

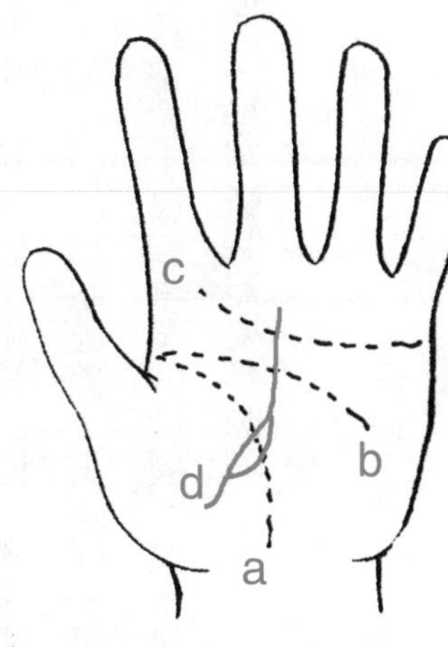


案例二

胡先生、三十二歲男性，大學畢業後當起老師，原本相安無事，但是發生了不倫之戀，跟女學生發生關係，對方憤而提起告訴，因此丟了目前的工作，缺錢花用的情況下，只好跟地下錢莊借錢，但由於利滾利的關係，還不起龐大債務，只好隱姓埋名，過著躲躲藏藏的日子。

# 貳拾參、參看雜紋、判斷無誤的手相

## 一、事業線島紋出現、川字紋顯露玄機

事業線島紋出現，就是事業線出現了島紋，代表事業一定不理想，不過必須要參看事業線整體形狀以及走勢會比較準確，不然恐怕會有失誤出現，在此事業線雖然有島紋，不過由於事業線還算清秀，所以島紋象徵一時的阻礙，只要度過那個時期以後，就不會有很大的影響，反倒是掌中其他紋路，才是決定事業線的好壞關鍵，譬如說，此掌中主紋為川字紋，表示個性頑固，獨來獨往，好勝心特別強，做事情欠缺考慮，容易衝動行事，又感情線形狀破碎，婚姻線密集，表示感情交往複雜，男女關係有不正常的傾向，這些都會影響到事業的發展，又木星丘出現阻力線，職場上可能被奪權，有難以升遷的情況，是判斷時需要參照的。

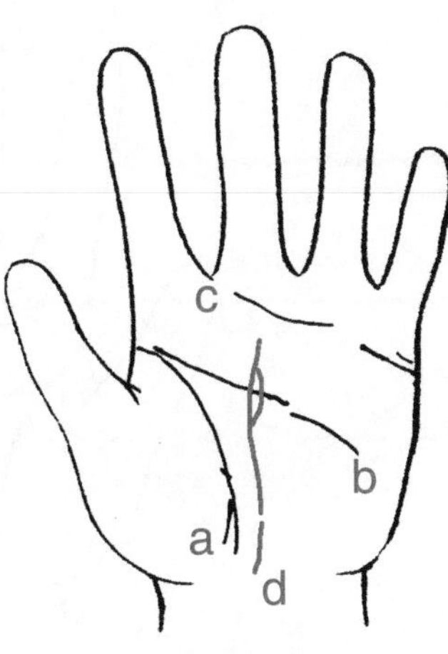


案例一

杜先生、三十九歲男性，目前擔任貨車司機，他以前就喜歡玄學，跟過許多的師傅學習，拜師花費的數目不少，但自己卻不以為意，最後沉迷於水晶的收藏，欠下不少的債務，連女友都而棄他離去，最後冷靜的反省悔悟，行為舉止才稍微收斂，沒有以前那樣瘋狂了。

## 二、事業線島紋出現、島紋位置有影響

事業線島紋出現，代表事業發展過程不順遂，不過其中判斷關鍵還是必須仔細推敲，才能知道是哪方面的問題，像是這裡的話，島紋出現事業線上，不過位置卻是在金星丘內，跟環境與情愛有密切的關係，就是說有段時期，恐怕沉迷於物質享樂，或是燈紅酒綠的世界，甚至亂搞男女關係，導致桃色糾紛，而影響到事業的發展，再者，理智線同樣出現島紋，表示思想短淺、判斷偏激，行事缺乏中庸，經常出紕漏有背黑鍋的現象，

所以對於未來的事業規劃，無法掌握環境變遷，而恐有被淘汰的可能，又事業線位於感情線下方，未能突破感情線，表示不懂反省、後繼無力，中晚年以後，各方面運勢有逐漸衰退的走勢。

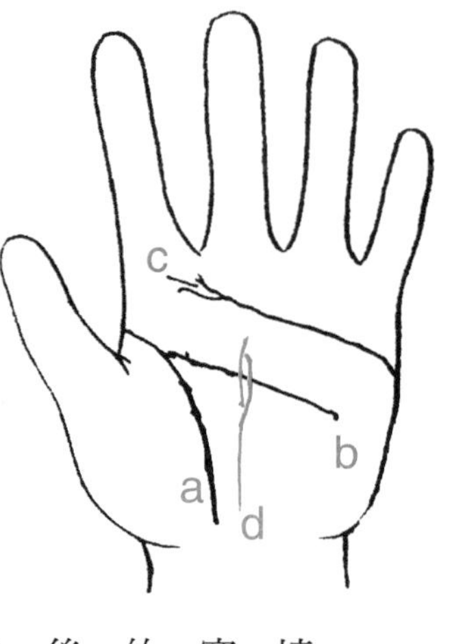


## 案例二

馬女士、四十四歲女性，經營拍賣業，早年環境困苦，窮酸的模樣，讓她奮發向上，立志要脫離窘境，可惜感情方面，欠缺良好的判斷，交到不好的男友，讓她飽受身心煎熬，戀情以分手收場，最後投入拍賣業，但由於講義氣的緣故，借了對方不少錢，但卻都沒有收回，只得自認倒楣。

# 貳拾肆、相同紋路、趨勢相同的手相

## 一、事業線呈叢毛狀、感情微弱傷心深

事業線呈叢毛狀，而且中間有島紋出現，表示容易遭遇到阻礙，而且情緒容易起伏不定，經常會衝動行事，而不顧慮後果為何，所以事業上的決策判斷，往往是錯誤不正確的，替自己帶來嚴重的麻煩，卻無法獨自收拾爛攤子，又感情線的形狀微弱，表示感情方面不順遂，雖然有緣分但不深厚，常會跟對方起爭執，最後落得以分手收場，在心中留下不可抹滅的陰影。

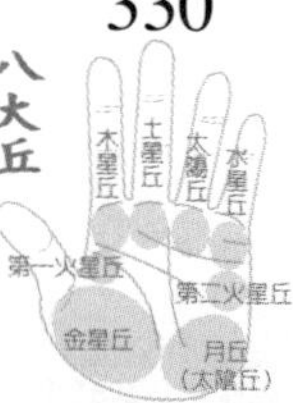


**案例一**

魏小姐，三十一歲女性，童年生活不如意，有許多負面的記憶，造成她部分的思想有偏激的傾向，認為凡事只要有錢就好，物質享受才是人生的目標，因此出社會以後，不久就奉子成婚，其實對婚姻根本就不了解，被現實生活壓得喘不過氣來，最後只好選擇離婚，讓出孩子的監護權。

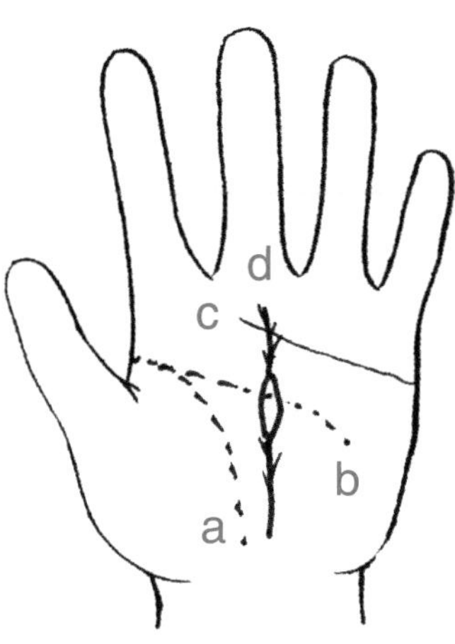


## 二、事業線呈叢毛狀、紋路分岔責任重

事業線呈叢毛狀，表示心思繁亂，事業無法專心一致，經常想要做不同的目標，卻無法同時兼顧，甚至遭受拖累，全部以失敗收場，以致於一事無成，又事業線開端分岔，表示為人交友廣闊，人際關係熱絡，但卻因為事業線形狀不佳，表示無法得到幫助，自己還會因為講義氣，而替別人扛起責任，因此錢財的損失不計其數，借貸往來容易被欺騙倒債。

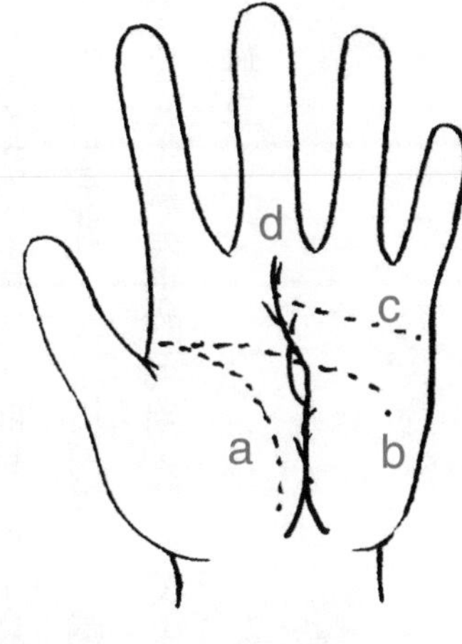


## 案例二

尤先生，四十二歲男性，從事建築的工作，平常就有酗酒的習慣，動不動就有暴力的傾向，而且還有非禮性侵的前科，幸好都私下和解，用錢來當作遮羞費，但是仍改不了好色的習慣，對於妙齡女子的誘惑，總是無法自我節制，最後終於犯下強姦罪，被法官判決入獄服刑。

# 貳拾伍、無事業線、運勢極端的手相

## 一、掌中全無事業線、主線清秀貴人格

掌中全無事業線，就是看不見事業線的紋路，但並不可以因此說，這個人沒有事業可言，或是說事業的發展不好，因為事業線也只是掌紋之一，並非決定一個人運勢的全部好壞，所以還是必須要按部就班，參照其他紋路來判斷，才能有客觀的評判，一般來說，還是先由掌中主線分析，在此理智線清秀無雜紋，長度也達到標準，又尾端走向水星丘，表示腦筋靈巧，而且有做生意的天賦，想法、觀念吸收快，創新也比別人快，而感情線也是如此，表示用情專一，感情交往甜蜜，跟另一半如膠似漆，但感情線出現裂縫，恐有生離死別的現象，這是美中不足的地方，但整體來看，事業的發展順遂，未來前途無量。

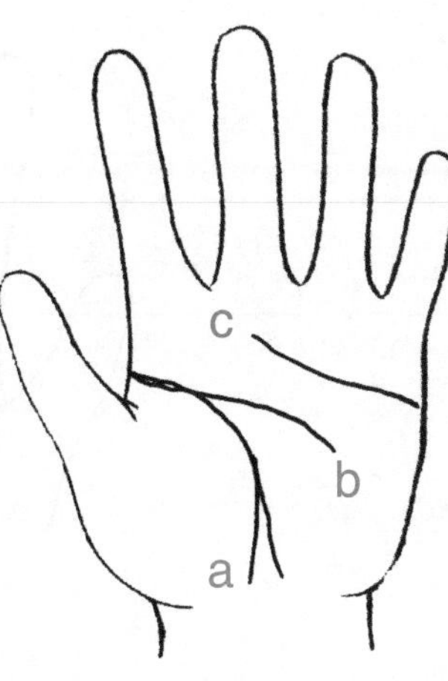


**案例一**

曹先生，五十八歲男性，由於腦筋慎密、眼光深遠，在商場上往往能看出生存的空間，加上適時的出手搶得先機，所以在事業經營上，都是最後的贏家，只是過度的工作，犧牲了家庭和健康，直到老年的時候，心裡浮現些許的懊悔，想說人生如果能重來的話，也許就不會如此拚命工作。

## 二、掌中缺乏事業線、主線粗短礙前程

掌中缺乏事業線，跟上述同樣的案例，不過情況卻是天壤之別，因為掌中主線不同所導致，在此，掌中的紋路不多，也屬於清秀的手掌，但是理智線的部分粗闊，表示個性急躁、缺乏耐性，跟人相處不好溝通，所以關係十分緊張，身旁難以結交朋友，又感情線的部分，長度不足，停留在中指下，表示為人自私自利，重色輕友，較無節制自己的情慾，行為舉止有輕浮的傾向，再者，掌中沒有婚姻線，表示愛好自由、不願成家，有

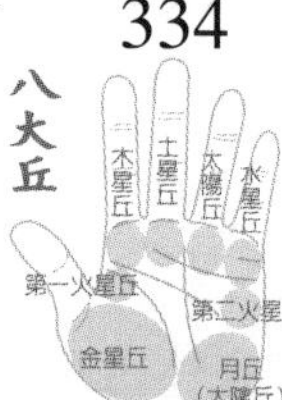


留連放蕩煙花地的可能。因此，對事業的發展都是負面的影響，無法帶來加分的效果，所以無事業線的影響來說，其實是相當不利的。

## 案例二

劉先生，五十六歲男性，是上市公司的老闆，為人樂善好施，不貪圖非分的利益，平常還捐錢給慈善機構，把錢拿去做愛心公益，事業方面雖然得意，但感情就不是如此，妻子去世許多年了，至今仍未考慮續紘，所幸孩子也都已經獨立成人，他可以放下家庭重擔，安心過自己想過的生活。

# 貳拾陸、眞假斷掌、命運有別的手相

掌中紋路若有通貫手的話，也就是俗稱的斷掌，傳統的論斷來說，斷掌對男人比較有利，對女人則是比較不利，這是因為男主外、女主內的關係，不過現今的社會已經慢慢改變，職業婦女比比皆是，甚至有超越男性的可能，若還保持著這種論調，恐怕不符合時代潮流，換句話說，斷掌象徵個人的意志堅定，充滿奮鬥的精神，不怕任何的險阻，有異於常人的執著，所以終究會達成目的，獲得最後的成功。但是斷掌不一定都是好的，也不一定都不好，還是需要配合其他掌紋，才能夠判斷無誤，而且還需要注意是真斷掌，還是假斷掌，才能夠掌握推敲，以下舉兩組實例來對照。

## 一、假斷掌無事業線、固執己見難翻身

假斷掌無事業線，表示掌中的理智線與感情線交接，但是並沒有呈現一條線的形狀，而是兩條線的尾端相交，看起來像一條線一樣，其實仔細的觀察，發現是感情線壓制著理智線，彼此紋路交錯而已，代表為人個性固執，不喜歡他人說教，欠缺彈性的手

腕，很容易衝動行事，特別是感情方面的問題，常常影響到事業的發展，所以如此的情況來看，假斷掌並不能象徵事業亨通，或者是功成名就，最多只能說是決策果斷，較具有企圖心而已，但卻不能細膩規劃，就算發達的話，也無法維持長久。

**案例一**

趙先生、三十四歲男性，個性優柔寡斷，因此找工作的時候，不知道該選擇什麼，只要能混口飯吃就好了，因此日子過得渾渾噩噩，但是後來認識了現任配偶，開始有點反省覺悟，想要積極的尋找工作，雖然過程不是很順利，但由於配偶的支持，終於順利當上貨車司機，開始經營自己的人生。

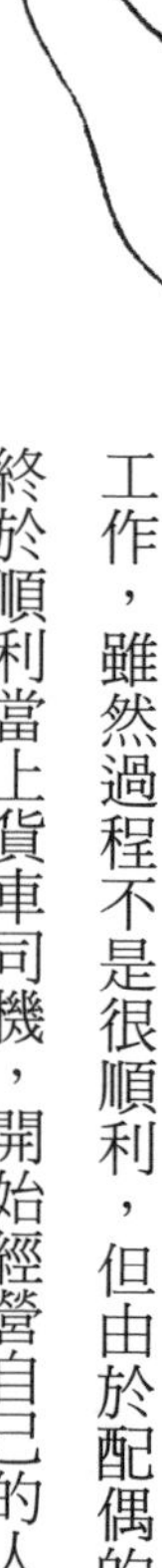


## 二、真斷掌無事業線、實事求是開創天

真斷掌無事業線，就是理智線與感情線合而為一，並沒有尾端交錯的跡象，這就是標準的斷掌紋路，表示為人個性堅毅，行事果斷但細心，雖然局勢呈現不利，但也不會輕言放棄，會想辦法去克服難關，終究獲得轉機，而有成功的一天，又掌中紋路清秀，沒有多餘的雜紋出現，所以阻礙就顯得少，因此想法、觀念會比較開放，懂得吸收外在新知識，配合時代潮流改變，所以榮華富貴是可以預期的，但由於感情線與理智線不分，有時候若被逼急了，恐怕會極端行事，這是需要注意的。

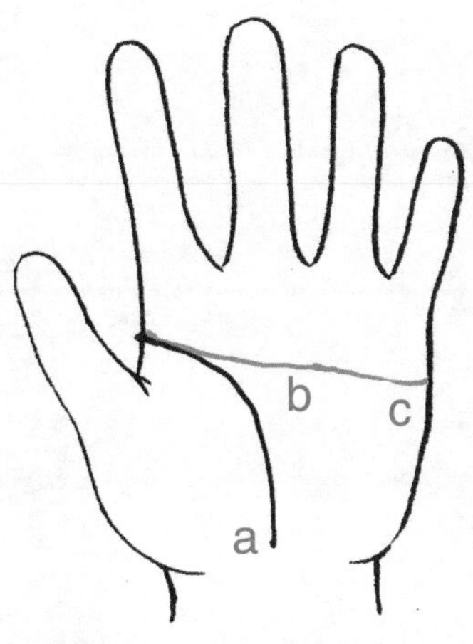


## 案例二

辜先生、六十三歲男性，家庭環境優渥，受到良好的教育，腦筋十分的靈活，學識也相當豐富，早年就往海外發展，做起跨國性的貿易，累積了不少的財富，對於事業的經營頗有一套，從來不用相同角度來思考，盡量保持開放的心胸，因此投資理財上，總是無往不利，目前已經退休。

# （手掌心中覓愛情）

掌心三線，露玄機

兩手一攤，現禍福

# 一、感情冷熱、弧度便知的手相

要判斷感情的冷熱與否，其實觀看弧度就知道，在這裡的話，以感情線的長度來看，超過了中指而到達無名指，感情線紋路也滿深明的，因此感情運勢多半不錯，但很可惜的是，感情線的弧度卻有問題，起點位置也特別的低，也就是在尾端的部分並沒有往上彎曲達到指縫當中，而是在中指後就停止，這表示感情剛開始不錯，進行得滿順利的，但結局卻不太理想，留不住對方的心，有草率結束的可能，感情顯得頭熱尾冷，為什麼會如此呢?簡單來說，就是忽略對方的感受，有自私自利的傾向，讓對方感覺不受尊重，久而久之，關係轉變便自行疏遠，造成無言的結局。

## 案例

陳先生，經常會出賣和利用朋友，把朋友當作滿足慾望的手段，感情顯得相當冷淡，眼裡只看重金錢物質，其他都不理睬，因此只要達成目的，就有過河拆橋的可能，連交女朋友的條件也是如此，當對方看穿自己的時候，就紛紛選擇離開，不願意再繼續交往，感情對象不停更換。

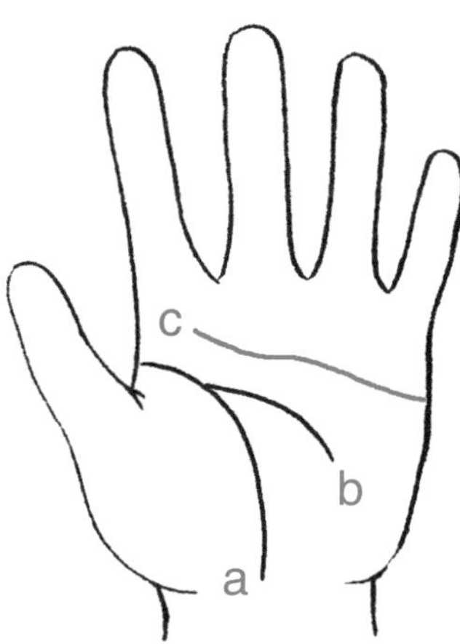


## 二、紋路短淺、無情無義的手相

若感情線紋路短淺，表示為人不重視感情，比較重視現實利益，讓人不太能苟同，特別是人際關係的對待上，總是遭受朋友的排擠，而沒有長久的交往，以致於發生問題的時候，身旁卻沒有人願意幫忙，在這裡的話，感情線只到中指下方，而沒有超過中指部分，就是沒有達到標準，所以待人處事會袖手旁觀，給人冷漠無情的感覺，但若事關個人的權益，便會極力爭取，不惜頂撞、得罪他人，行事顯得相當極端，不容易溝通、協調，若有感情交往的話，多半跟物質金錢沾上邊，很容易有桃色糾紛的產生，而有破財消災的現象，必須要小心提防才好。

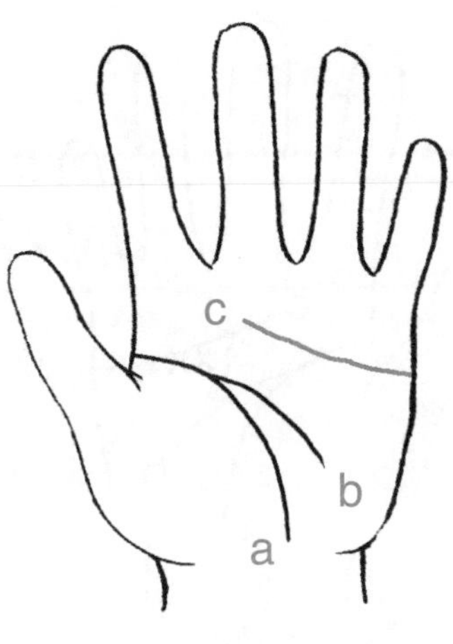


**案例**

李先生，感情思想很早熟，交過許多的女朋友，但僅是萍水相逢，過程都不是很長久，畢業後到工廠當學徒，然後沒多久就結婚，太太懷孕的時候，因為性慾無處發洩，所以利用出差的機會，到外面去召妓解悶，但卻被對方給仙人跳，自己惹上桃花劫，最後只好花錢消災。

## 三、十字紋路、桃花滿天的手相

感情線出現十字紋路，表示心態上比較風流，有向外獵艷的傾向，因此感情方面不穩定，很容易更換伴侶，不太能安定下來，就算有婚姻的話，最後恐怕也是以離異收場，必須要特別謹慎。在這裡的話，就感情線來看，長度稍嫌不足，所以感情比較實際，偏向肉慾方面的，而不是精神方面的，再者，感情線薄弱，表示意志不堅定，容易受到外力影響，在感情路上，比較經不起誘惑，而經常有出軌的舉動，或是與對方交往時，有過不愉快的經驗，以致於遭受挫折失敗，而感情有陰影的存在。

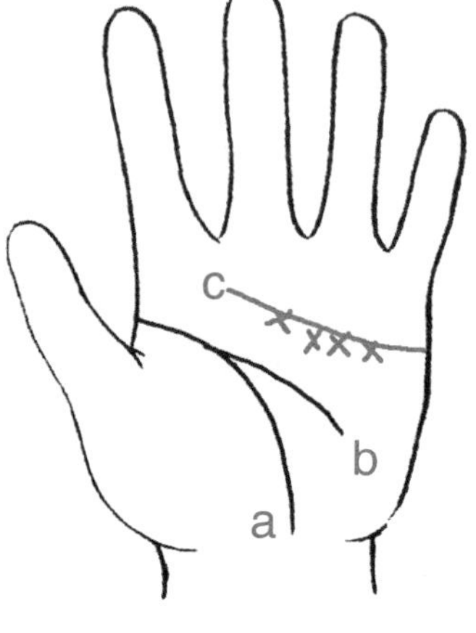


**案例**

簡先生，平常不太愛說話，但是卻是感情豐富的人，學生時代很早就談戀愛，但是對方卻是個貪圖享受、崇尚物質的人，讓他相當的失望、難過，因此感情大受打擊，出社會之後，主動嘗試追求異性，進而演變成獵豔，表面上是談情說愛，私下其實是以報復心態來彌補自己的創傷。

## 四、尾端下垂、判斷失靈的手相

感情線尾端若呈現下垂，表示感情運勢不理想，經常會朝負面的結果發展，而留下不好的回憶與經歷，是標準多情反被多情傷的類型，在這裡的話，感情線尾端不僅往下垂，且跟理智線有交錯的情況，也就是為人容易情緒化，缺乏冷靜的判斷分析，遇到困難問題的時候，總是匆忙的反應行事，不會先尋求管道協助，就全部一肩承擔起來，情況往往是越弄越糟，還可能無法收捨善後，也比較容易吃虧上當，所以感情交往十之八九都沒有良好的結局，最好是經由他人介紹或是透過相親結婚，會比較理想一點。

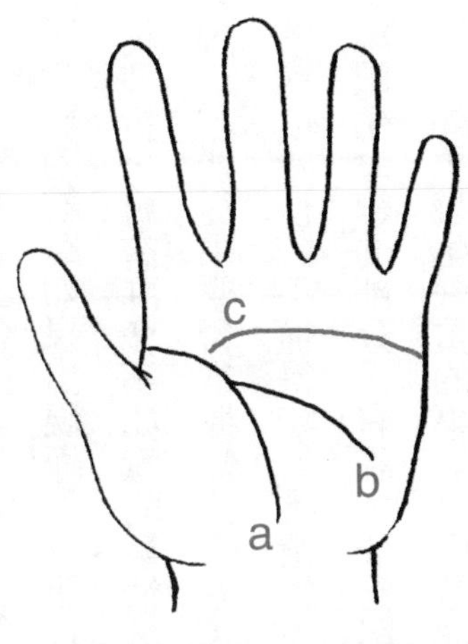


**案例**

葉先生，結婚的中年男性，從事店面經營，工作滿勤奮努力的，平常生意還算不錯，有一天女客戶來修理汽車，被對方美麗的容貌迷惑，從此就跟對方勾搭上，不過對方卻是因為欠債，準備要設計葉先生，來個請君入甕之計，最後葉先生遭人威脅，白白送上經營多年的店面。

## 五、紋路斷裂、愛情破碎的手相

感情線的紋路如果出現斷裂，而且是斷斷續續的形狀，那麼在感情路上，一定相當的坎坷波折，會有許多不如意的事情發生，通常不會有什麼好結局，除非是經歷過痛苦的教訓，才能從中學習掌握愛情的方式，在這裡的話，感情線呈現斷裂缺口，表示對於感情的態度隨便，不懂得如何挑選對象，會因為感情而受傷害，思想有早熟的傾向，而理智線跟生命線的部分，有許多分岔與缺口，表示週遭環境的變動很大，自己不太能變通適應，如果發生嚴重的事情，像是情侶吵架、夫妻失和等等，其結果一定會越演越烈，所以這種類型的人，最好不要早婚，以免家庭不幸福，甚至連累無辜的小孩。

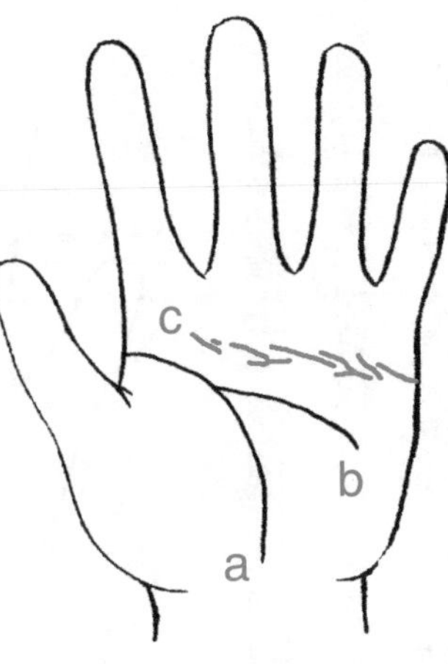


**案例**

游小姐，從小缺乏父母照顧，個性顯得叛逆難管，求學時作風就十分大膽，跟人家假戲真做玩感情，最後不小心就發生性關係，從此之後，對男女感情就有偏差，把感情跟性愛當作遊戲，只要高興就可以，不在乎對方是什麼人，結婚後，因為另一半偷情出軌，憤而跟對方離婚收場。

## 六、短直破碎、感情現實的手相

感情線如果破碎的話，那麼感情的進展一定不順利，會有許多的阻礙出現，不過並非都是外來的因素，有時候必須要仔細觀察，紋路的長度與弧度將更能發現問題的癥結所在，在論斷上會比較客觀，在這裡的話，感情線雖然破碎，但是相對的長度過短，沒超過中指部分，又沒有彎曲弧度，形成一直線的狀態，表示重視私人利益，顯得冷漠無情，感情上以物質為標準，所以容易受到其他誘惑，感情無法忠貞專一，常因此惹出許多麻煩糾紛，特別是三角戀情或是婚外情等等，這就不是外來因素造成，而是性格上的缺失所導致。

**案例**

杜女士，從小異性緣好，有許多人追求，經常有三角戀情的情況，但自己卻不以為意，十九歲剛畢業就衝動結婚，也不考慮家人的反對，因為彼此個性不合，最後的結果還是離婚了，但是身邊的桃花依舊不少，開始跟從前一樣，大玩腳踏多條船的遊戲，很快的再婚了，不過下場仍然是再度離婚。

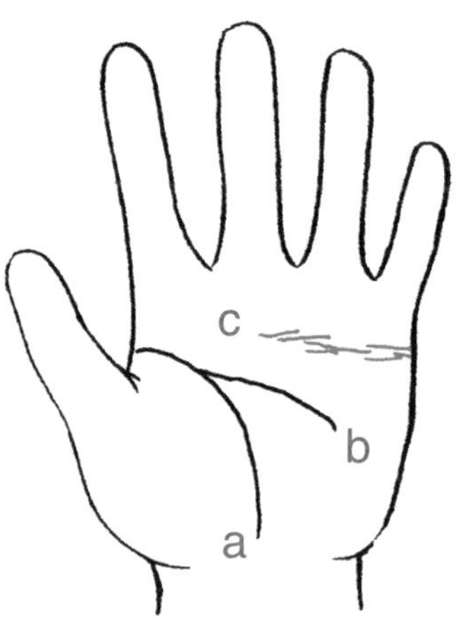


## 七、雜紋叢生、愛恨極端的手相

如果感情線出現雜紋，就是有許多細紋出現，像是雜草叢生一般，那麼表示感情的牽絆很多，有許多麻煩困擾的事情，感情交往時不是很順利，常常會橫生枝節，但還是要參照其他主線，會比較看出端倪，在這裡的話，感情線的長度不佳，而弧度彎曲的地方也是在中指下方，這表示為人特別重視物質享受，處理事情的態度會顯得特別現實，不太會在乎人情，又感情線雜紋叢生，表示為人容易神經質，會疑神疑鬼的，對於另一半的行為舉止，心裡會相當在意，一旦有任何風吹草動，就會起嫉妒心，跟對方興師問罪、大吵大鬧，所以感情往往維持不久就面臨破裂分手的局面。

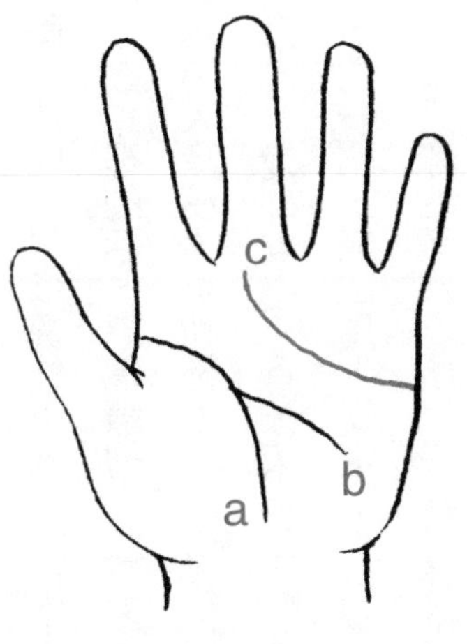


**案例**

許小姐，貪圖物質享受，不喜歡勞力辛苦的工作，因此出社會就流落風塵，在色情業裡面打滾，在酒店上班時認識了不少恩客，也都有意思將她給贖身，跟許多人同居過一段時間，但由於個性多疑、嫉妒心強，不喜歡被對方約束，結果往往是大吵大鬧，雙方不愉快的以分手告終。

## 八、支線眾多、桃花朵朵的手相

感情線如果支線眾多，幾乎分不清楚哪條是主線時，那麼表示感情複雜，身邊的桃花不斷，能吸引眾多異性青睞，或是主動對異性追求，但都不是很安定，有反反覆覆的可能，在這裡的話，感情線的支線眾多，不過長度卻只到中指部分，若單純的直觀判斷，表示為人冷漠、重利輕義，感情交往會顯得現實，但是感情線延伸出許多支線，表示心猿意馬，愛好享樂，身邊不乏異性追求，桃花非常的旺盛，但是由於心思不定，見一個、愛一個，無法馬上安定下來，總是希望有更好的伴侶，所以會不停的更換，影響到事業及人際的發展，所以最好是晚婚，等到事業穩固後，才談及感情婚姻，會比較理想一點。

**案例**

張小姐，在求學的過程中，感情的經驗豐富，認識不少的男孩子，有過三角戀情的紀錄，但當時卻很難取捨，只好都發生性關係，但自己卻不滿足現況，畢業後又跟有婦之夫結識，做人家婚姻的第三者，介入人家幸福的家庭，但由於道德觀薄弱，竟然不以為意，彼此同居一段時間後，就沒有繼續來往了。

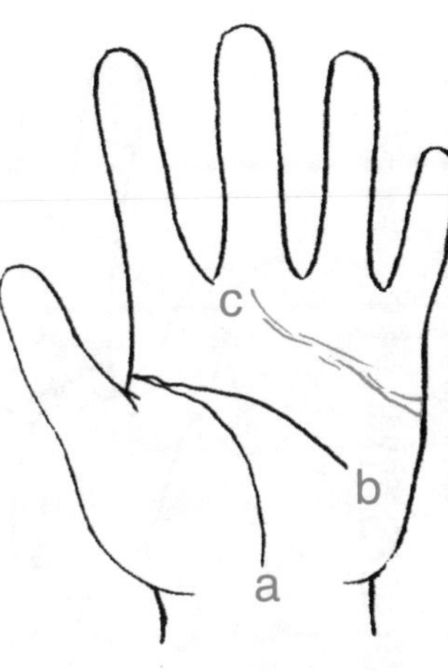


## 九、紋路淺薄、情色氾濫的手相

感情線的紋路如果淺薄的話，一般來說，表示感情運勢不穩固，很容易受到外在影響，但若就個性而言，則表示情慾方面不太正常，有放縱無節制的現象，這需要參照其他紋路，會顯得更加的明確，在這裡的話，感情線短且直，而理智線清秀，表示為人重視理性，可朝專業發展將會有成就，但感情線薄弱短淺，表示心思浮動不安、對異性有癖好，會耍心機手段來滿足個人的私慾，而且有過河拆橋的現象，人際關係顯的惡劣。但不是有此紋路，就是色情狂或是狡詐犯，只是需要提防注意而已，大家千萬不要有先入為主的觀念才好。

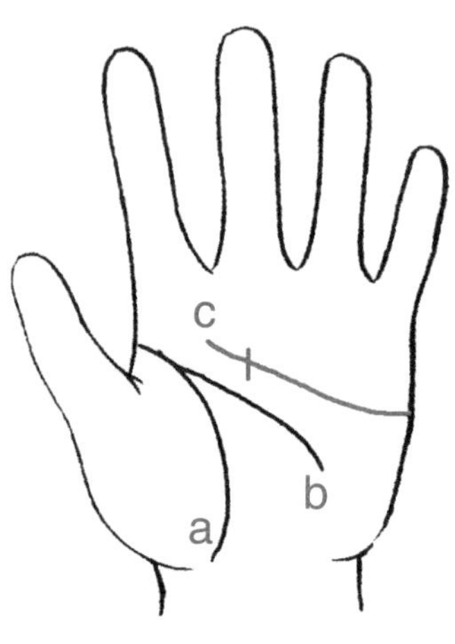


**案例**

錢先生，看起來老實忠厚，其實包藏禍心，骨子裡非常好色，經常有偷窺的習慣，也常在外面交友獵豔，由於善於表達、文情並茂，很多女孩子都被他欺騙，因為感動而失去了警戒心，自己再順勢半推半就，跟對方脫衣上床，到手之後，用各種理由把對方甩掉，重新尋找下一個目標。

## 十、吝嗇小氣、愛好幻想的手相

感情線是不是只能推敲感情而已，那當然不是只有這樣而已，只是說感情方面會比較明顯看出，而最重要的是個性的展現，這才是觀察手相的用處，由個性來推理其他的為人處事，得出較為客觀的評判，在這裡的話，感情線雖然夠長，也顯得深明，但是卻缺乏弧度，表示不懂風情、直來直往，沒辦法替感情加溫，所以過程會慢慢冷淡，最後不了了之，但是不是這樣，還必須參照理智線，才能有更深入的探討，在理智線的部分，尾端下垂趨勢十分明顯，直接朝太陰丘去，表示為人喜歡幻想、行事不切實際，總是嘴巴上說說，卻不會認真去做，因此感情上表現，顯得稍微吝嗇小氣，不會付諸實際行動，因此感情會遭受阻礙。

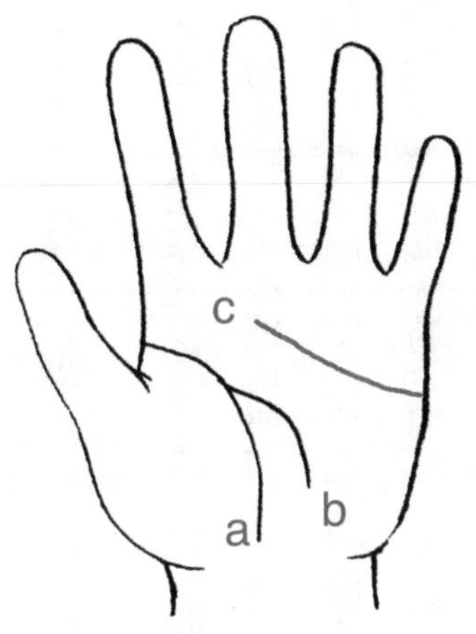


**案例**

梁先生，感情世界比較封閉，不太敢跟異性搭訕，通常私下幻想居多，希望對方能夠百依百順，但因為個性膽小害怕，就算有機會表白成功，也都會臨陣退縮，讓對方感到莫名其妙，因此對性慾方面，始終沒有發洩的管道，也不太願意跟異性示好，人際關係顯得狹隘。

## 十一、鬱卒難解、輕生念頭的手相

感情線除了表現感情運勢外，最主要是以內在個性的觀察，來推測遭遇困難時會有什麼樣的舉止反應，有些會比較輕微看不出，有些則是非常的明顯得知，特別是男女間複雜感情，總是叫人特別難解，在這裡的話，感情線雖然夠長，但是卻有許多缺口，在尾端又向下彎曲，跟理智線形成交錯，表示為人特別重視感情，會很認真的看待，不容絲毫的苟且，但平常個性內向，不太會表達心聲，以致於心靈封閉，缺少溝通的管道，如果另一半變心或出軌，情緒反應會很激烈，很容易想不開，而產生輕生的念頭，讓人往往措手不及，最好的預防辦法是多交朋友參加社團活動，不會終日苦悶鬱卒，心情會比較開朗點。



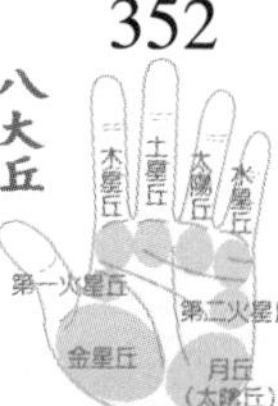

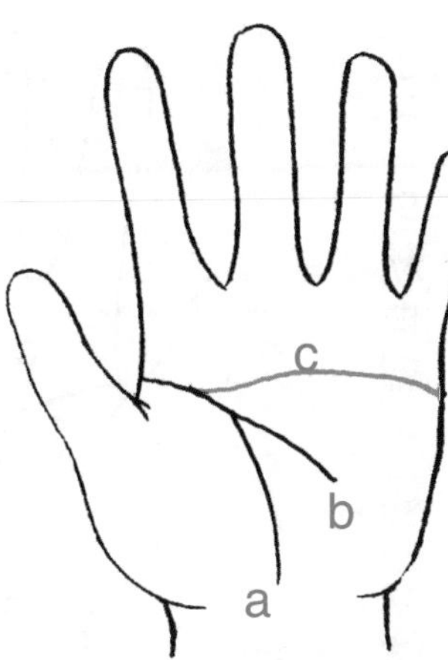


案例

吳小姐，結婚後生下女兒，但不久先生就外遇，經常不回家過夜，在多次溝通談判無效後，情緒變得十分低落，也沒有精神專注工作，直到有一天晚上大吵大鬧後，用電話向朋友哭訴，朋友覺得不對勁，趕緊跑到她的住所，發現她服安眠藥自殺，即時送醫院急救，把她從鬼門關前救了回來。

## 十二、支線交錯、潛藏放縱的手相

感情線如果有支線的話，而且非常多的時候，表示感情容易分心，感情交往時三心二意，容易有腳踏多條船的傾向，身邊眾多的異性桃花就會成為麻煩的來源，反倒有糾纏不清的可能，在這裡的話，感情線有支線，表示異性緣良好，但不容易把持自我，會遭到外界的誘惑，特別是感情支線向下，跟理智線有交錯的情況，表示理智受到壓抑，有

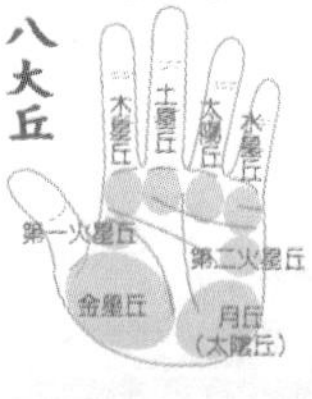

為了感情衝動行事，而不顧後果的想法，也潛藏感情不受約束，有放蕩無節制的現象，表現在感情婚姻上的話，常常會介入他人婚姻作第三者，破壞原本幸福和樂的家庭，這是需要特別注意的。

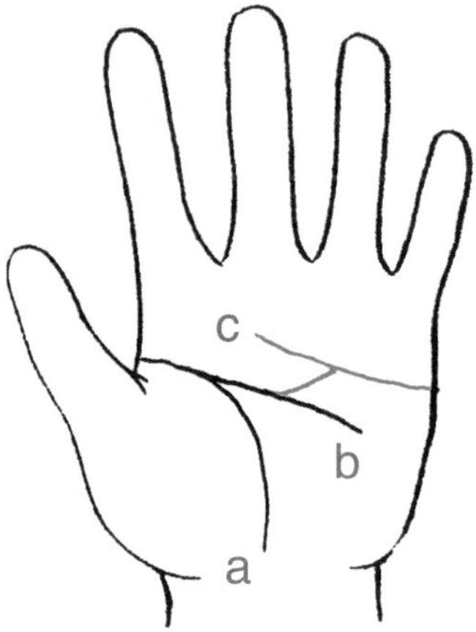

**案例**

王小姐，是產品的設計師，本身條件相當不錯，也有許多異性追求，工作當中認識了已婚的劉先生，漸漸日久生情，雖然王小姐極力克制，但終究抵擋不住情慾，兩人爆發了婚外情，但是王小姐事後覺得後悔懊惱，想要結束這段地下感情，但心裡卻仍有好感，以致於無法下定決心。



## 十三、自私自利、貪圖慾望的手相

感情線如果太短的話，就是說感情比較重視現實考量，會以物質作為標準，男女交往重視利益關係，一旦發生變化的話，就會毫不猶豫的拋棄，不會顧及彼此的情分，是屬於較為自私的人，在這裡的話，感情線除了短之外，紋路也顯得淺薄，對男女關係不懂節制，會比較希望進展迅速，但通常關係維持不久，很快就由熱情而冷卻下來，所以最好要跟另一半溝通、協調，多講些甜言蜜語，培養浪漫的氣氛情調，彼此才會越來越親密，否則一味的自以為是，不顧對方的內心感受，輕微的話每天冷戰相對，嚴重的話，很可能就走上離異一途了。

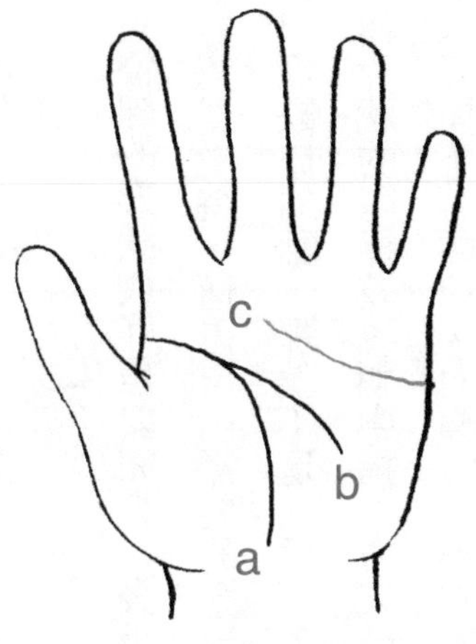


**案例**

徐先生，是裝潢工人，對工作十分的負責，有一定的表現水準，常能讓客戶感到滿意，但是由於重視個人事業，而忽略家庭生活，跟配偶經常吵架，對方嫌棄他沒有情趣，把她當作傭人在使喚，徐先生雖然有反省檢討，但過不久就會通通忘記，結果導致婚姻離異，只好接受第二春。

## 十四、尾端雲片、呼來喚去的手相

感情線的形狀最好是要完整，表示感情運勢順利進展，不會遭遇到外來阻礙，對感情也能認真看待，懂得自己需要的是什麼，算是相當成熟的觀念，但是如果形狀破裂，或是出現缺口的話，那就不是很理想了，在這裡的話，感情線的長度稍嫌不足，但是尾端有雲片狀的階梯紋，朝中指下方來延伸，表示感情不是很穩定，有忽冷忽熱的現象，讓追求者摸不著頭緒，而經常大嘆吃不消，在心態方面，也比較缺乏安全感，喜歡表現高傲的樣子，將異性呼喚來呼喚去，滿足心裡的空虛感，不免讓人認為自私，而有高不可攀的感覺。

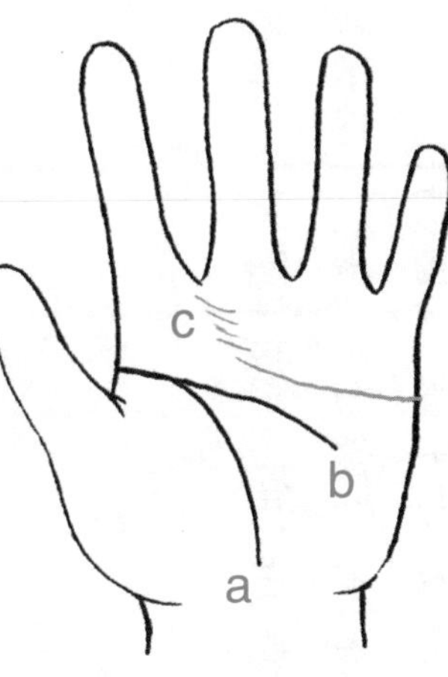


**案例**

柳小姐，是某部門的主管，人長得還算標誌，只可惜脾氣太大，身邊的桃花眾多，但是自己卻不太動心，反而趁機從中獲利，要對方替自己服務，把許多男士耍得團團轉，雖然有時會鬧出糾紛，但是卻樂此不疲，只要能滿足指揮的慾望就好，若對方不高興的話，彼此關係就一刀兩斷。

## 十五、爆裂紋路、物質擇偶的手相

感情線出現爆裂紋路，表示感情關係不穩定，有隨時變動的現象，交往時容易發生變故，導致感情沒有結果，多半是不太理想的手相，在這裡的話，感情線的紋路開端處有缺口斷裂產生，表示經歷過某件事情，屬於傷心難過的回憶，並不一定是感情方面，親情或是友情都有此可能，再者，感情線長度比較短，表示很重視物質的享受，花錢方面滿奢侈浪費，擇偶會用經濟來做衡量標準，但本身卻不太會理財，這點因素很可能成為感情或婚姻的導火線，雙方會因為這點而有溝通不良、吵鬧離異的可能。

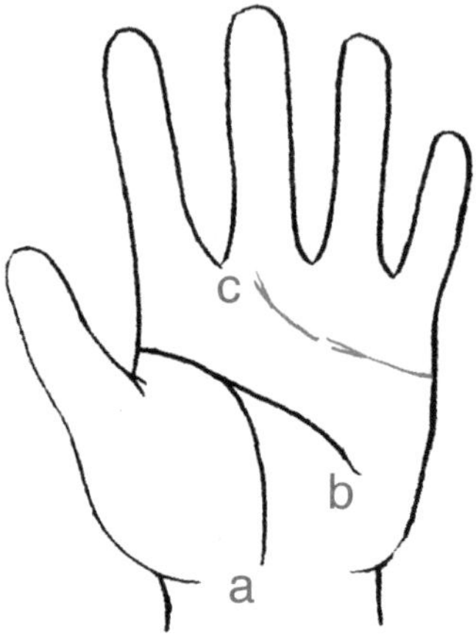

案例

花小姐，出身貧窮的環境，在家庭背景的影響下，使得她對物質有特別的感受，看法都比較極端，畢業出社會後，工作開始有收入，但是卻拚命的花用，滿足個人的慾望，讓父母親看不過去，被囉唆一陣子後，居然賭氣要嫁人，離開這個家庭，結婚以後，奢侈習慣依然不改變，沒多久先生受不了，雙方就協議離婚。

c
b
a

## 十六、多變迷樣、留戀風塵的手相

感情線一般來說，短淺似乎不是很理想，但是不是長就沒有問題呢?答案其實是否定的，因為相不獨論，掌中的紋路不是單一的表現，而是要互相配合觀察，才能有比較正

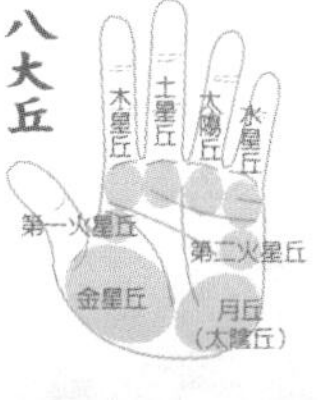

確的論斷，在這裡的話，感情線非常的長，符合基本的標準，但是為人仍然迷戀酒色、留戀風塵的習慣，這是因為紋路粗細的關係，感情線紋路粗闊，表示非常執著感情，但是由於雜紋叢生，個性顯得喜怒無常，連帶著影響到感情的安定，加上經不起身旁誘惑，以致於經常出外風流，若已婚的話，恐怕因為桃色糾紛而破壞原有的家庭，這不僅是紋路長度的問題，大家可以仔細的推敲便明白。

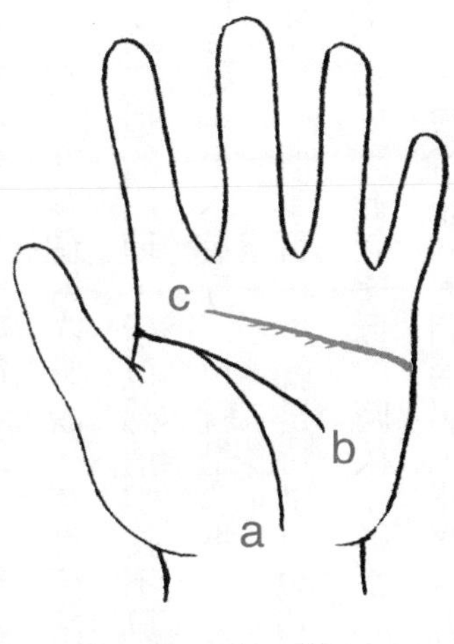


**案例**

倪先生，從事電子行業，目前尚未結婚，感情世界一片空白，由於環境因素的緣故，使得他一直沒機會跟異性接觸交往，出社會工作久了以後，心情非常的鬱卒，會想要找樂子解悶，從此下班後就上酒家或舞廳，沉迷於聲色犬馬當中，對感情雖然心生期待，但始終不敢去面對，而有孤獨的傾向。

## 十七、紋路過長、醋勁橫生的手相

感情線過短是不好的，為人顯得薄情寡義，那麼感情線過長的話，是不是就為人情深義重呢？在某個層次來說，這種想法是正確的，但是過與不及的感情線，同樣都不符合中庸之道的原理，所以感情線長不見得都是好的，也是有缺失的地方，在這裡的話，感情線延伸至木星丘，也就是食指下方的部分，可以說超過基本標準，但如此的手相，反應了另一個事實，也就是特別重視感情，甚至於能影響到理智線，因為理智線比感情線來得短，因此談戀愛的時候，嫉妒心特別強，只要伴侶稍微接觸其他異性，馬上就醋勁橫生，會拚命的追問伴侶，非要對方給個交代不可，有時候顯得不可理喻，影響到感情的親密。

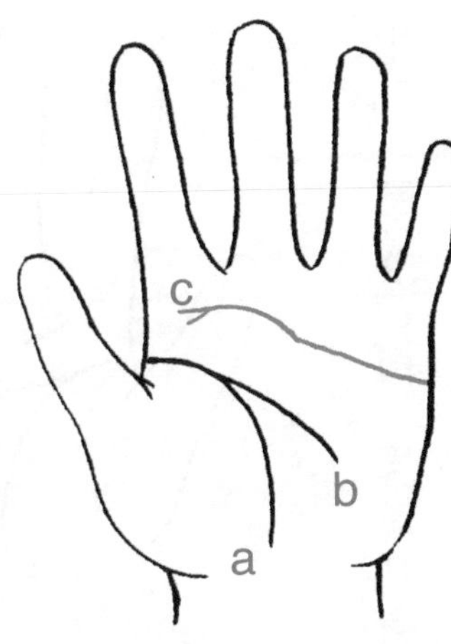


案例

張小姐，已經結婚，求學時就有戀愛經驗，可惜家裡管得很嚴，所以畢業後就沒有跟對方來往，直到出社會工作，認識了小林，小林對她非常照顧，有問題都會幫忙她，結果兩人就成為男女朋友，但小林的人緣不錯，經常跟異性有說有笑，張小姐就會非常吃醋，拚命的質問小林，使得兩人關係顯得緊張。

## 十八、隨興戀愛、喜新厭舊的手相

感情線如果顯得雜亂不堪，有非常多的支線橫生，而且長度也非常長的話，表示感情交往易走極端，會採取激烈報復的手段，特別是在感情線交叉嚴重的時期，在這裡的話，感情線長度過長，表示對感情執著，戀愛時表現得特別強烈，有情緒化的現象，但是由於交叉紋路眾多，身邊的異性與桃花眾多，很容易經不起誘惑，而有喜新厭舊的傾

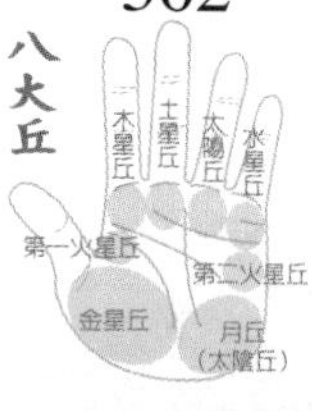

向，甚至造成嚴重的麻煩糾紛，因為這種人對感情佔有慾強，不愛受別人的管教約束，總是擺出叛逆的模樣，外人也無從插手幫忙，如果不小心被人得罪的話，一定不會善罷甘休，會想辦法討回公道。

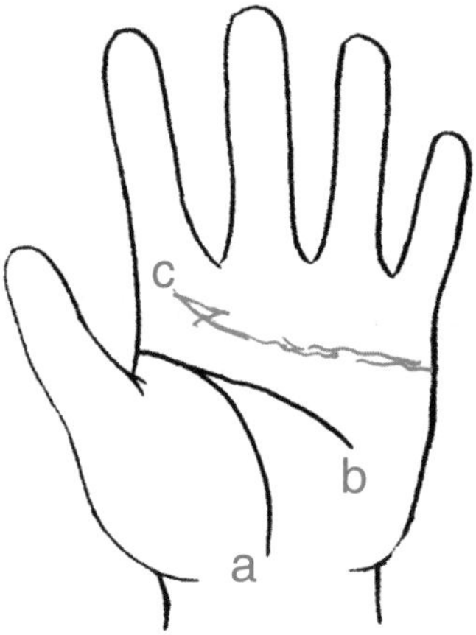

**案例**

蕭小姐，出身於貧苦家庭，父母很早就離婚，缺乏溫暖的照顧，求學時就交許多男友，彼此也都發生了關係，自己卻不當一回事，畢業後就出社會打滾，由於嫌工作辛苦，結果當了舞小姐，現實生活當中，也跟許多男性先後同居，但最後都沒有結果，還因為搶人家的男友，而發生了衝突口角。

## 十九、掌紋通貫、異常執著的手相

感情線的長度若過長，甚至是到達了掌邊，就是有所謂通貫斷掌的紋路，那麼表示對感情異常執著，甚至會因此飽受風波折磨，有時不惜自毀毀人，是必須要特別注意的，在這裡的話，感情線的長度過長，在感情交往上，反而顯得極端冷漠，並不是說不喜歡異性，或者排斥戀愛的發生，而是說為人有潔癖的傾向，是標準的完美主義者，所以在對象的挑選上，非常的重視外在形象以及內在談吐，雖然是比較謹慎小心，但也未免眼高手低，忽略現實環境的考量，因此最後反而不得不屈就，就算談戀愛、結了婚，總是會對另一半挑剔，造成彼此的誤會衝突，久而久之，只好走上離異分手的道路。

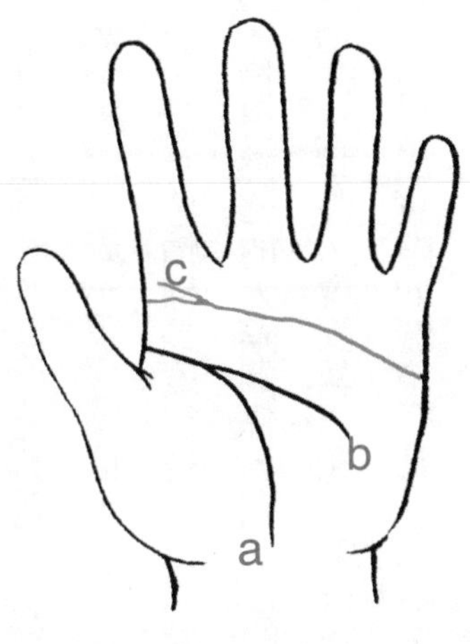


**案例**

翁先生，長得年輕英俊，求學時期就是萬人迷，出社會後，身邊就有許多異性投懷送抱，但是自己總是婉拒好意，別人都認為他裝清高，其實是因為執著理想的緣故，不希望隨便投入感情，但事實上，自己也不知道如何挑選，反而有極端偏激的想法，若一旦戀愛，恐怕愛之令其生，惡之令其死。

## 二十、夜郎自大、孤獨寂寞的手相

感情線深長表示重視感情，能夠專注鍾情，但是沒有弧度的感情線，表現上顯得太過冷淡，就算感情線長度很長，也只是愛在心裡口難開的類型，並沒有辦法獲得良好的溝通，換得熱絡的人際關係，在這裡的話，感情線雖然深長，但紋路過於筆直，表示處理事情欠缺彈性，會固執己見、堅持到底，讓旁人無法溝通理解，談感情沒有情趣可言，也許會付出實際的關懷行動，但總是冷漠的模樣，使得旁人無法接近，甚至於伴侶都是如此，如果有婚姻的話，跟家人的關係會逐漸轉變，兒女長大後，就比較少來往，剩下孤獨寂寞、孑然一身而已。

## 案例

甘先生，經營一家店面，生意非常的成功，但是人際關係卻很糟，特別是感情方面不善表達，平常跟妻子、兒女難得說上幾句，收工回家後就休息或看電視，也不管妻子或孩子的心情感受，日復一日、年復一年，到了退休的年紀，兒女都到海外去定居，妻子也決定過去陪孫子，留下孤孤單單的自己。

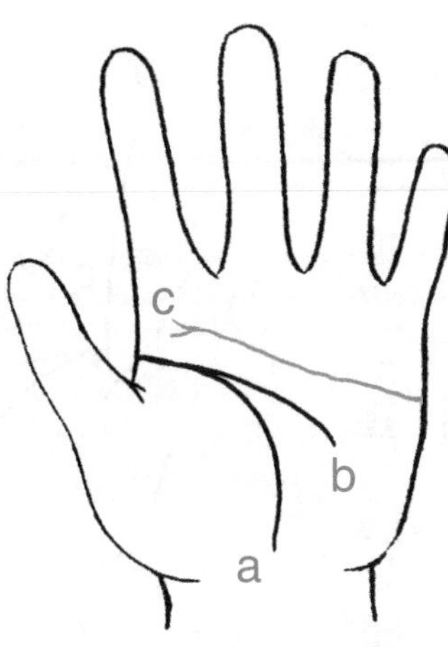


## 二十一、破裂歪斜、孽緣難斷的手相

感情線呈現破裂的形狀，表示愛情的運勢坎坷，經常有分分合合的現象，特別是時間都不長久，一下子就馬上告吹，甚至找不出任何的原因，只能說是彼此無緣，在這裡的話，感情線除了破裂之外，紋路的尾端都往下彎曲，表示無法控制的情慾，通常會陷入不正常的男女關係，但卻又無法自拔脫身，結局不是被騙財、騙色，就是鬧上法院訴訟，有桃色糾紛的情況，加上感情線長度又長，心裡面有念念不忘的執著，如果發生婚外情的話，那麼很難對另一半交代，會處於進退兩難的抉擇，並拖上很長一段時間，不但影響了家庭幸福，也敗壞自己的名聲，讓事業難以順利發展。

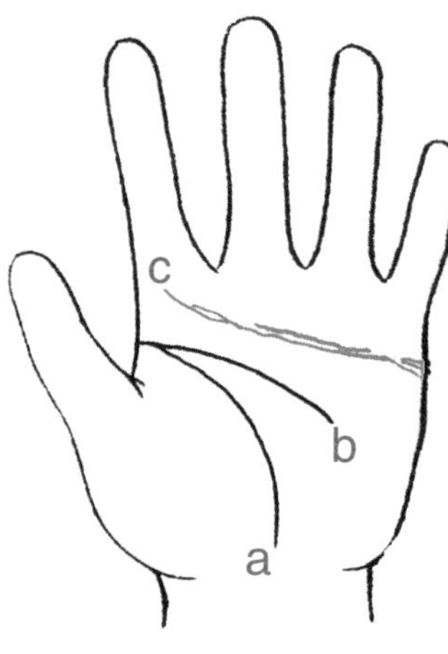


**案例**

黃先生，經營小本生意，為人喜好幻想，對感情不切實際，常在外拈花惹草，但佔有慾又特別強，會想要控制對方的行動，因此長期下來，感情總是剛開始不錯，但慢慢的就變糟糕，最後走上分手一途，因此已經有離婚兩次的紀錄，現在還跟情婦糾纏不清，無法從迷惘裡自拔。

## 二十二、理想主義、過分節制的手相

感情線的紋路如果太過薄弱，而其他兩條主線特別深明的話，那麼感情方面就容易被壓抑，形成節制禁慾的現象，不太喜歡談男女戀愛，反而有宗教的出世思想，顯得孤僻遠離人群，在這裡的話，感情線紋路薄弱不明顯，不過生命線卻很深刻，表示主觀意識強烈，加上跟理智線相連的情況，表示很重視理性分析，對感情世界缺乏興趣，喜歡專研自己的興趣，多半跟知識學問有關，就算遇到心動的異性，也不太敢主動追求，而是說服自己放棄，如此一來，恐怕會有孤家寡人或是投身宗教的可能，比較不傾向結婚生子。

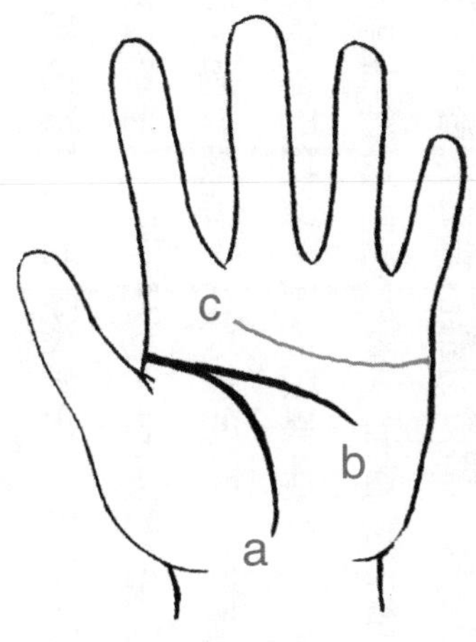


案例

周先生，有正當的職業，看起來非常斯文，應該是異性喜歡的類型，平常不隨便跟人來往，大家都不知道他心裡在想什麼，也從未見他交女朋友，不過若是有關宗教的演講，他都會前往聆聽，久而久之，還興起出家的念頭，幸好被家人阻止，所以才沒有成功，但卻漸漸顯得孤僻。

## 二十三、膽小怕事、虎頭蛇尾的手相

感情線紋路的深淺變化，可以看出感情運勢的好壞，以及發展的冷熱趨勢，如果紋路太過單薄或沒有的話，表示感情不順利，遇到阻礙而生變，太過深刻開闊，表示重視肉慾、過於執著，在這裡的話，感情線開頭沒有紋路，表示感情剛開始很辛苦，甚至有膽怯退縮的現象，害怕跟異性表白，也害怕表白被拒絕，所以有拒絕逃避感情的跡象，不過所幸紋路漸漸加深，有重新恢復信心的可能，願意嘗試與人交往，心裡顯得較為開放，不過感情線尾端的紋路分岔，晚年要注意感情生變，需要加強跟另一半的溝通，才能保持親密的關係。

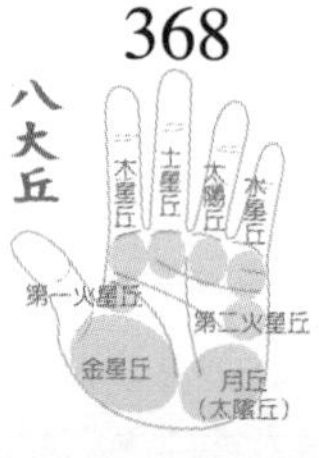

## 案例

林先生，孤獨老人，平常居無定所，四處撿破爛為生，有時候會被人欺負，而身上都是傷痕，因此對人充滿警戒心跟強烈的排斥感，除非是嚴重到受不了，才會勉強被送醫治療，但隨即就又出外流浪，不願意被安頓在福利收養機構，經過無數次的勸導，才漸漸改變想法，願意配合社工人員。

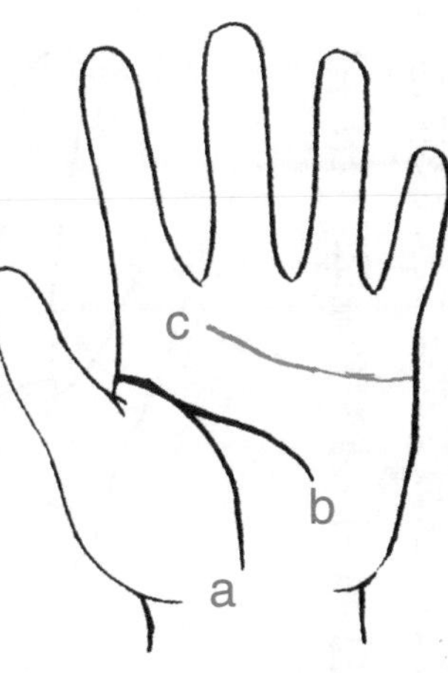


## 二十四、失敗創傷、後悔不已的手相

感情線紋路的深淺影響親密度，也可以分析其中過程的發展，而如果能配合婚姻線參照，那麼更可以看出為人的心態，在感情路上是否為情所困，或是顯得毫不在乎，在這裡的話，感情線顯得薄弱，特別是在尾端的部分，表示感情交往漸漸冷淡、有頭熱尾冷的現象，而且尾端沒有向上彎曲，呈現直線的狀態，在交際手腕較欠缺彈性，喜歡擅作主張、獨斷獨行，衝動行事的下場，往往後悔不已，加上婚姻線的部分開岔，就算結婚

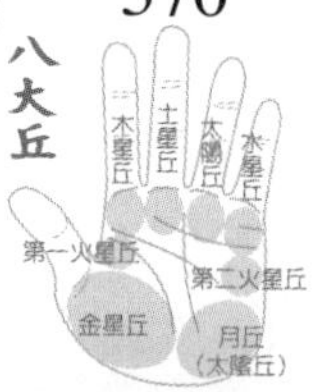

的話，本身也容易受到誘惑而變心，影響到原有的感情基礎，難以保有原本的家庭幸福。

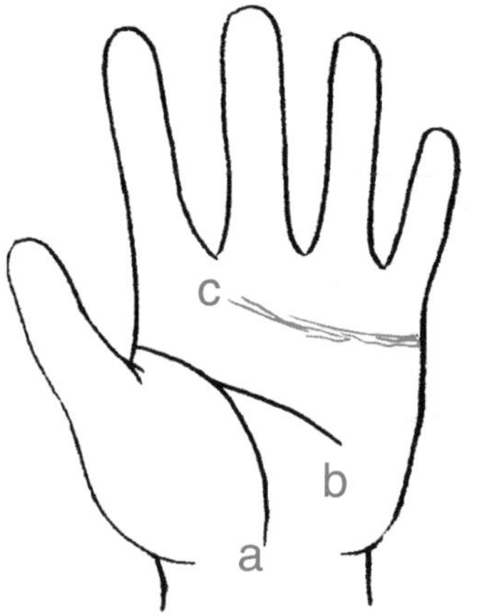

**案例**

江小姐，離婚單身，從小就早熟，跟許多異性交往過，但都不是很認真，只是當作遊戲來消遣而已，出社會工作後，認識了許先生，熱戀後就結婚，雖然彼此個性不合，但是許先生總是包容她，希望能挽回感情，但她卻不領情，另結新歡而選擇離婚，但對方居然拋棄不要她，讓她心生難過，如今後悔不已。

c
b
a

## 二十五、性喜獵豔、不受拘束的手相

感情線紋路的長度可以看出感情觀是偏向肉慾或者精神方面，如長度過長的話，通常是精神方面的，比較重視心靈的溝通，佔有慾也比較強，如過太短的話，比較重視肉慾，喜好物質的享受，情慾較不節制，在這裡的話，感情線的長度雖然長，但尾端明顯呈現破裂形狀，而前端顯得粗闊許多，表示感情容易走極端，剛開始對情慾會很需求，但是卻無法用情專一，加上分岔的紋路多彎曲向下，心思比較不正，容易動歪腦筋，常常會惹出麻煩，特別是桃色的糾紛，不是花錢消災就是關入牢籠，婚姻方面，恐怕有多次結婚的紀錄，不太能安穩維持。

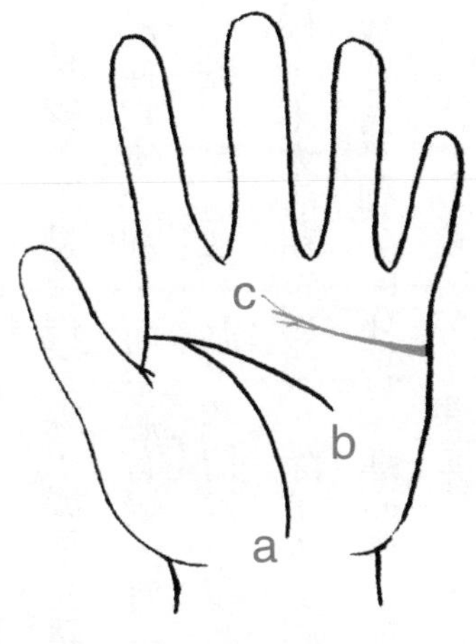


**案例**

蔡先生，從事教職人員工作，但是卻不守師道，由於色慾薰心的緣故，經常想辦法佔女學生的便宜，甚至還用威逼利誘的手段，讓女學生跟他發生關係，最後事情曝光的結果，被好幾名家長給告上法院，因此被起訴而入獄服刑，出獄後仍不悔改，又再度犯案而入獄，斷送大好前途。

## 二十六、緣分像雲、若有似無的手相

感情線若不是呈現直線，或是完整無缺的形狀，而是彎曲或是缺損的情況，那麼感情進展通常不順利，而中途有變故發生，使得最後不能相守在一起，甚至有生離死別的慘痛經驗，在這裡的話，感情線呈現雲片狀，像是階梯般一層一層的，表示談男女戀愛的時候，不太能穩定發展，除了本身心思不定外，也容易有環境或外力因素介入而影響，導致感情受到失敗挫折，進而產生情緒化的反應，多半有想要報復的心態，若是有三角戀情的話，最後吃虧的肯定是別人。

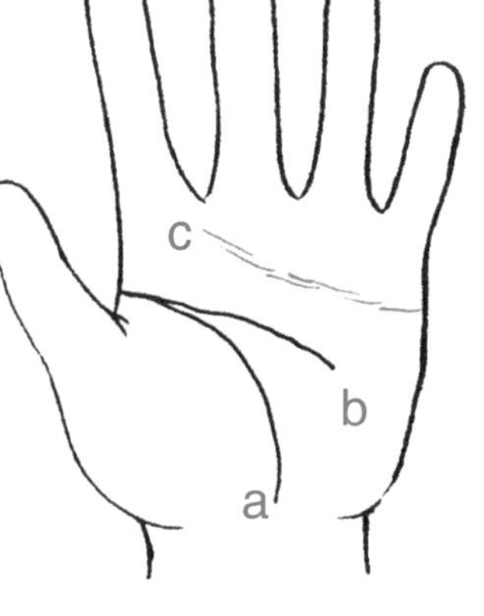


**案例**

朱小姐，是服裝設計師，赴海外留學的時候，原本有要好的男朋友，但是到了異鄉後，很快就另結新歡，但在學成歸國時，同樣的情形又發生了，不過朱小姐不放在心上，她認為緣分就是這樣，不能夠去強求挽留，因此在工作期間，先後跟不少人陸續交往，消息傳到原本男朋友耳中，傷心難過得幾乎要自殺。

## 二十七、主觀強烈、情慾導向的手相

感情線的形狀越破裂，感情就越坎坷不利，特別是在心態方面，通常有不正常的觀念表現在行為舉止上，會有亂搞男女關係的可能，加上形狀破裂表示，主觀意識強烈，但偏向於肉慾方面，感情往往來得快、去得快，在這裡的話，感情線比較短，加上形狀呈現雲片狀，表示感情不正常，容易有特殊癖好，若不自我節制的話，成為色情狂的機率很高，不過紋路薄弱的關係，不太能掌握主動情勢，會希望別人主動送上門來，但自己卻無力招架，反倒被對方玩弄戲耍，有時若曝光的話，難免影響到婚姻的穩定，配偶會提出離婚的協議，感情上弄得兩頭落空情況。

**案例**

康先生，專案技術人員，學歷滿優秀的，但是感情路上卻很坎坷，一直都不是很順利，原因是因為個性很木訥，不善於主動表達情感，但是卻因為如此，讓許多異性認為他老實，願意跟他進一步交往，半推半就的情況下，居然同時腳踏多條船，讓他十分的痛苦煩惱，幸好最後圓滿落幕，否則情況不堪設想。

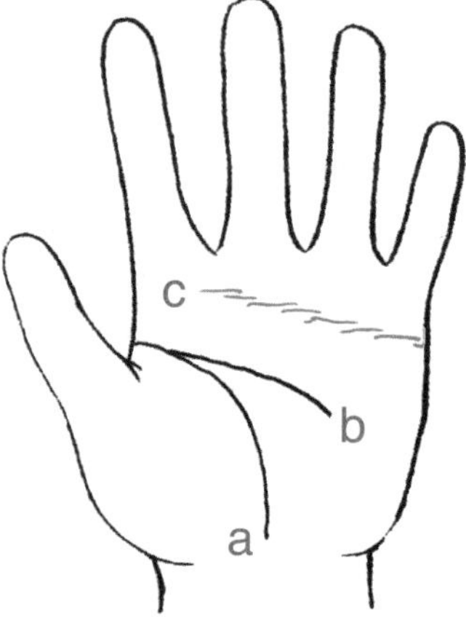


## 二十八、好奇天真、半推半就的手相

感情線如果是雲片狀的話，感情通常是維持不久，而且有一直更換對象的可能，不過依照紋路的長度來看，仍然可以知道對感情是否執著，或者維持某些不正常的關係，在這裡的話，感情線呈現雲片狀，一層一層的階梯模樣，表示感情方面不穩定，喜歡新奇刺激的戀情，剛開始不會排斥，有來者不拒的現象，因此桃花不僅多，男女關係也隨便，心裡總是充滿矛盾，但若是雲片狀的紋路較長，雖然是不正常的關係，但心裡卻會故意維持，希望從中得到某些安慰，但最後仍沒有幸福的結局，只是造成彼此的拖累而已，特別是有家庭婚姻的話，那麼就必須要檢點節制，以免夫妻以離異收場。

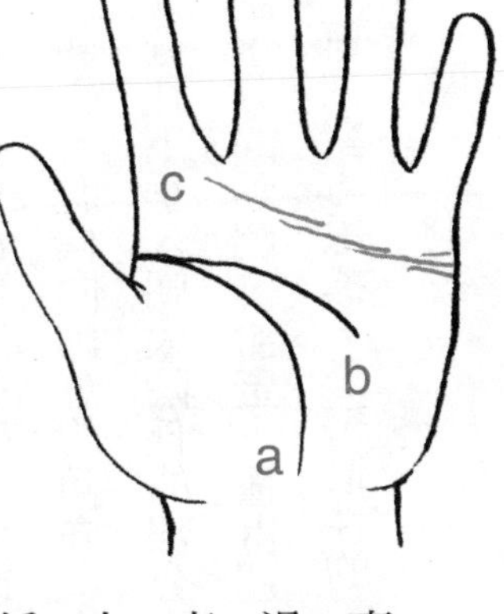


**案例**

胡小姐，個性大方熱情，人緣相當不錯，又從事服務業，所以生意特別好，公司對她很器重，不過感情卻不怎麼順利，離開原本的公司後，跟舊同事仍然保持來往，沒多久就跟對方的先生熟識起來，彼此都還滿聊得來的，後來進一步發生了關係，等到事情爆發以後，對方全家就移民海外定居，不倫關係暫時告一段落。

## 二十九、說謊獵豔、偷心高手的手相

感情線的的形狀雖然可以看出感情運勢，以及個人對感情的觀念態度，但掌中的紋路不能獨論，還是必須配合參照來判斷，比較能得出準確的結論，特別是理智線方面，是另外的重點所在，可看出程度差異或機率多寡，在這裡的話，感情線呈現雲片狀，表示感情觀念薄弱，有偏向肉慾的傾向，喜歡在風月場所逗留，尋找獵艷的對象，而且理智線尾端部分往下垂，朝太陰丘的部分去，為人喜歡幻想、不切實際，但反應在感情上的話，說話十分的動聽、甜蜜，懂得運用溫柔的手段，使得對方失去了戒心，而達成其目的之後，再把對方甩掉，是習慣性的愛情騙子，婚姻也容易離異，有多次紀錄的現象。

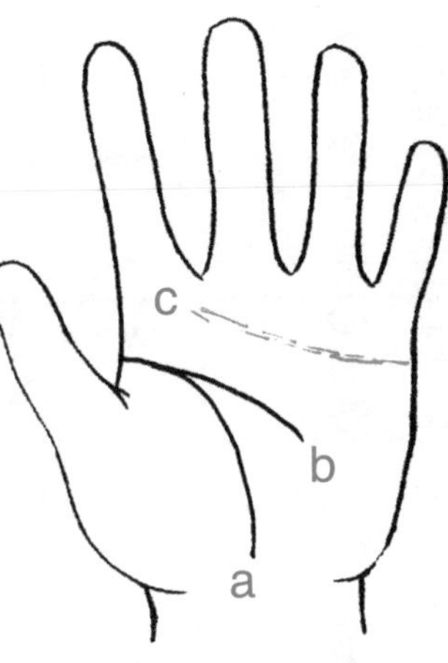


**案例**

羅先生，有婦之夫，對情慾很嚮往，但是偏偏很挑剔，希望對方是個美女，否則不願意白費力氣追求，一旦選定目標，就會想辦法獲得對方的好感，甚至不惜編造謊言欺騙，讓對方解除警戒心，進而跟對方上床發生關係，事後若被拆穿，就只好敷衍承認，想辦法脫身離去，再尋找下一個目標。

## 三十、感情薄弱、個性使然的手相

在分析感情的時候，除了外在的客觀因素外，就是主觀的個性所導致，千萬不要偏頗任何一方，都必須同時參考在內，在感情論斷上會顯得比較有說服力，才能看出真正的癥結所在，在這裡的話，感情線呈現雲片狀，表示對感情不是很看重，有愛情遊戲的心態，但不全然是不好的，只是需要新奇刺激，否則的話，就容易感到厭倦難耐，關係就會漸漸疏遠，不過感情線當中有島紋出現，象徵遇到了阻礙困難，多半是自尋煩惱的緣

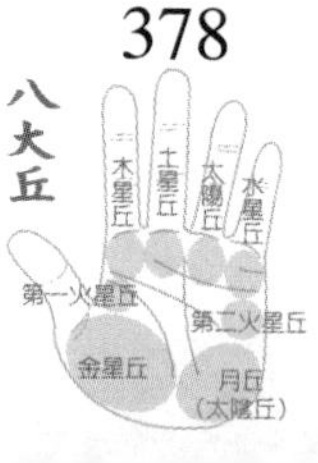

故，是動了真感情的徵兆，但紋路為雲片狀的關係，嚮往自由無拘束的生活，感情最後還是沒有結果。

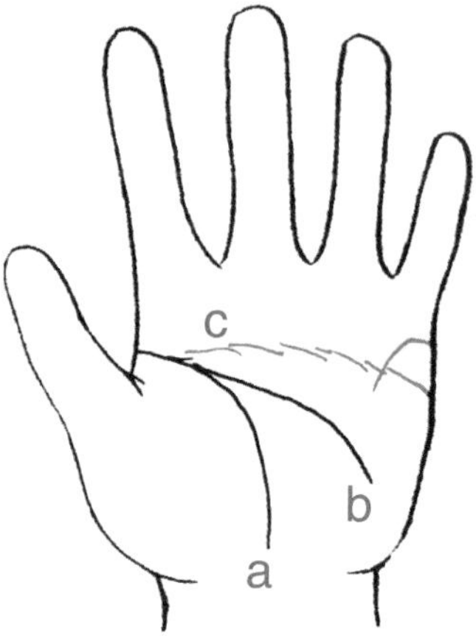

c
b
a

**案例**

董小姐，個性豪邁，不拘小節，但是對於感情卻是十分隨便，從開始談戀愛至今，幾乎都跟對方發生關係，並且認為感情就是如此，飲食男女的結果，讓她也選擇風月場所工作，並且樂在其中，雖然期間有結婚的紀錄，但最後都以離婚收場，有一次要協議離婚，在對方苦苦哀求之下，也只是延長了半年而已。

## 三十一、身心煎熬、痛苦不堪的手相

感情線紋路若過長，表示非常重視感情，有癡情的現象，不過由於是雲片狀的關係，表示無法主導掌握，會有心有餘力不足的現象，感情顯得若有似無，通常是沒有完好的結局，在這裡的話，感情線長度過長，表示執著重情，但感情線有紋路劃過破壞，表示容易遇到變故，而有生離死別的可能，身心備受煎熬痛苦，又感情線尾端往下插入理智線，表示理性受到壓抑，有情緒化的可能，若嚴重的話，很可能為情所困，會有想不開的念頭，也影響正常的人際關係與事業的發展，必須要用時間來沖淡回憶，找人商量開導才行。

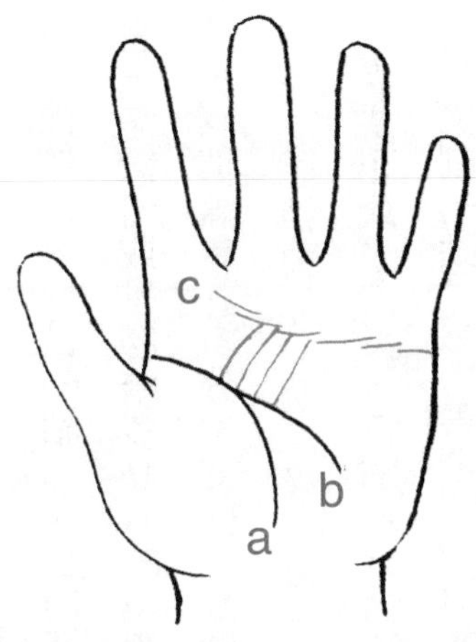


**案例**

馮先生，跟女友是青梅竹馬，從小一起玩到大，感情十分的融洽，但是後來女友全家移民，在遙遠距離的情況下，女友很快的移情別戀，自己顯得非常的難過，很想要找女方說清楚，但是對方居然發生意外，導致天人永隔的慘劇，從此封閉心靈，拒絕愛情，維持滿長時間的單身。

## 三十二、感情分岔、在外偷腥的手相

感情線如果有分岔的話，表示用情不專，有分散心力的現象，身邊的桃花眾多，很可能有三角戀情或是腳踏多條船的現象，但感情始終不穩定，無法馬上安定下來，在這裡的話，感情線有許多分岔支線，像是掃把一樣的形狀，表示為人反反覆覆，有喜怒無常的現象，感情會見一個、愛一個，不會考慮後果，經常私下出軌外遇，而惹上桃色糾紛，需要花錢來消災，特別是分岔支線朝下劃過理智線，會使得情況更加明顯嚴重，若不自我節制的話，感情跟婚姻恐怕難保長久，會不停陷入波折當中。

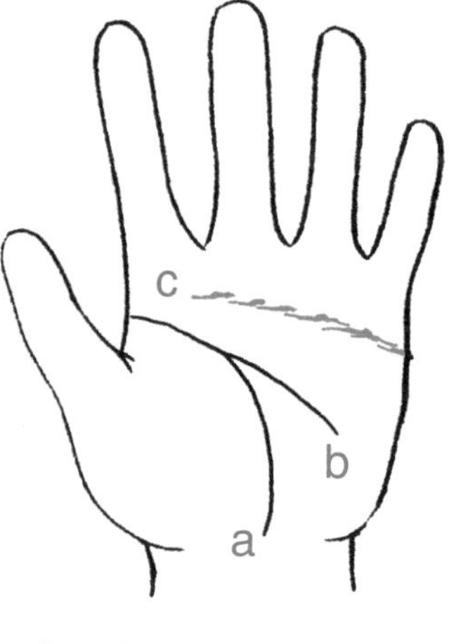


**案例**

賴先生，從事小吃行業，生意還算不錯，因此頗有自信，但在感情上卻不是如此，早年桃花眾多，被許多異性糾纏，最後太太殺出重圍，才抓住賴先生的心，婚後賴先生仍舊充滿魅力，加上經不起誘惑的關係，跟一名風塵女子偷情，事後對方提出分手要求，趁機勒索大撈一筆，只好乖乖投降照辦。

## 三十三、爭執不斷、裝模作樣的手相

感情線呈現雲片狀，而且有破裂的情況，除了感情不穩定之外，也象徵感情冷淡不親密，跟另一半不是很和諧，經常有爭執吵鬧的現象，但表面上並不會顯露出來，外人有時候都無從得知，只能從感情紋路走勢來判斷，在這裡的話，感情線沒那麼雜亂，但紋路仍為雲片狀，表示感情方面不穩定，容易受到異性引誘，有花心偷情的可能，若不是有三角戀情，就是惹上桃色糾紛，與另一半會產生嚴重的心結，但不見得會離婚，是因為紋路不雜亂，彎曲不明顯的關係。

八大丘

**案例**

范先生，是公務人員，生活十分穩定，表面上看起來很有禮節，其實對情慾方面很有興趣，總是花時間去收集黃色書籍或影片，被太太發現後雖然收斂許多，但卻轉為出外實際召妓，把太太蒙在鼓裡，連多年同事也不知情，有次因此被設計仙人跳，怕事情越鬧越大，只好花錢消災了事。

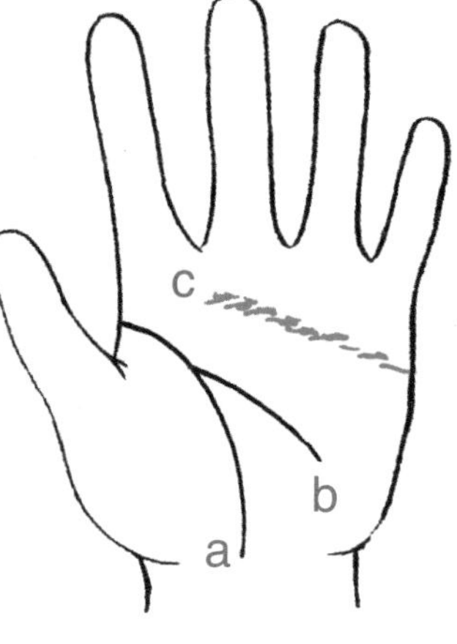


## 三十四、紋路掃把、風流好玩的手相

感情線如果紋路呈現雲片狀，又尾端部分紋路分岔，呈現像掃把一樣的形狀，表示感情除了花心風流，心態上更是放縱不拘，簡直把愛情當作遊戲人間，是燈紅酒綠的享受，沒有道德約束的觀念，在這裡的話，感情線尾端有掃把形狀，紋路非常密集雜亂，表示非常有異性魅力、身邊的桃花不斷，男女交往關係複雜，對象通常以經濟為考量，是屬於崇拜金錢的類型，所以除了感情風波之外，生活幾乎沒有其他重心，工作也只是一種掩飾，私下會喜歡玩樂，留連夜店、舞廳，非常容易受壞朋友的拖累。

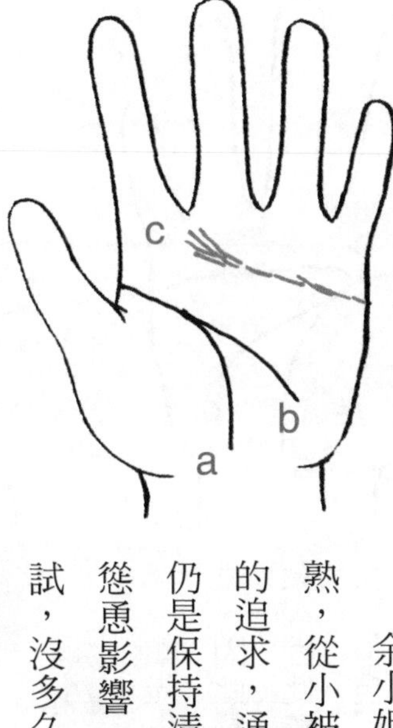


**案例**

余小姐，外表長得俏麗動人，但心態卻不太成熟，從小被父母呵護，脾氣顯得驕縱，對許多異性的追求，通常是不理不採，甚至會存心捉弄，但是仍是保持清純模樣，但上了大學以後，受到朋友的慫恿影響，對很多事情感到新奇，並且想要去嘗試，沒多久就跟男同學發生關係，變得名副其實的豪放女。

## 三十五、主線交錯、愛情惆悵的手相

感情線的紋路能看出趨勢，但不能單獨拿來論斷感情，還是必須參照其他主紋，才能知道比較客觀的資訊，推斷上比較能拿捏分寸，以及實際可能發生的情況，特別是理智線跟生命線部分，在這裡的話，感情線的紋路深長，表示為人重視感情生活，但顯得有點執著頑固，不太願意放開心胸，一旦愛上對方以後，就非要跟對方在一起不可，甚至沒有辦法相愛相守，心裡面還是會惦記著對方，形成一種情感憂鬱的現象，終日悶悶不樂的結果，很可能影響到事業，特別是感情線有跟理智線相連，表示理智線受壓制，行為舉止比較情緒化，有衝動行事的可能，要適當的抒發心情才好。

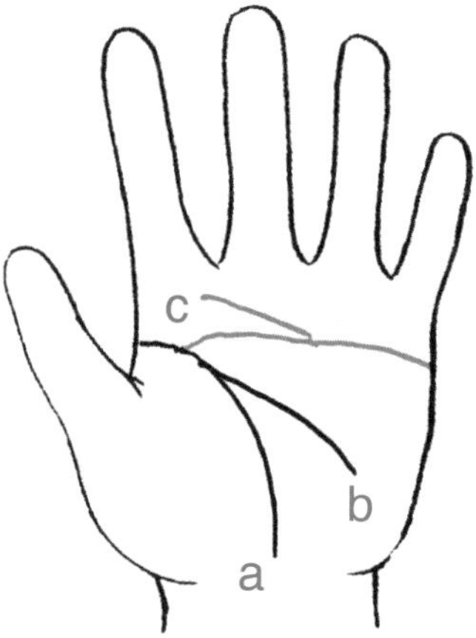

c
b
a

**案例**

顧先生，充滿文藝氣息的人，自己也是個藝文家，因此感覺特別敏感纖細，不像其他男性粗枝大葉，因此讓許多女性動心，其中不乏情竇初開的少女，但自己卻不為所動，只是保持精神式的接觸，直到後來，遇見一位有夫之婦，非常的心儀，而展開熱烈的追求，想要介入當第三者，可惜遭到對方的拒絕。

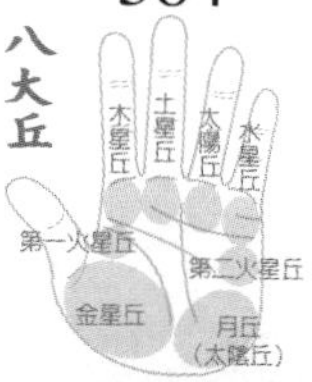

## 三十六、心機深沉、愛情戲子的手相

感情線的紋路雜亂分岔，表示對感情不認真，有遊戲人間的心態，特別是感情線的形狀有破裂的現象，象徵一段又一段的愛情過程，反反覆覆的更換伴侶，卻始終找不到真愛，也無法拋棄喜新厭舊的習慣，在這裡的話，感情雖然呈現雲片狀，但更重要的是手掌主線為川字紋，表示喜歡主動，腦筋動得很快，脾氣也相當的直接，有愛恨分明的味道，但實際上是心機深沉，對於感情會使用手段，非達到目的不可，往往陷於肉慾的滿足當中，有無法自拔的傾向，感情跟婚姻方面，不太適合早婚，必須經過社會的磨練，有了人生閱歷之後，再談感情會比較適合，否則很容易因早婚而離婚。

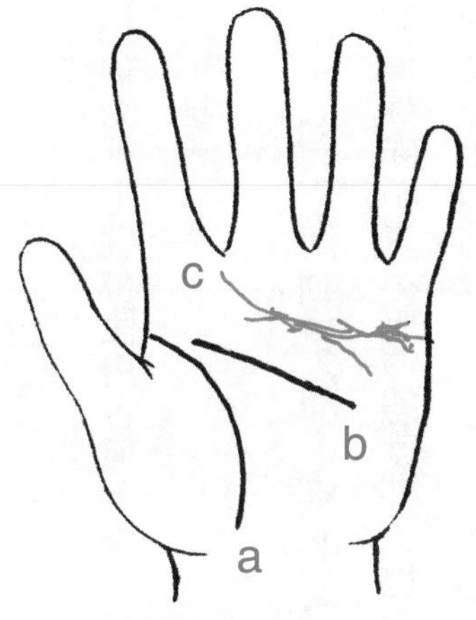


**案例**

藍先生，感情觀念開放，對很多事情都能接受，特別是感情方面，總是出乎他人意料，跟不認識的對象也可以有一夜情的情況，而且還主動出擊，到處去獵豔，用言語或金錢來打動對方，若對方拒絕的話，就會使用各種手段，非要對方屈服不可，為了滿足肉慾而不停活動，目前仍然單身。

## 三十七、衝動早熟、梅開多度的手相

感情線除了表示感情態度外，也可以推斷為人的個性，特別是在人際關係方面，可以得知交際手腕的優劣，也可作為是否有人緣或桃花的依據，是非常值得注意的地方，在這裡的話，感情線長度較長，而理智線的紋路較短，表示很容易情緒化，而做出無理失智的舉動，特別是感情受到挫折創傷時，常常會有驚人之舉，事後往往後悔莫及，必須要控制脾氣才好，否則難保感情和樂、婚姻幸福，有多次重婚的可能，又理智線粗闊短淺，不善於溝通協調，心靈比較封閉，與人很少接觸，恐怕有孤獨寂寞的現象。

**案例**

楊先生，擔任行政主管，前後有三次離婚的紀錄，為什麼會如此呢？在感情當中，對自己不是很有信心，很怕遭到對方的嫌棄，因此發生問題的時候，總是先聲奪人，希望氣勢壓過對方，掩飾自卑的心態，所以離婚的話一出口，就馬上感到後悔了，但對方卻不願意忍受，往往堅持要離婚的要求。

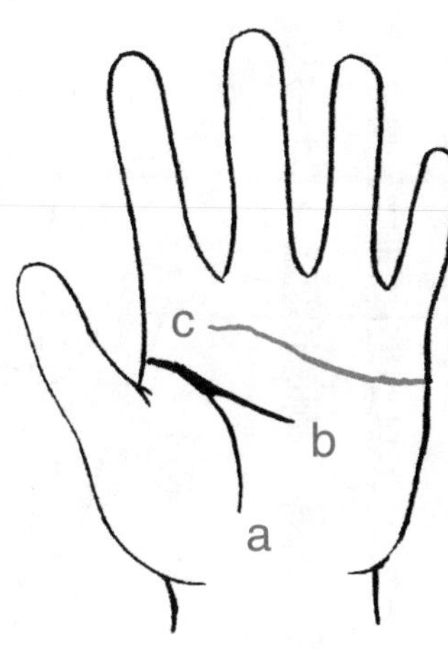


## 三十八、任性驕縱、白頭無望的手相

感情線除了看感情對待外，也可以推斷為人的個性，雙管其下的判斷才是比較客觀的評判，又感情線不是唯一指標，理智線也是非常重要的環節，就算感情線較差，若理智線良好的話，也是有辦法度過難關，而獲得轉圜的餘地，在這裡的話，感情線的紋路不明顯，表示對自己缺乏信心，而且感情交往上，時間越久就越覺得負擔，有逃避現實的傾向，又掌中主紋為川字紋，表示為人任性固執，不肯退讓認錯，有話通常直言不諱，所以跟另一半容易有口角產生，彼此心結一產生的話，最後不得已只好離婚。

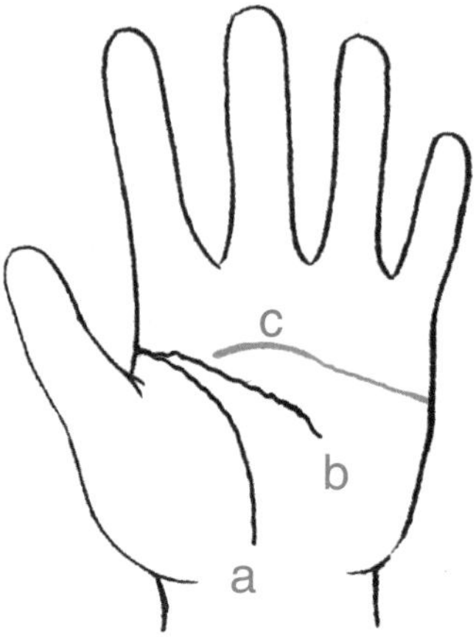

**案例**

李先生，感情路途不是很順利，多次的戀愛都沒結果，隨著年紀的增長，受到親朋好友的壓力不小，所以就隨便相親結婚，也不仔細考慮清楚，結婚一段時間後，彼此個性明顯有差異，妻子非常的固執倔強，偏偏要做職業婦女，不願意乖乖待在家中，溝通不良的情況下，最後只好選擇離婚。

## 三十九、情慾過重、難保婚姻的手相

感情線的長度是觀看執著的程度，若較長的話，比較重視情感的溝通，佔有慾較強，若短的話，表示重視現實利益，會偏向物質享受，感情會有見獵心喜的現象，不停尋找

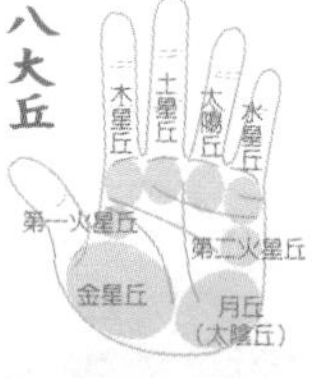

更換伴侶，以滿足自己的慾望，在這裡的話，感情線的長度不足，表示偏向肉慾沉迷，又感情線尾端向下彎曲，而接觸到理智線上，表示容易遭受誘惑，判斷能力較差，有招惹桃色糾紛的可能，如果有婚姻的話，私下會另結新歡，而不讓另一半知情，通常是問題無法收拾，才會一口氣爆發出來，造成嚴重的衝突與遺憾，婚姻就因此而中斷。

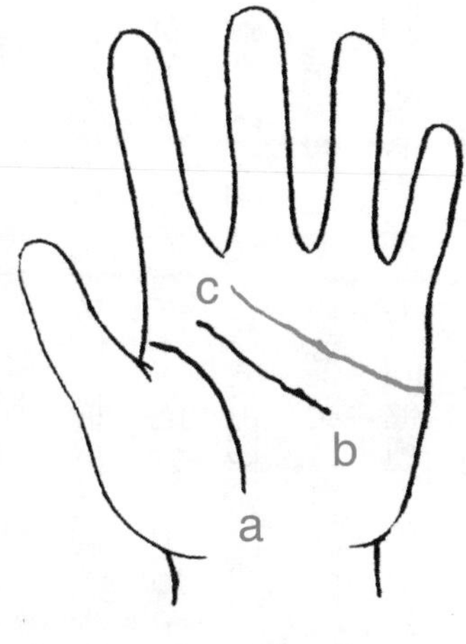


**案例**

邱先生，已經結婚，本來是業務推銷員，常跟許多人接觸，隨著時間經過，業績逐漸成長，很快就有升遷的機會，當上主管以後，交際應酬就多了起來，有時必須要配合客戶到一些聲色場所去，難免會有假戲真做的情況，太太知道後很不諒解，甚至揚言要離婚，才稍微節制收斂，不敢隨便拈花惹草。

## 四十、末端分岔、我行我素的手相

感情線的長度長，不見得感情運勢就好，紋路還要深長明顯，中間沒有破裂的現象，才表示感情自主性高，懂得挑選適當伴侶，而且不容易遭受外來阻礙，交往過程會進行得很順利，但若有小小的分叉出現，情況可就有一百八十度轉變了，在這裡的話，感情線雖然深長明顯，長度也超過標準，但是尾端卻出現分岔，另一條紋路往食指下方延伸，表示個性上重視權勢，喜歡指揮另一半做事，若不聽從自己的意見，便會大發脾氣吵鬧，拚命指責對方的種種不是，若對方忍受不了就會提議分手，但此時面子偏偏又掛不住，不願意被人家拋棄甩掉，而有僵持不下、拖延難解的情況。

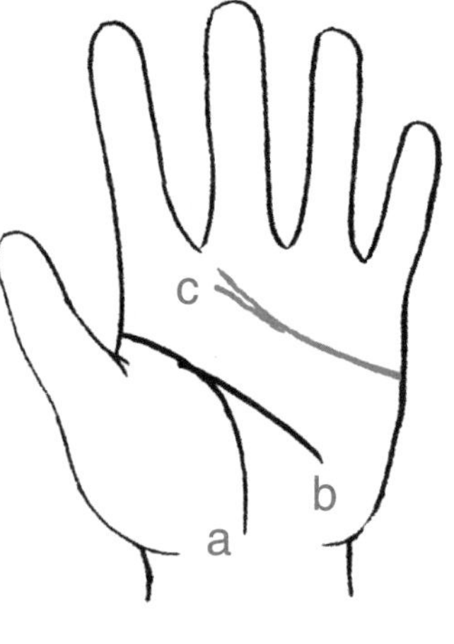


**案例**

何小姐，個性嬌生慣養，受到父母寵愛，所以常在外招惹是非，而讓家人收拾爛攤子，久了以後就養成習慣了，有時還會故意捏造謊言來推卸自己的責任，讓家人覺得非常傷心難過，也不知道如何是好，感情上更是分分合合，不少男友都忍受不了她的大小姐脾氣，紛紛提出分手要求。

## 四十一、分岔交錯、愛得瘋狂的手相

感情線如果往下彎曲的話，那麼感情運勢通常不佳，而且發展過程當中，彼此感情會慢慢的冷淡，最後不了了之，特別是有分岔的現象，那麼情況將更為明顯，帶有見異思遷的想法，在這裡的話，感情線尾端不僅往下垂，而且帶有分岔的現象，表示感情方面出了問題，男女情慾多半不正常，有色情狂的傾向，特別是感情線的紋路，不但劃過了理智線，更直接劃過生命線，表示情慾需求不僅激烈，還不太能自我節制，不考慮嚴重的後果，經常因為色情惹禍上身，影響到個人的名譽、事業也在所不惜，有婚姻的話，也容易風流成性，而導致離婚。

**案例**

艾先生，是心理輔導的老師，可以接觸許多的學員，其中不乏青春貌美的女學員，而且還可以利用職務之便，取得對方的各種資料，因此下手就比較容易，有次看上一位已婚少婦，設法跟對方糾纏，想要佔對方便宜，但卻被對方報警處理，事後不知悔改，還誘拐另一位女學員，結果不但失敗，還落得牢獄之災的下場。

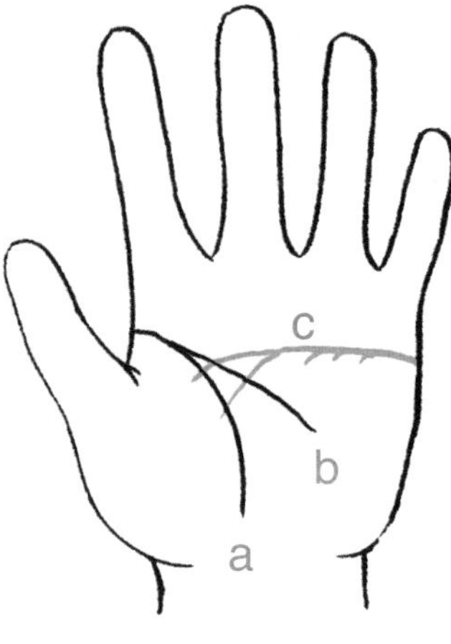


## 四十二、波浪彎曲、曖昧不明的手相

感情線最好是深明的直線，而尾端部分稍微彎曲上升，算是比較理想的情況，但如果是破裂的形狀，或是有彎彎曲曲的現象，多半表示感情不穩定，有喜新厭舊的可能，身邊桃花雖然眾多，但總是帶來不少麻煩，影響到個人的情緒，在這裡的話，感情線還算完整，沒有明顯的破裂，表示不會遭遇嚴重的變故而導致生離死別的情況，不過由紋路彎曲起伏來看，可以知道為人心思浮動，感情方面容易遭受誘惑，或是有投懷送抱的現象，通常發生三角戀情，或是跟別人有曖昧的關係，並且傳出謠言來，徒增個人的困擾，恐怕難以維持感情婚姻。

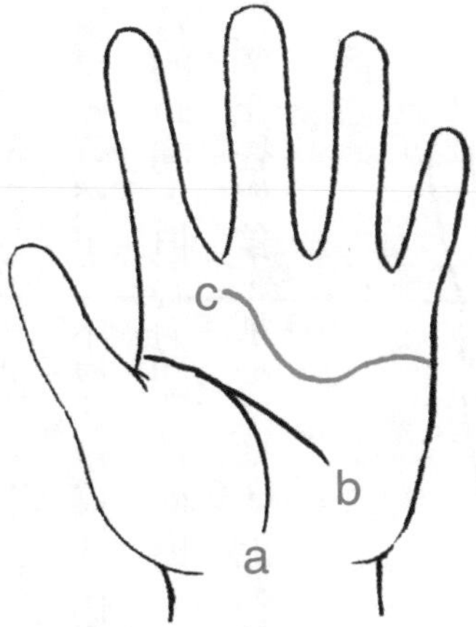

**案例**

唐先生，年紀不小了，雖然談過幾次戀愛，但最後關頭都錯過機會，沒能大膽的表示求婚，所以對方都離他而去，這是由於他個性不夠果斷，而且優柔寡斷的緣故，加上談戀愛時，也不懂拒絕其他異性投懷送抱，曖昧不明的情況，讓女朋友會吃醋嫉妒，甚至憤而提出分手，所以至今仍是單身王老五。

## 四十三、波浪分岔、忽冷忽熱的手相

以感情線的紋路來看，波浪代表心思不定，有左右搖擺的可能，對感情不是很認真對待，有騎驢找馬的心態，而分岔則有喜新厭舊的傾向，感情容易更換交往對象，在這裡的話，感情線是兼具波浪跟分岔的，表示感情生活多采多姿，經常有桃花緋聞出現，不然就是感覺淡了，不停的更換伴侶來尋求新鮮刺激，所以戀情發生到結束，通常維持很短暫的時間，但心力卻容易憔悴，付出不算小的代價，因此若能善用發揮其異性緣，仔細挑選交往對象，那麼感情才能夠長久，不至於只是曇花一現。

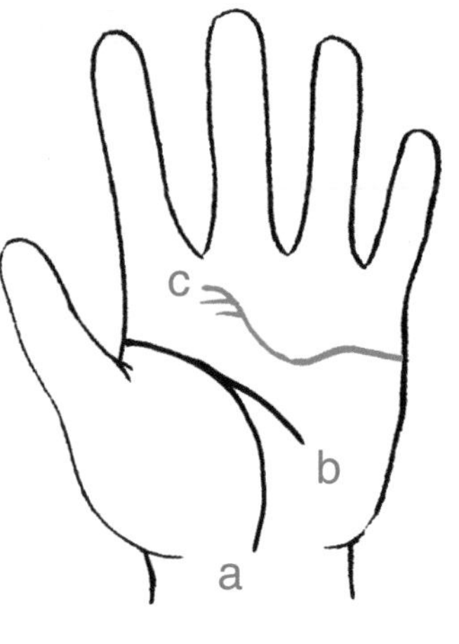


**案例**

柯先生，感情觀念保守，不太敢積極進取，對於異性的暗示，心裡不是不知道，只是遲遲不願行動，而沉浸在幻想當中，當對方失去耐性之後，戀情也自然而然告吹，最後遇到一位喜歡的對象，兩人也彼此有好感，但無論如何，就是不敢直接開口求婚，對方等不到承諾之下，傷心失望的離開了。

## 四十四、破裂多重、婚姻不妙的手相

感情線的開端若出現問題，表示感情剛開始就不順利，而且心態上較不正常，出發點都比較偏激極端，自然得不到好的感情，如果理智線又不良的話，那情況更加的嚴重、明顯，在這裡的話，在感情線的開端的紋路，明顯有破裂的情況，感情運勢通常不理想，有中途彎曲的現象，心思容易遭受誘惑，而有把持不住的可能，特別是雙重理智線的紋路，影響到本身的判斷能力，做決定時會比較冷酷無情，因此就算感情受創傷，也不會十分在意，反而會加速尋找對象，作為感情空虛的替代品，但婚姻線雜亂，緣分稍微薄弱，成家立業的可能性不高。

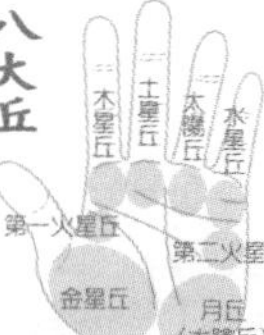


案例

鄭先生，有詐騙的前科，利用各種手段騙財、騙色，但是自己卻不知醒悟，多年婚姻也因此告終，而後又另外認識新歡，跟著他一起重操舊業，讓許多被害人上當受騙，搜括不少的財物，但結果不小心出了人命，最後被警方逮捕，要在牢裡待上好長一段時間，恐怕出來以後，已經是半百之身。

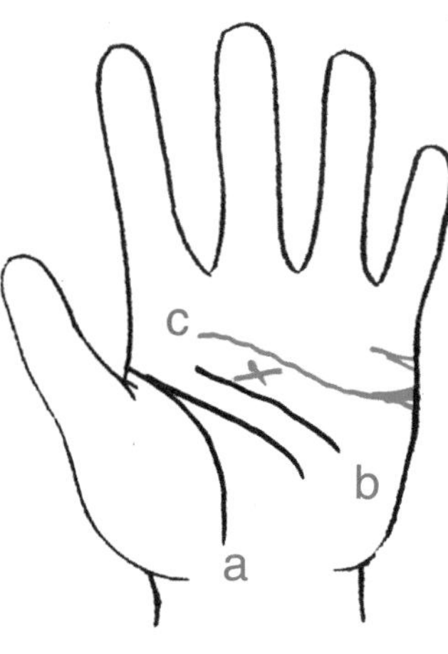


## 四十五、雜亂無章、蹉跎等待的手相

感情線若顯得雜亂無章，表示對感情相當迷惘，不知道該如何進行，因此判斷上比較差，有吃虧上當的可能，特別是男女初戀的話，都會經歷過痛苦折磨的階段，才能夠邁入成熟穩定的階段，在這裡的話，感情線細紋叢生，表示麻煩相當多，心裡的衝突與矛盾也大，又紋路有分岔的現象，表示桃花眾多，會有腳踏多條船的情況，不過多角戀情曝光後，必須要面臨嚴重的批評，會有激烈的舉動出現，因此有段時間會顯得冷酷，不理睬身邊的追求者，但其實心裡很想談戀愛，只是害怕再度失敗，而將情感壓抑下來，顯得優柔寡斷、進退兩難。

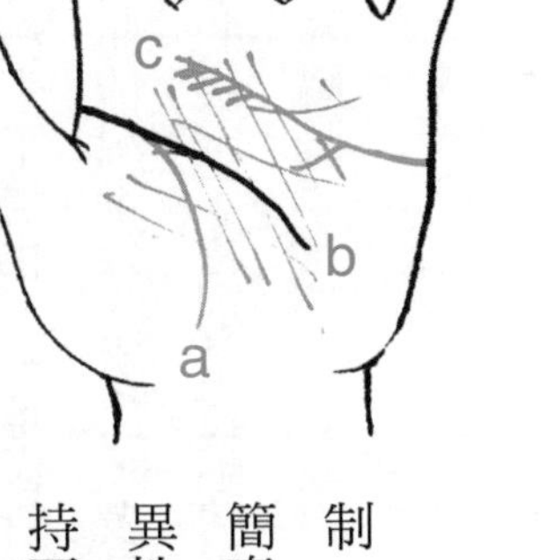


**案例**

章小姐，對愛情非常的執著，但是卻不懂得節制，身邊的桃花眾多，追求者也很多，交個男朋友簡直易如反掌，但由於心思浮動的緣故，很容易被異性誘惑，進而跟對方發生性關係，因此感情都維持不久，不過心裡面卻依舊堅持要談段最完美的感情，卻始終無法如願以償，一直蹉跎歲月到如今。

## 四十六、出現波浪、三心二意的手相

感情線出現波浪的情況，除了象徵心思不定之外，也表示週遭環境的變化，會替自己帶來不必要的麻煩，特別是男女感情方面，將會有眾多異性糾纏，形成曖昧不明的情況，這是值得參考的重點，在這裡的話，感情線原本還不錯，但中途的地方卻產生波浪彎曲，表示感情發生了變化，不是喜新厭舊想分手，就是面臨環境上的考驗，再者，理智線的部分，彎曲情況十分的嚴重，表示欠缺主見，行事衝動，容易被旁人慫恿煽動，而做出無法彌補的決定，特別是在感情婚姻方面，只要發生爭執吵鬧，下場幾乎都是離異收場，讓人不甚噓唏。

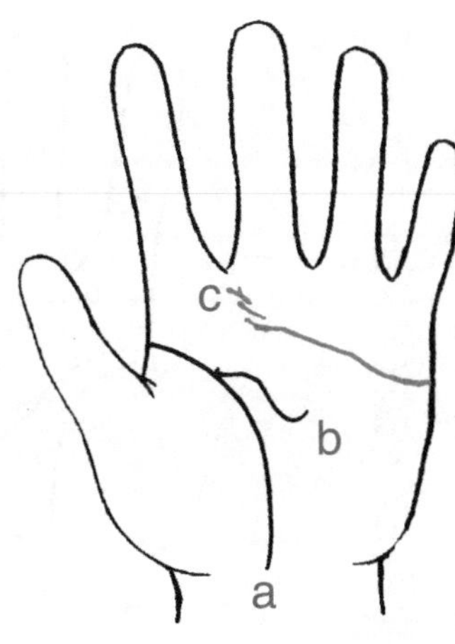


**案例**

袁先生，在麵包店擔任師父，已經結過一次婚，但是很快就離婚，原因是因為個性不合，加上對方父母冷嘲熱諷，說自己沒什麼出息可言，時日一久，就埋下爆發的種子，有天朋友跟老婆有過節，彼此溝通不成，就對妻子破口大罵，說出要離婚的恐嚇，妻子一氣之下竟然當真，所以就簽下離婚協議書。

## 四十七、捕風捉影、不切實際的手相

感情線也許不是很理想，但是只要不是很嚴重，那麼感情通常可以穩定發展，不會有太大的困難阻礙，但如果理智線非常的糟糕，就算感情線有一點問題，也會變成滾雪球般，引發相當嚴重的後果，在這裡的話，感情線雖然呈現彎曲波浪，表示心思浮動、不太穩定，感情方面多半早熟，有實際的戀愛經驗，但因為帶有神經質的關係，使得相處

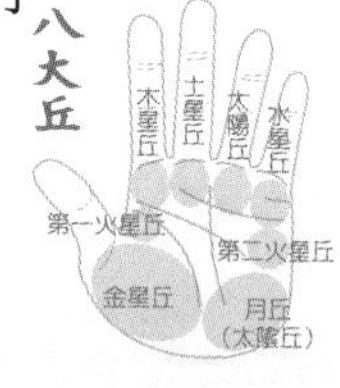

溝通上有問題，又理智線的形狀出現島紋及分岔，這種疑神疑鬼的情況，將更加的明顯，而且有庸人自擾的傾向，感情婚姻上，若不加強信任的話，真的發生問題，情勢便一發不可收拾。

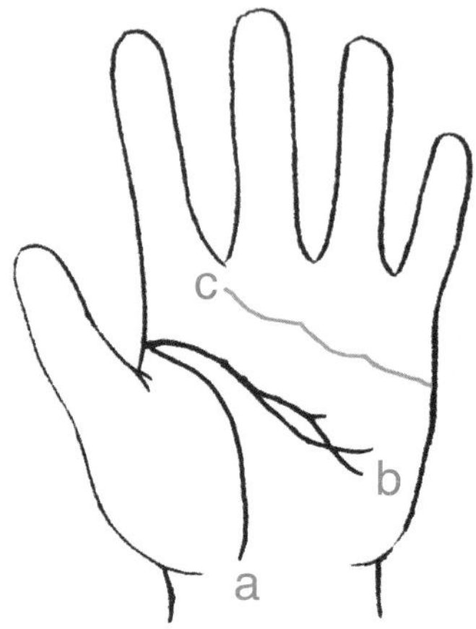

c
b
a

**案例**

呂小姐，畢業出社會工作，就到一家店裡幫忙，跟許老闆漸漸的熟識起來，不久發生婚外情，老闆就選擇跟老婆離婚，然後娶了呂小姐，呂小姐過門，不像以前那樣溫柔婉約，反而對老闆採取緊迫盯人，一有任何風吹草動，馬上就大發醋勁，深怕別人搶走老公，夫妻關係顯得緊張。

## 四十八、浪子多情、情感無奈的手相

感情線如果有破裂的話，感情運勢多半較差，會遭遇許多的不幸，影響感情的穩固與維持，又感情線呈現彎曲，會有被引誘的可能，通常會情不自禁，而有外遇出軌的現象，引起相當大的震撼，結果往往不是很好，在這裡的話，感情線有彎曲的紋路，加上破裂的情況，可以得知為人情慾較重，有尋花問柳、情場獵豔的可能，又理智線雖然雙重，但紋路明顯較短，無法發揮作用，所以感情的問題，遲遲未能解決，容易放在心裡面，造成極大的負擔，這種情況之下，反倒會借酒澆愁、沉迷酒色當中，影響到事業與婚姻。

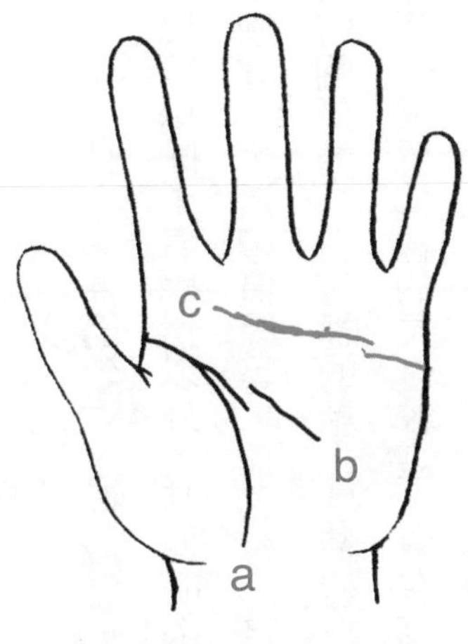


**案例**

梁先生，是經營生意買賣的，原本有家庭的他，因為工作的緣故，忽略身邊妻子的感受，等到彼此發現有問題時，感情已經出現裂縫，無法再縫合起來了，因此就協議分手，梁先生為此大受打擊，整個人性情大變，老是在外花天酒地，邂逅不少歡場女子，但都是露水姻緣而已，不停更換對象交往。

## 四十九、小氣財神、偏好女色的手相

感情線除了看感情以外，其他的部分也可以推敲，像是為人的品味、情緒的變化、舉止操守、生活習慣等等，都具有一定程度的影響，這些跟感情看似沒有關聯，但其實是大有關係的，在這裡的話，感情線呈現彎曲波狀，表示感情不是很穩定，會有許多不滿產生，又感情線的長度較短，會有享樂主義的傾向，凡事以物質作為標準，連談戀愛的時候，也都會以外貌和條件作為考量，若對方想佔自己的好處，心裡會非常的計較在意，反之，若佔人家便宜的話，則會得寸進尺，產生不平衡的對待，又理智線同樣較短，腦筋比較不會想，遇到事情總是直來直往，不懂得婉轉應付，於是痛苦、煩惱的機會就相當多，特別是金錢跟感情合在一起的時候。

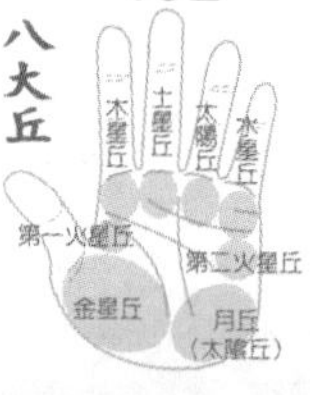

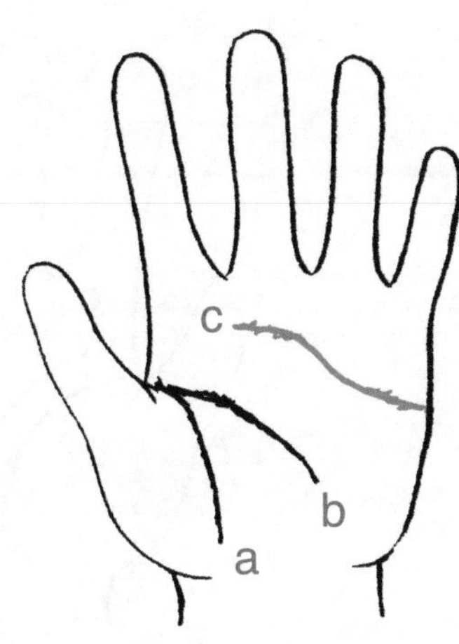


案例

熊先生，童年生活非常貧窮，所以立志將來要賺錢，讓自己能過享受的生活，所以對學業不是很重視，反而不停的打零工賺錢，畢業後做勞力的工作，也認識現在的妻子，不過由於娘家老是伸手要錢，讓他的負擔很沉重，常會向妻子抱怨嘮叨，妻子為了保全婚姻，也只得忍氣吞聲，但情況卻沒有任何改善。

## 五十、島紋出現、心防脆弱的手相

感情線的部分若出現島紋，表示感情遭遇過阻礙，有自尋煩惱的傾向，心情會比較鑽牛角尖，若無法抒發解悶的話，很可能會有精神方面的問題，嚴重的時候，還可能想不開而輕生，所以感情上有島紋出現，多半象徵感情的失敗與傷害，在這裡的話，感情線出現島紋，而且紋路又呈現波浪狀，表示身邊的桃花眾多，異性會主動前來搭訕，自己做事情容易固執且衝動，對旁人的勸告往往不聽，堅持己見的結果，通常帶來更深的傷害，而短時間無法復原。

不懂得適時拒絕，會陷入情愛的糾葛關係，男女關係顯得複雜，又掌中呈現川字紋，

c
b
a

**案例**

蔡小姐，初戀的男朋友是同班同學，畢業後仍在一起，工作的地方也很近，但好景不常，居然被好友橫刀奪愛，把男朋友搶去，甚至還傳出要結婚的消息，讓蔡小姐相當驚訝，情緒頓時崩潰，把男友送的情書、禮物都放火燒掉，還割腕自殺，所幸被家人發現，才沒釀成嚴重悲劇。

## 五十一、尾端島紋、臨陣脫逃的手相

感情線若出現島紋，代表感情運勢不順利，容易遭受煩惱阻礙，但島紋出現的位置，也是值得分析的地方，雖然同樣是不利的因素，但過程與心境就完全不同，在論斷上必須要注意才好，在這裡的話，感情線有稍微彎曲的現象，但不是很嚴重，表示對感情的事情，態度容易搖擺不定，但還能夠自我節制，不過在感情線尾端的部分產生了島紋的形狀，表示有煩惱阻礙產生，而且通常是在緊要關頭，也就是要告白或求婚的時刻，發生了意想不到的變化，以致於戀情告吹而沒有結果，是屬於頭熱尾冷的類型。

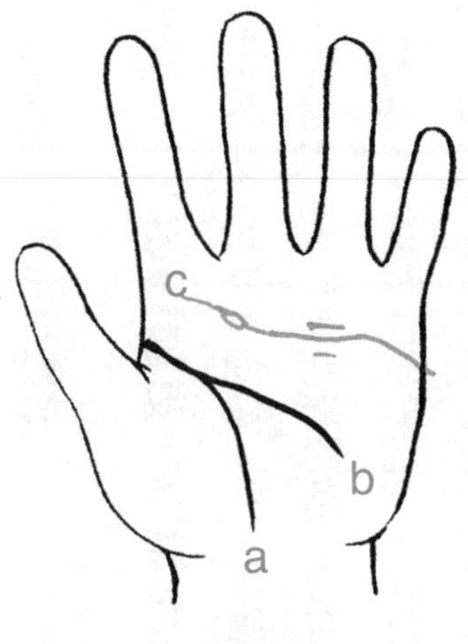


**案例**

關小姐，畢業後進入企業工作，希望求取上進，能有所作為，因此拚命努力的工作，終於得到同事及主管的青睞，但也因此發生情愫，私下偷偷喜歡已婚的主管，甚至幻想對方是性伴侶，就在進退兩難、快忍受不住的時候，主管被調職到海外，才結束這段沒曝光的戀情。

## 五十二、雙重島紋、難尋對象的手相

感情線如果紋路有問題，除了反應出不正常的心態外，也可以知道週遭環境的變化影響，從這兩個方向來判斷的話，會有一定程度的準確，特別是感情的因素跟個性與環境變化有關，是值得注意的地方，在這裡的話，感情線稍微彎曲，可以知道為人心思浮動不安，但並不是很明顯的特徵，不過由於尾端部分，感情線破爛不堪，呈現雲片狀的情形，就知道為人感情運勢不佳，通常沒有良好的結局，又感情線上出現雙重島紋，如同感情的關卡一般，就可以推斷是因為個人的因素所造成，導致感情始終尋尋覓覓，找不到適合的對象交往。

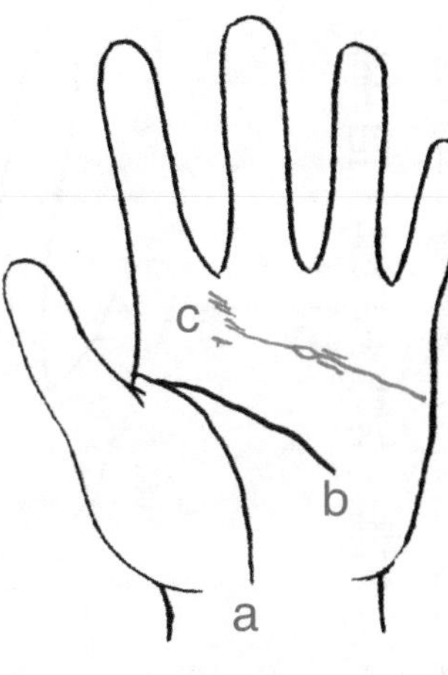


**案例**

郭先生，環境因素的關係，讓他的工作壓力非常大，連談戀愛的時間都沒有，好不容易有了機會，跟異性之間有了進展，變成男女朋友的時候，身體卻發生了毛病，健康方面大受影響，這也讓女方打退堂鼓，戀情就這麼告吹了，郭先生非常的懊惱，但也無法說些什麼，只希望身體趕快好起來。

## 五十三、島紋阻礙、分岔風流的手相

感情線如果不是清秀的直線，那麼只要有其他的雜紋或是彎曲破裂的情況，都是為對感情的困擾阻礙，特別是感情線的開端與結尾，影響力特別的明顯，都會偏向於極端的情況，論斷上必須要仔細拿捏，在這裡的話，感情線開端有島紋出現，表示感情很早熟，但思想不是很正確，有為情所困的現象，或者有不愉快的經驗，再者，也表示自己的心胸狹窄，佔有慾特別強，所以感情交往會急躁衝動，常常因此而壞事，又紋路上端

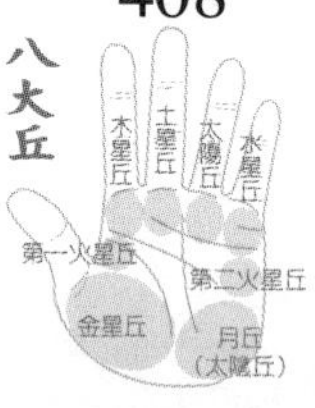

分岔，表示心思浮動，易受誘惑，有風流的傾向，越晚年越明顯，若不好好節制，恐落得孤家寡人的情況。

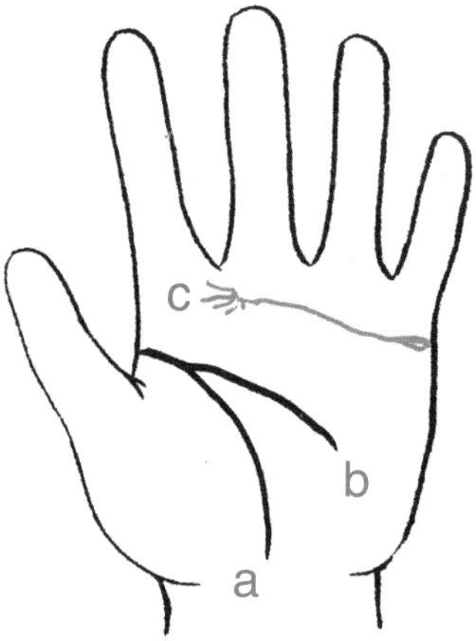

**案例**

莊先生，年輕時喜歡跟異性接觸，若看喜歡的話，就會糾纏對方，希望獲得對方青睞，但總是被父母責罵，所以行動都沒有成功，後來結了婚，跟老婆共同經營生意，還滿賺錢的，但老婆的弟弟好賭，輸了不少錢，結果跟自己借錢，自己非常不高興，就把氣出在老婆身上，雙方因此就協議離婚。

## 五十四、島紋重疊、性慾旺盛的手相

感情線可以看出個人表達情感的方式，也可以知道心裡面的想法，從如何挑選伴侶交往、如何約會進行、如何溝通協商，到如何吵架，甚至分手收場，都有徵兆可以提供我們參考，在這裡的話，感情線有島紋出現，表示感情上有阻礙出現，多半是來自心裡因素，對挑選伴侶的條件，很可能有特殊癖好，特別是男女性慾方面，不是精神方面的，就是肉體方面的，又理智線由生命線延伸出，表示有自私自利的傾向，精力旺盛但無從發洩，若不加以節制情慾，恐會亂搞男女關係，而影響到婚姻與事業。

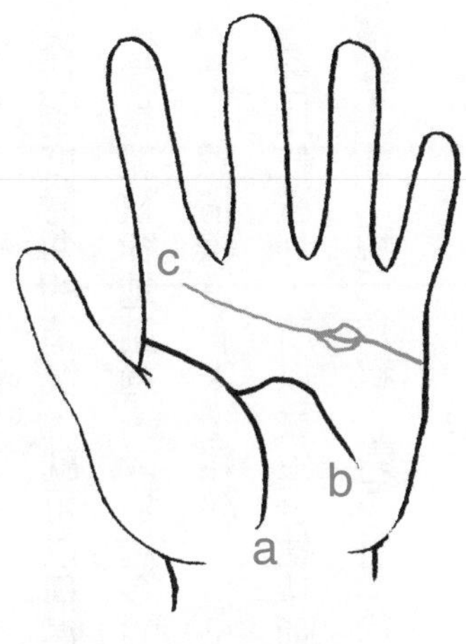


**案例**

宋小姐，外貌條件不錯的年輕女性，在交際應酬的場合中，跟一個公司的老闆勾搭上，很快被老闆的元配發現，但事情卻沒有鬧大，反而獲得對方默許，不過一段時間後，就厭倦對方而分開，原因是因為性慾旺盛，對方沒辦法滿足自己的緣故，後來又認識不少男性，但最後都沒有結果。

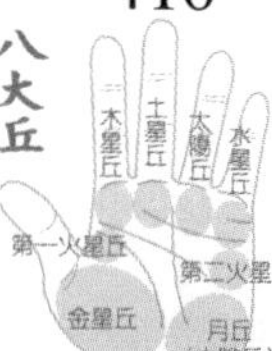


# 五十五、感情波折、無風起浪的手相

感情線如果清秀的話，那麼感情通常進展順利，不會有橫生枝節的情況，只要不要有破裂或過度彎曲的情況，就可以稱得上優良的感情線，但如果清秀的紋路有一點點的瑕疵，像是雜紋穿越劃過，或是過多的波浪形狀，那麼感情可就有無風起浪的情況，在這裡的話，感情線沒有太多雜紋，但是整條呈現波浪的形狀，表示心思顯得不穩定，情緒反應會比較激烈，所以發生爭執吵鬧的話，結果通常非常糟糕，多半以分手收場，又在感情線上面出現三角紋，表示有三角戀情的可能，會影響到家庭的和諧。

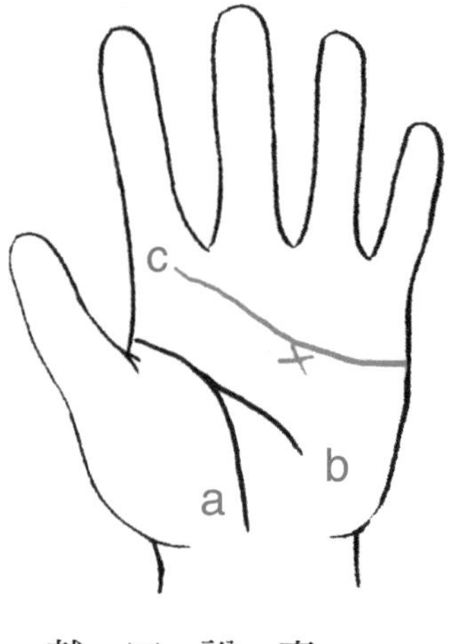


**案例**

連先生，感情方面很極端，好的時候很好，願意犧牲奉獻一切，當壞的時候，就會一句話都不說，擺出冷漠的樣子，若女朋友追問的話，還會破口大罵一番，讓人摸不著頭緒，因此沒多久，感情就出現裂縫，彼此協議分手，也沒交過其他的女朋友，說是對愛情已經沒有感覺，只希望一個人能好好的過。

## 五十六、紋路粗闊、情緒激動的手相

感情線如果紋路較細微，表示意志不堅定，對感情缺乏信心，不太能主動追求異性，因為會比較有暗戀，或停滯不前的情況，但若紋路太過粗闊，表示脾氣暴躁，感情容易衝動行事，會想要追求異性，但多半是情慾或物質傾向，欠缺心靈的溝通，在這裡的話，感情線顯得非常粗闊，表示為人容易情緒化，脾氣難以自我掌控，好的時候很高興，會願意替另一半獻殷勤，但壞的時候很生氣，會對另一半打罵相向，所以彼此感情很容易有裂縫，久而久之，就會形成嚴重的問題，再來就是感情線尾端出現三岔紋，表示配偶身體欠安，有病逝的可能，不然就是遭逢意外災害，而有生離死別的現象。

**案例**

蘇先生，對感情的態度天真，像個孩子遊戲一般，缺乏嚴肅的觀念，常常跟異性談得來，就向對方表白，希望能在一起，但如果厭倦的話，很快就不理睬人家，甚至還會用激烈手段，迫使對方分手，但萬物一物剋一物，最後一任女朋友，對他的心態瞭若指掌，因此他再也不敢作怪了。

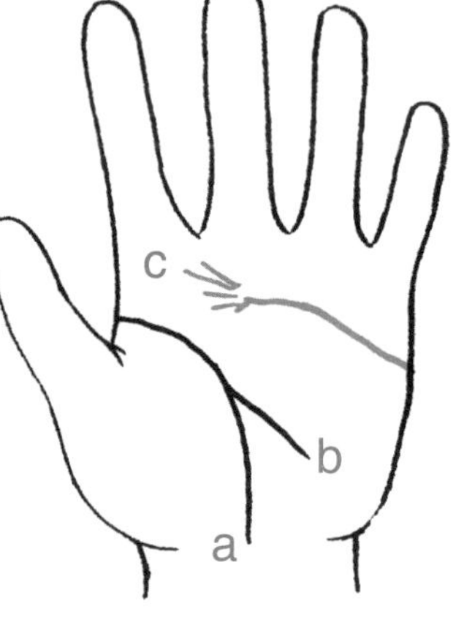


## 五十七、品嘗自由、不願拘束的手相

感情線可以看出個人的感情觀，有的喜歡自由自在，不喜歡受到拘束，雖然能談男女戀愛，但卻遲遲不肯結婚，而有些愛得執著，佔有慾相當的強，非要跟對方相守不可，若不能如願以償，便寧可單身一人，這些都可以從感情線來判斷，在這裡的話，感情線的紋路淺薄，表示心思不夠堅定，有輕浮搖擺的現象，不太能下定決心，會不斷的更換對象交往，又理智線的紋路深長，表示頭腦很清楚，懂得規劃自己的生活，對於個人情感來說，談戀愛只是種遊戲，是生活品味的娛樂，並不會很認真看待，所以非常難安定下來，結婚成家的希望渺茫。

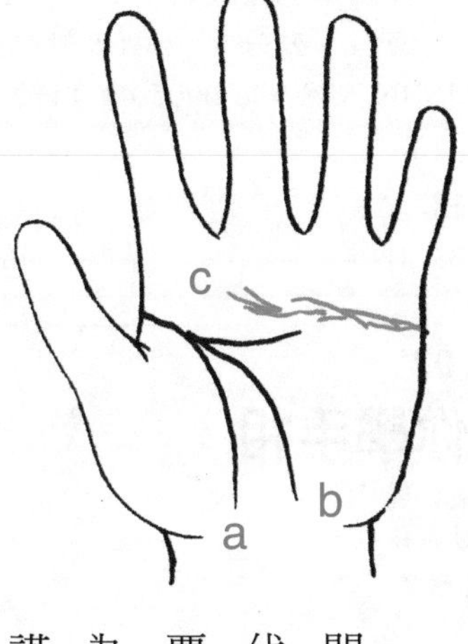


**案例**

梅先生，目前仍是單身一人，許多親戚朋友都問，為什麼不結婚呢？他總是隨便交個女朋友來交代，等到風聲一過，又馬上把人家給甩掉，反反覆覆好幾次後，別人也就不管他了，從此他把戀愛視為情趣，跟不少的少女同居，但是都不給予對方承諾，讓對方自行知難而退，在這種愛情遊戲中循環著。

國家圖書館出版品預行編目資料

大師教你學手相／陳哲毅著.
－－初版－－ 台北市：知青頻道 出版；
紅螞蟻圖書發行，2007〔民 96〕
面　　公分，－－(大師系列：3)
ISBN 978-986-6905-41-4 (精裝)

1.手相
293.23　　96005752

大師系列 03
大師教你學手相
作　　者／陳哲毅
發 行 人／賴秀珍
總 編 輯／何南輝
特約編輯／林芊玲
美術編輯／劉淳涔
出　　版／知青頻道出版有限公司
發　　行／紅螞蟻圖書有限公司
地　　址／台北市內湖區舊宗路二段121巷19號（紅螞蟻資訊大樓）
網　　站／www.e-redant.com
郵撥帳號／1604621-1　紅螞蟻圖書有限公司
電　　話／(02)2795-3656（代表號）
傳　　眞／(02)2795-4100
登 記 證／局版北市業字第796號
法律顧問／許晏賓律師
印 刷 廠／卡樂彩色製版印刷有限公司
出版日期／2007年 5 月　第一版第一刷
2015年 5 月　　第三刷（500本）

定價 399 元　港幣 133 元

ISBN-13：978-986-6905-41-4　　Printed in Taiwan
ISBN-10：986-6905-41-1